智慧景区开发与管理专业教学资源库配套教材

APPLICATION AND PRACTICE OF STANDARDS FOR TOURIST ATTRACTION

旅游景区标准应用与实践

陈添明　主　编

于　丹　陈友军　陈洁菡　副主编

黄中黎　徐莉　徐挺　谷世松　吴佳尧　参　编

ZHEJIANG UNIVERSITY PRESS
浙江大学出版社
·杭州·

图书在版编目（CIP）数据

旅游景区标准应用与实践 / 陈添明主编. -- 杭州 ：
浙江大学出版社，2024.8
ISBN 978-7-308-24702-3

Ⅰ．①旅… Ⅱ．①陈… Ⅲ．①旅游区－标准－汇编－
中国 Ⅳ．①F592.6-65

中国国家版本馆CIP数据核字(2024)第045497号

旅游景区标准应用与实践

LÜYOU JINGQU BIAOZHUN YINGYONG YU SHIJIAN

陈添明　主编

策划编辑	李　晨
责任编辑	高士吟
责任校对	郑成业
封面设计	春天书装
出版发行	浙江大学出版社
	（杭州市天目山路148号　　邮政编码　310007）
	（网址：http://www.zjupress.com）
排　　版	杭州林智广告有限公司
印　　刷	杭州宏雅印刷有限公司
开　　本	787mm×1092mm　1/16
印　　张	18
字　　数	370千
版 印 次	2024年8月第1版　2024年8月第1次印刷
书　　号	ISBN 978-7-308-24702-3
定　　价	58.00元

前　言

PREFACE

　　党的二十大阐明了中国式现代化的科学内涵，为中国旅游发展点明了发展方向。人口规模巨大的现代化是中国旅游发展的基本国情，全体人民共同富裕的现代化是中国旅游发展的基本目标，物质文明与精神文明相协调的现代化是中国旅游发展的作用领域，人与自然和谐共生的现代化是中国旅游发展的时代要求，走和平发展道路的现代化是中国旅游发展的世界意义。旅游景区作为中国旅游发展的主要抓手、旅游业发展的核心载体，截至 2022 年末，全国共有 A 级景区 14917 个，直接从业人员 147 万人，全年接待总人数 26.3 亿人次，实现旅游收入 1818.5 亿元，旅游景区已成为国民旅游及休闲的重要载体，旅游景区的标准化建设与管理日益重要。

　　为深入贯彻落实《国家职业教育改革实施方案》（国发〔2019〕4 号）文件精神，本教材根据智慧景区开发与管理专业教学资源库的"一库、两馆、三中心、四基地"建设框架及其"服务国家乡村振兴战略的乡村旅游创新创业与'一带一路'倡议的'讲好中国故事、展现美丽中国'"的总体目标，以《旅游景区质量等级的划分与评定》（GB/T 17775—2003）与《旅游景区质量等级管理办法》为依据，面向旅游景区、旅游管理等从业人员，旅游景区、旅游管理等专业学生与涉及旅游景区的乡村创业人员等 3 个群体为目标服务对象，结合智慧景区开发与管理专业国家教学资源库子项目"旅游标准知识"为新形态教材载体，教材内容设计以旅游景区标准认识、旅游景区标准掌握、旅游景区标准运用为线索来进行。

　　本教材分为 11 个任务，其中任务 1 和任务 2 为旅游景区基础知识介绍，任务 3 至任务 10 为旅游景区服务质量与环境质量评定介绍，任务

11 为景观质量评定要求及应用介绍。本教材按照《旅游景区质量等级的划分与评定》评定细则一服务质量与环境质量评分细则的八项评定要求以及细则二景观质量评分细则的评定要求，每项评定要求对应 1 个任务，逐一开展论述。

本教材具体分工如下：陈添明负责任务 1 至任务 4，于丹负责任务 5、任务 6 和任务 8，黄中黎负责任务 7，陈友军负责任务 9，陈洁菡负责任务 10，陈友军、徐莉负责任务 11；全书由陈添明统稿。

本教材在编写过程中参考和引用了国内的一些相关文献资料，以及一些成熟的观点，谨向这些文献资料和所引观点的作者致以诚挚谢意。蜗牛景区管理集团的徐挺、谷世松、吴佳尧提供了本教材的部分素材，在此一并表示衷心的感谢。由于编者水平有限，书中难免存在不足之处，恳请各位同仁、读者不吝赐教。

编者

2024 年 6 月

目　录
CONTENTS

第三部分　景观质量评定篇

第一
部分

基础篇

任务1 认识旅游景区

情景案例

学习导引

2022智慧旅游适老化示范案例发布

为深入贯彻国务院办公厅《关于切实解决老年人运用智能技术困难的实施方案》（国办发〔2020〕45号），落实文化和旅游部、国家发展改革委等十部门《关于深化"互联网＋旅游"推动旅游业高质量发展的意见》，文化和旅游部资源开发司发布了"'乐游上海'让老年人共享数字化便利"等10个2022智慧旅游适老化示范案例，旨在以发展智慧旅游的方式解决老年人出游"数字鸿沟"的问题，推动各地通过数字赋能提供更多适老化智能服务产品，让老年群体享受更便捷、更有温度的智慧旅游服务。

10个示范案例覆盖省、地市、区县、景区等多种类型，在内容上聚焦线上平台和功能的适老化改造、线下景区设施与服务模式的升级，将智能化贯穿景区预约购票、入园游览等多个环节，涉及从点到线到面的全流程适老化服务。如"乐游上海"通过制定长者界面帮助老年游客更好地适应智能手机和互联网新应用；"水韵江苏"数字旅游卡以第三代社保卡为载体，老年人可一卡通用享受交通出行、文化旅游消费等服务；"畅游平潭"针对老年人出游痛点，推出"智能语音""智能识别""智慧厕所"等功能模块，不断提升老年人出游体验。这些案例的经验成果将为各地推动智慧旅游适老化工作从方法上启发思路，从模式上提供借鉴，从实践上引导创新。

下一步，文化和旅游部将深入贯彻落实党的二十大报告关于"实施积极应对人口老龄化国家战略"要求，持续推进智慧旅游适老化工作，积极推动地方和企业根据老年群体出游的实际需求，不断丰富适老化应用场景，提供更多适老化服务产品，让老年人在出游过程中共享数字化发展红利，打造智慧旅游的"适老化模式"。

资料来源：2022智慧旅游适老化示范案例发布[EB/OL].（2022-12-14）[2023-06-20]. https://zwgk. mct.gov.cn/zfxxgkml/zcfg/zcjd/202212/t20221214_938084.html.

❓ 想一想：结合实际案例，请思考未来旅游景区的发展趋势是什么？

学习目标

素质目标

- 认识旅游景区中传统文化传承的重要性；
- 发现旅游景区智慧化与创新的重要性；
- 善于多途径分析判断旅游景区的发展现状。

知识目标

- 了解旅游景区相关的法律法规、标准等相关知识；
- 理解旅游景区的概念、特征与类型；
- 了解旅游景区的发展历史与发展趋势。

技能目标

- 有效辨析旅游景区的类型、内涵及核心竞争力；
- 分析诊断旅游景区存在的问题；
- 结合景区未来发展趋势，提出旅游景区提升整改的方向。

1.1 认识旅游业与旅游景区的关系

1.1.1 旅游业的发展现状

我国旅游业崛起于改革开放以后，尤其是自 20 世纪 90 年代后，我国旅游业快速发展，旅游业发展带动的经济增长也得到了各级政府的广泛重视。随着我国市场经济的逐步发展，国民旅游和休闲的消费观念也发生了翻天覆地的变化，国内旅游发展迅速，已成为人民生活的重要组成部分。党的二十大报告指出，中国式现代化是人口规模巨大的现代化，是全体人民共同富裕的现代化，是物质文明和精神文明相协调的现代化，是人与自然和谐共生的现代化，是走和平发展道路的现代化，这为我国旅游业发展指明了发展的新方向与新要求。

（1）旅游业发展的现状分析

一是旅游业发展总体规模不断壮大。截至 2019 年底，全年国内旅游人数 60.06 亿人次，比上年同期增长 8.4%；入境旅游人数 14531 万人次，比上年同期增长 2.9%；出境旅游人数 15463 万人次，比上年同期增长 3.3%；全年实现旅游总收入 6.63 万亿元，同比增长 11.1%（见表 1-1）。至 2019 年末，全国共有 A 级景区 12402 个，全年接待总人数 64.75 亿人次，比上年末增长 7.5%，实现营业收入 5065.97 亿元，比上年末增长 7.6%[①]。此外，根据国内旅游抽样调查统计，2023 年上半年国内旅游总人数 23.84

[①] 文化和旅游部公开发布《中华人民共和国文化和旅游部 2019 年文化和旅游发展统计公报》[EB/OL].（2020-06-20）[2023-09-15]. https://www.mct.gov.cn/whzx/whyw/202006/t20200620_872734.htm.

亿，比上年同期增加 9.29 亿，同比增长 63.9%，国内旅游收入 2.30 万亿元，比上年增加 1.12 万亿元，增长 95.9%。[①]

表1-1　2010—2020年旅游业主要发展指标

年份	国内旅游人次 /亿人次	国内旅游收入 / 亿元	入境旅游人次 / 万人次	入境旅游收入 / 亿美元	出境旅游人次 / 万人次	旅游总收入 / 万亿元
2010	21.03	12580	13376	458.14	5739	1.57
2011	26.41	19305	13542	484.64	7025	2.25
2012	29.57	22706	13241	500.28	8318	2.59
2013	32.62	26276	12908	516.64	9819	2.95
2014	36.11	30312	12850	1053.80	10728	3.73
2015	39.90	34195	13382	1136.50	11689	4.13
2016	44.35	39390	13844	1200.00	12203	4.69
2017	50.01	45661	13948	1234.17	13051	5.40
2018	55.39	51278	14120	1271.03	14972	5.97
2019	60.06	57251	14531	1313.00	15463	6.63
2020	28.79	22286	—	—	—	—

资料来源：《中国文化文物和旅游统计年鉴2021》。

　　二是旅游业发展环境不断优化。 主要体现在 3 个方面：第一，相关政策法规日益完善。2013 年，《中华人民共和国旅游法》颁布实施，这是中国旅游业发展史上的一座里程碑；2014 年，《国务院关于促进旅游业改革发展的若干意见》（国发〔2014〕31 号）文件颁布实施，并明确了各部委的工作职责；2015 年，《国务院办公厅关于进一步促进旅游投资和消费的若干意见》（国办发〔2015〕62 号）颁布实施，重点关注通过改革创新促进旅游投资和消费；2016 年，《国务院关于印发"十三五"旅游业发展规划的通知》（国发〔2016〕70 号）首次实现了旅游业五年规划由国务院直接发布；2018 年，《国务院办公厅关于促进全域旅游发展的指导意见》（国办发〔2018〕15 号）颁布实施，为我国旅游业有效供给不足提供了解决方案；2019 年，《国务院办公厅关于进一步激发文化和旅游消费潜力的意见》（国办发〔2019〕41 号）颁布实施，更加注重以高质量文化和旅游供给增强人民群众的获得感和幸福感；2022 年，《国务院关于印发"十四五"旅游业发展规划的通知》（国发〔2021〕32 号）提出创新驱动发展的要求。第二，体制机制不断改革完善，促进文化和旅游大部制改革。从国家到各级地方政府，结合各自资源优势与特征，实现了旅游和文化、广电、影

[①] 财务司. 2023 年上半年国内旅游数据情况 [EB/OL]. （2023-07-13）[2023-09-15]. https://zwgk.mct.gov.cn/zfxxgkml/tjxx/202307/t20230713_945923.html.

视、体育等相关职能部门的有机融合。第三，与旅游业发展相关的公共设施与基础设施不断提升优化。高速公路、干线公路、高铁、机场、航道等方面的外部交通基础设施全面改善提升，地方城乡交通一体化、汽车租赁服务、公共自行车等快速布局，以互联网＋、游客中心、旅游厕所为代表的公共服务体系日益完善，极大地方便了游客的出行。

（2）旅游业发展的问题分析

在我国旅游业快速发展的同时，也存在许多问题，主要集中在以下方面。

一是互联网＋带来的新问题。随着旅游消费市场规模的不断扩大与互联网经济的加持，旅游已经突破传统以旅行社为主体的线下经济，更多地融合了创新经济、互联网经济等新经济形态的特征。如在线旅行（online travel agent，OTA）平台存在机遇与挑战并存的现象，"小而精"的个性化定制游，正在成为在线旅游服务商竞争的主战场。但近几年，有些在线旅游服务商不能按约定提供服务、相关提示环节不到位、旅游投诉渠道不畅通、问题解决不及时等问题仍然层出不穷，对OTA商家的监管仍是巨大的挑战。在线旅游平台对旅游景区等旅游产品的直接供应商对接不畅、信息不对称或者情况不熟悉等，均会提高游客投诉率。

二是旅游景区供给侧的结构性矛盾明显。《旅游景区质量等级的划分与评定》（GB/T 17775—2003）颁布实施后，旅游景区发展步入快车道和规范化阶段。但依然存在供给侧的结构性矛盾：第一，存在两极分化现象，即以部分国家5A级景区为代表的高品级旅游景区门庭若市和大部分中低级景区门可罗雀并存；第二，景区依然以传统的观光游览为主，休闲氛围营造缺失、体验产品培育不足等问题突出；第三，部分景区的经营、管理等专业技能人才缺失，导致接待、经营、产品研发出现不规范、不科学等问题，尤其是以山海关、乔家大院等为代表的景区被取消5A级景区资质或被通报批评处理为标志，旅游景区的达标问题进入公众的视野。

三是旅游项目规划及开发的系统性和全面性不足。旅游经济的快速发展使旅游业成为国民经济战略性支柱产业之一，大量民营企业和国有企业进入文化旅游产业，形成了文化旅游项目投资及开发的热潮。但对于如何理性、科学、系统、全面地进行有效投资与开发，大多数企业并没有遵循旅游业的发展规律与目标细分市场的消费规律。在建设一些主题特色明显的旅游景区、主题公园和大型游乐园等文化旅游项目时，部分项目在开发建设前期并未经过详细、系统、全面、专业的规划或策划，甚至还出现"边规划、边报批、边建设、边开放"的"四边现象"，为此文化和旅游部、财政部联合颁布《关于在旅游领域推广政府和社会资本合作模式的指导意见》（文旅旅发〔2018〕3号），对文旅项目进行管控约束。

1.1.2 旅游景区对旅游业发展的影响与作用

（1）旅游景区是地方旅游业发展的核心依托

旅游业与旅游景区密不可分，虽然游客在外出旅游的过程中，存在部分游客仅仅为了美食、酒店或节庆活动等原因而出游，但是实际上也与旅游景区存在"藕断丝连"的关系，因为他们所喜爱的美食可能位于某旅游目的地的历史街区，他们所喜爱的酒店可能拥有了景区的功能，可以说旅游景区的旅游资源是吸引游客外出旅游的重要因素。各地旅游业通过旅游景区对游客产生吸引力，促进其旅游消费，并同步带动了游客对住宿、餐饮、交通、购物、娱乐等旅游业要素的直接消费，也带动了旅游地的房地产、金融、商贸零售等相关要素的间接消费。因此，旅游景区是地方旅游业发展的核心依托，是获得综合经济效益的前提。

（2）旅游景区是地方旅游业品牌形象的窗口

旅游景区是一个旅游目的地城市旅游形象乃至城市整体形象的代表或窗口，是旅游景区所在地的金名片，很多城市均因其拥有的高等级景区而驰名中外。对于很多旅游目的地而言，游客往往只知道旅游景区的名称而不知道其所在地的名称，如浙江省有两个著名的国家 5A 级旅游景区——千岛湖和乌镇，但是很多中远程游客却并不知道其所在地——淳安县和桐乡市。对于很多旅游目的地而言，甚至因为其旅游景区的知名度极高，纷纷将原来的地名（城市名称）更名为景区的名称，如安徽的屯溪因黄山出名，而改称黄山市，湖南的大庸市因国家 5A 级旅游景区张家界国家森林公园，而改名为张家界市。

1.2　认识旅游景区的概念、特征与类型

1.2.1 旅游景区的概念

（1）旅游景区的直观概念

1. 旅游景区的定义与特征 PPT
2. 旅游景区的定义与特征视频

旅游景区，又可简称为景区、景点，是一个相对比较直观的概念。从地理学或资源学的角度来看，旅游景区更加突出"景"和"区"的概念，而所谓的"景"是指景致、景观、风景或旅游资源，也就是通俗的旅游吸引物；所谓的"区"即空间、区域、地方或场所。从直观角度或旅游地理学、旅游资源学角度来看，旅游景区就是旅游资源或旅游吸引物的集中之地。因此，西方国家通常用 visitor attractions, attractions 或 tourist attractions 等来描述旅游景区。而换个角度来说，从旅游学的角度来看，又或者与酒店、旅行社等概念横向比较，旅游景区可视为旅游业中的一个子行业；从旅游经济学的角度来看，旅游景区又可以视为旅游产品或旅游商品。在本教材中，考虑到现行旅游景区相关的国家标准对英文名称一致性的要求，

旅游景区的英文翻译应为tourist attraction。

（2）旅游景区的常用概念

为了加强旅游景区行业的管理，我国通常依据《旅游景区质量等级的划分和评定标准》（GB/T 17775—2003）来解释旅游景区的概念。在该标准中，旅游景区是以旅游及其相关活动为主要功能或主要功能之一的空间或地域。本标准中旅游景区是指具有参观游览、休闲度假、康乐健身等功能，具备相应旅游服务设施并提供相应旅游服务的独立管理区，该管理区应有统一的经营管理机构和明确的地域范围，包括风景区、文博院馆、寺庙观堂、旅游度假区、自然保护区、主题公园、森林公园、地质公园、游乐园、动物园、植物园及工业、农业、经贸、科教、军事、体育、文化艺术等各类旅游景区。因此，根据前述旅游景区的直观概念来看，《旅游景区质量等级的划分和评定标准》中规定的旅游景区概念，更多的是从旅游资源的角度来衡量，才有tourist attraction的配套英文翻译。

一是旅游景区具有相对明确的空间范围或红线范围。不论旅游景区的规模多大，也不论是何种类型的旅游景区，应该都有一个明确的空间范围或红线范围；这既是创建国家A级旅游景区的前提与基础，也是明确旅游景区责任主体的重要依据。

二是旅游景区具有明确的旅游及相关功能。旅游景区以吸引游客为主要目的，能为游客提供参观游览、休闲度假、康乐健身、文化体验、科普研学、商务会议、节庆娱乐、美食餐饮、特色购物等一种或若干种需求。

三是旅游景区应该具有统一的管理机构或经营主体。作为旅游业的一个子行业，每个旅游景区应具有一个明确的管理主体或经营主体，对旅游景区内的资源开发、经营服务等进行统一的管理。它既是旅游景区经营与管理的主体，也是旅游产品或服务的供给方。这个管理机构或经营主体可以是政府机构，或是具有部分政府职能的事业单位，也可以是独立的法人企业。

四是旅游景区具有必要的基础服务设施，提供相应的旅游服务。资源、设施与服务是旅游景区产品的主体，也是旅游景区旅游功能得以发挥的基础。没有基础服务设施与配套服务，再好的旅游资源也还只是旅游资源，无法也不能成为可供旅游者消费的旅游产品，也无法实现旅游景区或旅游资源的价值。

1.2.2 旅游景区的特征

除了具有旅游业的普遍特征之外，根据旅游景区的定义与发展态度，可以得知旅游景区还具有要素综合性、资源集聚性、地域特色性和主客共享性等特征。

（1）要素综合性

与旅游业的其他子行业不同，旅游景区具有典型的要素综合性。首先，从旅游产业要素的角度看，一个旅游景区通常可包括"吃、住、行、游、购、娱"等传统六要素，还可以包括"商、养、学、闲、情、奇"等新兴六要素。其次，从旅游产业功能的角度看，旅游景区能满足游客的参观游览、休闲度假、康乐健身、文化体验、科普研学、商务会议、节庆娱乐、美食餐饮、特色购物等各个方面的需求，可以说具有典型的综合性。最后，旅游景区还拥有资源要素、环境要素、人力要素及基础设施要素等。

（2）资源集聚性

旅游景区是各种资源的集聚场所，如自然资源、人文资源、资本资源、人力资源、智力资源、信息资源、政策资源等。从旅游景区的规划设计、开发建设到运营管理，都需要上述各种资源的综合运用。如旅游景区的开发是以自然资源和人文资源为基础的，而规划设计的实施与建设，尤其是涉及项目内容创新等既需要人力资源及其智力资源的有效支撑，又需要大量资本资源、政策资源的配合或保障，景区的有效管理和运营还需要优秀人力资源与信息资源的支持。因此，旅游景区的可持续发展不只依靠单一的资源基础，而是资金、技术、人力等多资源要素的综合运用，发挥其综合效能。

（3）地域特色性

旅游景区是以一定的地域空间为载体。每个旅游景区，无论其规模大小，都有一个相对明确的空间范围。俗话说："一方水土养一方人。"不同的地域空间，本来就会形成不同的自然地理环境、气候资源与生态环境，同时还能对地方经济、社会、文化等发展起到完全不一样的推动作用而形成典型的人文差异性。因此，不同地区的旅游景区必然受到地域性自然、历史、社会、文化、环境等因素的影响，进而导致旅游景区的地域特色性或差异性。

❓ 想一想：结合前述旅游业发展的趋势分析，讨论如景区内一拥而上建设开发的各类形态各异的以玻璃桥为代表的诸多网红景区生命周期偏短的原因是什么？

（4）主客共享性

与旅游交通、旅游餐饮等旅游要素类似，旅游景区亦具有典型的主客共享性。尤其是随着全域旅游时代的到来，泛旅游概念的提出，本地居民（游客）的家门口旅游休闲已经成为常态。近年来，随着各种小镇旅游、乡村旅游的快速兴起，尤其是以特色小镇、风情小镇、景区城（镇、村）、历史文化街区等为代表的旅游景区，在促进主客共享方面更为突出。大部分社区居民依然会以双休日近距离出游作为首选，而中小型旅游景区或地方性景区自然成为主客共享的典范。

1.2.3 旅游景区的类型

按不同的分类标准，可以将旅游景区划分为不同的类型。下面主要介绍 4 种分类方法。

1. 旅游景区的分类（一）
2. 旅游景区的分类（二）
3. 旅游景区的分类（三）

（1）按旅游景区的景观分类

按照旅游景区所依托的核心景观资源进行分类，是旅游景区分类体系中最常见的一种分类方法，通常可以分为自然型旅游景区、人文型旅游景区、人造型旅游景区和综合型旅游景区。

一是自然型旅游景区。自然型旅游景区主要是指依托自然旅游资源而开发建设的旅游景区。我国历史悠久，文物古迹众多。因此我国大多数自然型旅游景区都包含有一定的人文景观或人文旅游资源。但在自然型旅游景区中，其主体吸引物是自然风景，而不是人文景观。典型的自然型旅游景区如黄山、九寨沟、张家界等。根据自然旅游资源的类型，自然型旅游景区又可分为山岳型旅游景区（对应地文景观类旅游资源）、森林型旅游景区（对应生物景观类旅游资源）、江河湖海型旅游景区（对应水域景观类旅游资源），以及某些特殊类型的自然型旅游景区，如瀑布型旅游景区、泉水型旅游景区、洞穴型旅游景区等。一般而言，自然型旅游景区的自然旅游资源单体数量与人文旅游资源单体数量的比例应高于 1 ∶ 2。

二是人文型旅游景区。人文型旅游景区主要是指依托人文旅游资源而开发建设的旅游景区，由多处人文景点构成，以人文景观和人文资源为主要吸引物，并辅以一定自然景观的相对独立的旅游景区。典型的人文型旅游景区如北京故宫、丽江古城、山海关、龙门石窟、乌镇等。根据人文景观资源的不同，人文型旅游景区又可分为历史文化名城（镇、村或街区）、宗教文化、古典园林、博物馆、商业街区等多种类型。一般而言，人文型旅游景区的人文旅游资源单体数量与自然旅游资源单体数量的比例应高于 2 ∶ 1。

三是人造型旅游景区。人造型旅游景区又指主题乐园或主题公园。这类景区是根据特定的主题，采用现代信息技术与方法，借助人力、物力和财力，为游客设计的集诸多娱乐休闲活动于一体的活动空间。典型的人造型旅游景区如迪士尼乐园、环球影城、欢乐谷、方特欢乐世界、宋城、海昌海洋公园、杭州 Hello Kitty 公园等。此类旅游景区大部分依托大中型城市，其内部或周边自然旅游资源或人文旅游资源一般或没有。因此，此类旅游景区属于资源脱离型的旅游产品，即完全依靠创新、创意。

四是综合型旅游景区。综合型旅游景区是指同时依托自然旅游资源与人文旅游资源而开发建设的旅游景区。此类景区通常拥有多处自然旅游资源和人文旅游资源，两者单体比例一般为 1 ∶ 2 左右，两者相互映衬、相互依赖，共同吸引游客而形成相对独立的旅游景区。综合型旅游景区中的自然旅游资源和人文旅游资源的旅游价值都较高，两者复合在一起，形成复合型的旅游吸引物。典型的综合型旅游景区有泰山、峨眉山、普陀山、西湖等。

❓ 想一想：目前国内很多的特色小镇景区、休闲农业类景区可能属于哪一种类型？

（2）按旅游景区的功能分类

虽然旅游景区的要素功能相对具有综合性，但每个旅游景区依然有其主导功能。一般来说，按照旅游景区的主导功能进行分类，可以分为观光型旅游景区、度假型旅游景区、生态型旅游景区、科考研学型旅游景区、游乐型旅游景区、产业型旅游景区等。

一是观光型旅游景区。此类旅游景区以观光游览为主导功能，旅游资源通常以观赏游憩价值较高的自然旅游资源和人文旅游资源为主，观光游览为其主要的旅游活动。观光型旅游景区一般都具有较高的审美价值，能够满足游客观赏游览的需求。通常旅游景区内的服务配套设施较少，主要以辅助游客观赏为目的而建设一些旅游设施。典型的观光型旅游景区如厦门鼓浪屿、安徽黄山等。

二是度假型旅游景区。此类旅游景区以休闲度假为主要功能，旅游资源单体的个体价值不高，主要依托其宜人的气候、安静的环境、高等级的服务质量、优美的景观和舒适的度假设施。根据其度假活动的内容又可分为海滨度假型、山地度假型、温泉度假型、滑雪度假型、运动度假型等。典型的度假型旅游景区如大连金石滩、昆明滇池、湖州太湖、三亚亚龙湾等。一般而言，度假型旅游景区相当于旅游度假区的概念。

三是生态型旅游景区。此类旅游景区以保护生态环境、珍稀物种和维护生态平衡为主要目的。事实上，我国各个行政主管部门负责保护建设的风景名胜区、地质公园、森林公园、湿地公园、自然保护区等局部或全部均有此特征。典型的如杭州西溪国家湿地公园、卧龙国家级自然保护区、张家界国家森林公园等。

四是科考研学型旅游景区。此类旅游景区是以科学考察、普及科教知识与实践教育等为主要目的，旅游景区的旅游资源通常是以具有较高科学研究价值、科学教育价值的景观资源和历史文化传承价值的人文资源为主，提供的设施设备主要以满足游客求知或教学为目的。典型的科考研学型旅游景区如各种地质公园、文博场馆、研学实践教育基地等。

五是游乐型旅游景区。此类景区以满足游客游乐为主要功能，旅游景区的旅游资源主要是围绕特定主题下的各种现代化游乐设施。典型的游乐型旅游景区如欢乐谷、锦江乐园、迪士尼乐园、杭州 Hello Kitty 乐园等。

六是产业型旅游景区。 此类旅游景区以生产为主要功能，同时兼顾游客的观赏游览、生产体验、主题购物、科普研学等消费需求。其旅游资源主要是围绕特定产业资源或发展历史而形成的系列产业设施、设备或产品。产业型旅游景区根据其产业门类的不同，又可以分为工业型旅游景区、农业型旅游景区、时尚型旅游景区、购物型旅游景区等。典型的产业型旅游景区有诸暨米果果小镇、义乌小商品城等。一般而言，产业型旅游景区的知名度相对较低。

（3）按旅游景区的等级分类

为了加强旅游景区及其资源的保护，大部分国家或地区采用分级管理方式对旅游景区或旅游资源进行管理，由此形成了不同等级的旅游景区。此外，不同的分类管理是由不同行政主管部门来负责的，我国旅游景区的主管部门及其分类如表 1–2 所示。

表1–2　我国旅游景区的主管部门及其分类一览

旅游景区主管部门	分类结果	
	分类系统	分级系统
中华人民共和国文化和旅游部	A 级旅游景区	AAAAA 级旅游景区
		AAAA 级旅游景区
		AAA 级旅游景区
		AA 级旅游景区
		A 级旅游景区
	旅游度假区	国家级旅游度假区
		省级旅游度假区
	历史文化名城（镇、村、街区）	国家级历史文化名城（镇、村、街区）
		省级历史文化名城（镇、村、街区）
中华人民共和国住房和城乡建设部	风景名胜区	国家级风景名胜区
		省级风景名胜区
国家林业和草原局（隶属于自然资源部）	地质公园	世界级地质公园
		国家级地质公园
		省级地质公园
		县级地质公园
	湿地公园	世界级湿地公园
		国家级湿地公园
		省级湿地公园

旅游景区主管部门	分类结果	
	分类系统	分级系统
国家林业和草原局（隶属于自然资源部）	森林公园	国家级森林公园
		省级森林公园
	自然保护区	国家级自然保护区
		省级自然保护区
	国家公园	国家级国家公园
中华人民共和国水利部	水利风景区	国家水利风景区

（4）按旅游景区的其他分类

根据旅游景区的其他属性特征，还可以将旅游景区划分为其他类型体系。第一，根据旅游景区开发建设、经营管理的主体来分，可以分为政府事业型旅游景区、国有企业型旅游景区、民营企业型旅游景区、中外合资型旅游景区等；第二，根据旅游景区是否封闭或收费，可以分为封闭收费型旅游景区、开放免费型旅游景区及半开放部分免费型旅游景区等。

1.3　认识中国旅游景区的发展

1.3.1　中国现代旅游景区的发展历程

现代旅游开始于第二次世界大战结束之后，在我国则始于中华人民共和国成立之后，具体又可以划分为事业发展期、起步发展期、快速发展期和新型发展期。

一是事业发展期（1949—1978年）。这是我国现代旅游景区的发展萌芽时期。在该历史时期，我国旅游景区的雏形是传统园林，以自然观光为主，能真正享受园林生活的只是社会中的极少数人。除了传统园林之外，还出现了供大众游玩的公园，如1968年诞生于上海的"公花园"（即现在的黄浦公园）。此外，也有诸如北京故宫、长城、杭州西湖等一大批知名旅游景区，但当时旅游景区的主要功能以外事接待为主，旅游景区是接待广大海外侨胞、外籍华裔的集散地，是对外宣传中国的发展建设成就，加强国际友好往来的主要形象窗口。

二是起步发展期（1979—1998年）。随着我国旅游业的迅速发展，旅游景区也逐步从外事接待、事业接待转型为创汇型。为了迎接国内外游客，我国许多旅游胜地迅猛发展，尤其是以1982年、1988年和1994年国务院公布的三批共119家国家重点风景名胜区为代表的旅游景区，竞相进行吃、住、行、游、购、娱等相关接待设施的

013

建设，旅游接待条件已经基本具备。该阶段由于旅游者消费能力比较薄弱，消费观念落后，大多数游客只对知名度较高的景区感兴趣，满足于其"到此一游"的观念。因此，该阶段的旅游开发重点主要为自然型景区，旅游景区总体仍处于观光游览期。

三是快速发展期（1999—2014年）。随着国民旅游需求的个性化、多样化发展，旅游需求和供给市场共同快速发展。该阶段旅游景区的发展主要表现出以下几个方面的特点：第一，旅游资源科学评价与合理利用基础之上的旅游景区规划开发全面铺开，规范开发开始得到重视。第二，旅游需求多元化，经营者除了开发自然型旅游景区外，人文旅游资源也着手开发，人造景区尤其是主题公园的数量迅速增长。第三，旅游景区的核心理念从单纯的经济目标转变为经济、社会和生态三大效益相结合，使得旅游景区环境优化，服务接待设施发展更为完善。第四，可持续发展理念开始在我国的旅游开发中占据重要地位，尤其是世界遗产管理体系的引入，使我国旅游业的环境与文物保护意识得到了质的提升。

四是新型发展期（2015年以来）。其代表性事件就是国家旅游局（现已改组为文化和旅游部）于2015年10月9日发布通告，以秦皇岛山海关国家5A级旅游景区被摘牌为代表的一大批旅游景区被通报批评或处理，这预示着我国旅游景区发展进入了动态调整、品质发展的转型升级新时期。尤其是党的十九大以来，我国城乡居民对以旅游休闲为代表的美好生活的需求日益明显，旅游景区的发展全面进入新阶段。党的二十大报告提出的中国式现代化5个方面的中国特色，更为我国旅游景区中国特色发展指明了道路。

1.3.2 中国旅游景区的发展趋势

（1）旅游景区的产业化

旅游景区的产业化趋势日益明显，主要体现在以下5个方面：第一，旅游景区的规模总量持续壮大。截至2020年底，我国已有各类A级旅游景区13332个[①]，加上其他非A级旅游景区的总数逾3万个，且

旅游景区未来的
发展趋势

数量还在不断增加。第二，旅游景区的产业链条日益延拓。旅游景区立足第三产业，全面向第一产业和第二产业渗透，如休闲农业旅游、工业旅游等。第三，旅游景区的竞争核心逐渐明晰。高等级旅游资源、景区专业经营管理人才和旅游景区的核心主题知识产权（intellectual property，IP）等观念日益深入人心，并成为旅游景区的核心竞争力。第四，旅游景区的产业地位不断提升。旅游景区对地方旅游业发展的整体贡献度和国民经济发展、促进社会就业、传承文化、生态文明建设等作用越来越明显。尤

[①] 财务司. 中华人民共和国文化和旅游部2020年文化和旅游发展统计公报[EB/OL]. （2021-07-05）[2023-09-15]. https://zwgk.mct.gov.cn/zfxxgkml/tjxx/202107/t20210705_926206.html.

其是国家 5A 级旅游景区的创建工作，受到很多地方县委、县政府的重视。第五，旅游景区的开发经营逐步专业化。近年来，国内旅游教育尤其是旅游职业教育中，智慧景区开发与管理专业或旅游管理专业的学生培养规模日益壮大。

（2）旅游景区的综合化

随着我国旅游业综合发展水平的提升，尤其是我国游客需求日益综合化、多元化，我国旅游景区的发展也逐步摆脱以往仅限于以观光游览为主，配置简单的购物、餐饮、交通、娱乐等功能的发展局限性，而形成了以观光游览为基础，全面培育"吃、住、行、游、购、娱"等传统六要素和"商、养、学、闲、情、奇"等新兴六要素。如浙江乌镇景区，作为国家 5A 级旅游景区，其在各种类型的业态培育上下足了功夫，在传统乌镇景区的概念上，全面植入了度假乌镇、文化乌镇、会展乌镇、养生乌镇等概念，尤其是世界互联网大会将乌镇景区作为永久会址，使其以休闲度假为主的住宿业和商务会议、餐饮等配套功能全面发展。

（3）旅游景区的主流化

随着旅游业在国民经济中的地位逐步提升、作用日益显现，旅游景区的地位和作用也进一步提升扩大，主要体现在 3 个方面：第一，以旅游景区为核心的旅游业已经成为很多县域经济发展的主流方向。尤其是很多老少边贫地区，受制于多方面因素的影响，如农业发展没有耕地空间、工业发展没有区位条件，只能依赖于旅游业的发展，而旅游业发展的核心就是旅游景区，建设高品质的旅游景区已经成为当地县委、县政府的首要工作。第二，以旅游景区为统筹城乡发展的主流路径。通过旅游景区的开发建设，不仅可以提升地方整体品牌形象、改善投资环境，还可以吸引外地客流尤其是城镇居民到访，并带来先进的发展理念、技术人才等资源，从而带动地方的综合发展。第三，以到访哪个旅游景区进行休闲旅游度假已经成为当下城乡居民品质生活的主流话题之一，如每逢节假日，人们讨论最多的话题就是"去哪里玩？""哪里好玩？"等。

（4）旅游景区的规范化

旅游景区的发展将越来越规范化，重点体现在 4 个方面：第一，旅游景区的安全管理。通过近年来被国家通报批评、警告乃至摘牌的 A 级旅游景区来看，旅游安全都是其中非常重要的一个环节。各相关职能部门非常重视旅游景区的安全管理，不仅出台了行业标准《景区最大承载量核定工作导则》（LB/T 034—2014），而且紧急要求全国 A 级旅游景区对景区的最大承载量、瞬时最大承载量进行测定并对外公布，同时要求各个景区主入口应实时公布景区实时游客量。《国务院办公厅关于进一步激发文化和旅游消费潜力的意见》（国办发〔2019〕41 号）也明确要求："推广景区门票预约制度，合理确定并严格执行最高日接待游客人数规模。到 2022 年，5A 级国有景区全面实行门票预约制度。"第二，旅游景区的服务质量管理。无论是旅游景区的停车场管理、游客中心管理、服务设施管理，还是具体到每个岗位的服务接待流程与规范，都越来越受到重视并可能成为未来旅游景区的核心竞争力。第三，旅游景区的购物管理。随着文化和旅游的全面融合，旅游景区必然成为未来文化和旅游融合的主阵地，旅游购物也必然要告别之前"无品牌"的尴尬境地，围绕景区特定主题或IP的旅游购物品或相应的文创产品将形成品牌化、规范化，如近几年故宫的文创产品颇为流行。第四，旅游景区的公共服务管理。随着旅游景区散客群体规模日益扩大，旅行社导游在旅游景区游客接待体系中的作用越来越小，但游客对包括信息咨询、餐饮住宿、交通服务、商品购物、旅游厕所等公共服务的需求不降反增，也就是对旅游景区的公共服务管理提出了更高的要求。

（5）旅游景区的生态化

随着我国国民经济的快速发展，人们对生态环境和居住环境的生态要求也全面提高。党的二十大明确指出："大自然是人类赖以生存发展的基本条件，尊重自然、顺应自然、保护自然，是全面建设社会主义现代化国家的内在要求。必须牢固树立和践行绿水青山就是金山银山的理念，站在人与自然和谐共生的高度谋划发展。"[①]旅游景区在彰显生态化发展趋势时，应重点关注3个方面的内容：第一，要充分认识到游客消费理念的生态化。游客消费理念的生态化，反映到游客现实消费行为习惯，就是对旅游景区的生态环境质量（包括水环境质量、空气环境质量、声环境质量）、植被绿化覆盖率、环境卫生清洁度等方面的要求会越来越高。第二，要不断重视旅游景区项目设施的生态化建设，即未来旅游景区新建或改建的旅游项目、配套设施都应体现生态、绿色、低碳的理念，尤其是垃圾分类与回收处理、绿色可再生能源的使用等方面应率先取得突破。第三，要实现旅游景区内外空间环境的生态化。即未来旅游景区至少应在游客视野范围之内，能够保证旅游环境的高品质维持和游览环境的清洁、卫生、整洁。

（6）旅游景区的智慧化

智慧旅游景区是指通过智能网络与信息技术手段，对旅游景区的地理事物、自然资源、游客行为、工作人员行迹、景区基础设施和服务设施等进行全面、透彻、及时的感知；对游客、工作人员实现可视化管理；并与旅游景区上下游企业形成战略联盟，实现旅游景区环境、社会和经济的全面、协调和可持续发展。旅游景区的智慧化主要体现在3个方面：第一，未来旅游景区应实现服务的智慧化。通过对旅游景区的咨询服务信息系统、票务预订售卖系统、出入口管理与检票信息系统、游乐设施设备管理

---

① 习近平．高举中国特色社会主义伟大旗帜　为全面建设社会主义现代化国家而团结奋斗——在中国共产党第二十次全国代表大会上的报告 [R]．北京：人民出版社，2022：49-50．

系统等方面的互联互通，能自动为每个游客提供一个最优的游览与休闲体验方案，且能最大限度地减轻旅游景区的人力成本。第二，未来旅游景区应实现营销的精准化。在旅游景区自身数据与各大平台运营商的大数据分析支撑下，旅游景区不仅能对到访游客进行全程可逆化的数据分析，并为其后续购买决策提供精准有效的服务方案，而且能通过对潜在游客进行系统分析整理而提出针对性的营销套餐。第三，未来旅游景区应实现管理的智慧化。通过现代信息技术手段，旅游景区在办公自动化、人事管理、服务质量管理、资源与设施设备管理、财务管理、安全应急管理、商业运营管理等各个方面都能实现管理体系的重构、服务流程与规范的再造，以全面提升旅游景区的管理效率并全面降低管理成本。

（7）旅游景区的国际化

随着我国综合国力的全面提升，旅游景区在彰显大国自信，尤其是文化自信方面应该更有作为。因此，旅游景区依然需要在以往扮演外事接待角色的同时，融入并传承我国优秀的传统文化，以增强或提升旅游景区的国际化水平。具体可以从 3 个方面予以重点关注：第一，应进一步增强对外营销力度，逐步增加外埠客源比例，尤其是国家 4A 级和 5A 级旅游景区。第二，应进一步提升旅游资源开发和利用的国际化水平，尤其是在传承中华传统优秀文化的同时，实现中西文化的交融与合作，让本土文化资源成为真正国际化的产品，是未来旅游景区尤其是高等级旅游景区必须解决的重大课题。第三，应进一步提升旅游服务的国际化水平，即要求旅游景区不仅要用国际化旅游消费或体验的设施设备，而且要学习国际化的服务理念与水平。

（8）旅游景区的个性化

主题和品牌是未来产业竞争的核心。依托鲜明的地方特色或主题品牌，开展基于标准化基础之上的个性化服务，是未来旅游景区的必由之路。具体可以从 4 个方面予以关注：第一，旅游景区产品开发的主题化。如何确定一个本地具有比较优势的资源，能够成为中外游客喜闻乐见的资源，并能够有效转换为旅游产品的主题或品牌是重中之重。围绕旅游景区的既定主题，如何提取与核心主题相关的配套元素，也是旅游景区个性化发展的关键所在。第二，旅游景区产品消费的自由化。未来旅游景区应在标准化服务流程设计的基础之上，配套智慧旅游服务系统，保证游客既能体验消费的自由化，又能保障游客随时呼叫并获得人工服务的支持。第三，旅游景区产品体验的情景化。即旅游景区应围绕既定主题和文化内涵，并结合其真实或简化的生产、生活、生态过程，利用现代信息技术尤其是虚拟现实（virtual reality，VR）或增强现实（augmented reality，AR）技术，使游客能身临其境地感受到主题文化的魅力与内涵。四是旅游景区产品市场的细分化。未来旅游景区的发展必然是"细分为王"，包罗万象、主题缺失的旅游景区必然会迷失发展方向。因此，除极少数综合型或体量庞大的旅游景区之外，大部分旅游景区应根据自身主题及创新产品特色，瞄准具体细分市场精准发力。

📍 任务小结

　　旅游景区的发展对地方旅游业尤其是全域旅游的发展具有至关重要的作用和意义。旅游景区的快速、健康、高质发展，不仅是地方旅游业保持自身长久生命力与竞争力的核心与关键，而且也是旅游景区自身保持对游客的吸引力并维系较高回头率的关键所在。伴随着全域旅游的快速发展，新型旅游景区或新兴旅游业态不断涌现。因此，在新形势下，我们必须重新理解旅游景区的概念与内涵，明确旅游景区具有要素综合性、资源集聚性、地域特色性和主客共享性等个性化特征，理解旅游景区的分类体系及其开发建设、运营管理规律。在接下来的 3～5 年时间中，我们应充分把握旅游景区的产业化、综合化、主流化、规范化、生态化、智慧化、国际化和个性化的趋势，重构智慧景区开发与管理专业、旅游管理专业技能人才的知识体系与技能体系。

任务测验

任务2 旅游景区质量划分与评定基础知识

学习导引

天一阁·月湖景区成功创建国家 5A 级旅游景区启示

天一阁·月湖景区，由天一阁博物馆与月湖两大核心景区组成，总面积约 1 平方公里，景区内有各级文物保护单位、点 50 余处，国家级重点文物保护单位 3 个。

一部宁波史，半部在月湖。作为宁波的"母亲湖"，月湖水域面积 9 万平方米，始凿于唐贞观年间，至今已有 1400 多年的历史。

月湖西岸的天一阁，于明嘉靖四十年至四十五年（1561—1566 年），由兵部右侍郎范钦建成。这是我国现存历史最久、亚洲第一、世界第三的私家藏书楼，是全国重点文物保护单位、全国古籍重点保护单位。

数百年间，天一阁以其坚忍和顽强，奇迹般地打破了藏书楼固有的命运，成为中国藏书文化的典范。乾隆皇帝为庋藏《四库全书》修建的七座皇家藏书楼"南北七阁"，即仿效天一阁的形制而建。

悠久精深的藏书文化、宛如天开的园林艺术和古朴典雅的古建筑风格，天一阁为宁波赢得了"书藏古今"的美名。

创建 5A 级景区是一项庞大的系统工程，涉及 20 多个部门，需实施几十个大项目、上百个小项目。包括天一阁广场及月湖西区一期建设、天一阁博物馆整改提升、月湖景区基础设施改造和月湖水质提升等工程。对照 5A 级景区的创建标准，海曙全力推进软硬件提升工程建设，完成了 500 余个景区内、外部标识标牌和警示标志以及公交、地铁线路的规范设置；景区官网、微信公众号齐上线，电子地图、语音导游、免费 Wi-Fi 等开启"智慧旅游"；"厕所革命"、马衙街步行空间、生态停车场、游船码头等 10 余个项目完工，景区面貌焕然一新。

5 年创建，成果丰硕。城市公园华丽蜕变，藏书文化主题凸显，智慧旅游体验升级，主题活动丰富多彩，综合服务日趋完善。月湖和天一阁"联姻"，旅游资源与文化深度融合，打造月湖铭景墙、月湖水系变迁小品、马衙街藏书印、题字石景观，邀请余秋雨先生为景区题字，宁波市著名书法家、画家为景区创作艺术作品。从历代诗词中整理出景区诗词 1000 余首，并与宁波市主持人协会合作，将其中的 300 余首录制成文化语音库。同时设计完成景区标识、视觉识别系统，导游词、月湖文化故事、手绘地图、《月湖十洲线描画册》等系列文化产品，设计开发具有景区文化特色的旅游纪念品。"一城春色忆十洲——月湖历史暨传统文化展示活动""好风明月是生涯——中秋诗词朗诵晚会"、中秋灯展、全国青少年皮艇球锦标赛等系列文旅、体育活动相继开展，整个景区变得愈发灵动。宁波又一艘"旅游航母"扬帆起航。

"跻身国家 5A 级旅游景区，对助推旅游产业跨越式发展、拉动海曙经济社会高品质发展，具有重要意义。"景区管委会负责人表示。

"天一阁·月湖景区获国家 5A 级旅游景区授牌，既是对宁波'书藏古今'藏书文化的高度肯定，也是文化和旅游深度融合的具体体现，更是宁波城市形象走向远方的最好载体。"宁波市旅游发展委员会主任李浙闽表示，下一步，景区要进一步丰富业态、提高品质，让更多的中外游客走进宁波，让更美的宁波文化传遍海内外。

资料来源：朱军备.天一阁·月湖景区成功创建国家 5A 级旅游景区启示(2018-08-13)[2023-06-10]. http://news.cnnb.com.cn/system/2018/10/31/008800800.shtml.有删减。

❓ 想一想：请思考天一阁·月湖景区成功创建国家 5A 级景区的原因是什么？有哪些启示？

📋学习目标

素质目标

- 搜集并学习领会有关自然保护、文化传承等方面的国家法律法规、政策文件，严格按照《旅游景区质量等级的划分与评定》等相关规范与标准知识，开展旅游标准学习；
- 具备良好的旅游业可持续发展的思维模式，能够团结合作，实现特定区域的旅游标准知识的运用，如 A 级旅游景区创建；
- 培养学生树立旅游标准知识运用中的沟通协作意识、奉献意识；
- 培养学生热爱祖国，奉献精神，为家乡旅游业的发展奉献自身力量。

知识目标

- 理解影响景区服务质量的因素；
- 掌握旅游景区标准基本知识；
- 掌握旅游景区质量等级的划分；
- 掌握旅游景区质量等级的评定。

技能目标

- 能有效辨析旅游景区的类型、质量等级及服务要求；

- 能判断旅游景区发展现状，分析诊断存在的表面问题及其深层次原因；
- 能够运用所学旅游标准知识于旅游景区管理、旅游规划设计、园林设计等工作；
- 具备旅游标准知识的分析能力和处理能力。

为规范旅游景区景点的管理与服务水平，保护旅游区（点）和旅游者的合法权益，促进我国旅游资源的永续利用和旅游业的可持续发展，在国家质量技术监督局的支持下，《旅游区（点）质量等级的划分与评定》（GB/T 17775—1999）列入 1996 年国家标准制定计划，经进一步修改完善后，于 1999 年 6 月正式批准发布了这一国家标准。经过几年的实践，国家质量监督检验检疫总局在 2003 年发布了《旅游区（点）质量等级的划分与评定》（GB/T 17775—2003），对原标准划分等级、划分条件进行了适当优化。这也是我国现行旅游景区质量划分与评定工作的主要依据。标准规定了旅游景区质量等级划分的依据、条件及评定的基本要求，适用于接待海内外旅游者的各种类型的旅游景区，包括以自然景观及人文景观为主的旅游景区。

2.1　A级旅游景区概述

2.1.1　旅游景区的定义

根据《旅游景区质量等级的划分与评定》[①]（GB/T 17775—2003）的术语及定义解释，旅游景区是以旅游及其相关活动为主要功能或主要功能之一的空间或地域。具体而言，旅游景区是指具有参观游览、休闲度假、康乐健身等功能，具备相应旅游服务设施并提供相应旅游服务的独立管理区。该管理区应有统一的经营管理机构和明确的地域范围，包括风景区、文博院馆、寺庙观堂、旅游度假区、自然保护区、主题公园、森林公园、地质公园、游乐园、动物园、植物园及工业、农业、经贸、科教、军事、体育、文化艺术等各类旅游景区。

认识标准与旅游
景区标准

2.1.2　旅游景区标准的更新

旅游景区是旅游产业的重要产业要素及经济收入的来源，是旅游者参观游览的主要场所。旅游景区的价值品位、服务质量、环境气氛、管理水平，既是我国旅游业素质形象的体现，也是旅游者能否满意实现旅游目的的关键要素之一。随着我国旅游业的蓬勃发展，旅游景区的开发与管理、保护与利用都得到了空前的发展，取得了巨大的成就，一大批高品位、高质量的旅游景区享誉海内外，成为中国旅游业发展的生力

---

① 国家标准管理委员会于 2004 年 10 月 28 日以国标委农轻函 [2004]66 号文批准 GB/T 17775—2003《旅游区（点）质量等级的划分与评定》国家标准第 1 号修改单，其中全文的"旅游区（点）"全部修改为"旅游景区"，自 2005 年 1 月 1 日起实施，故标准名中的"旅游区（点）"改为"旅游景区"。

军。但是改革开放以后，原有景区服务与管理机制欠缺的弱势逐步暴露出来，虽然我国高等级旅游资源数量众多、种类丰富，但当时我国旅游景区还处在发展阶段，其服务功能、服务质量、管理水平和保护力度，都与我国经济发展不相适应，特别是与旅游者越来越高的旅游需求相去甚远。

鉴于此背景，国家质量技术监督局于1999年6月14日批准发布的《旅游区（点）质量等级的划分与评定》（GB/T 17775—1999）从规范旅游景区服务质量的角度，将旅游景区的质量等级从高到低划定为一级、二级、三级、四级，规定了等级划分的依据和等级评定的基本要求，并从旅游交通、游览、旅游安全、卫生、通信、旅游购物、综合管理、旅游接待规模、资源与环境的保护、旅游资源品位与价值等10个方面分别提出了各质量等级相应的评定条件。比如一级旅游区（点）不但应当具有世界级资源价值和旅游吸引力，被联合国教科文组织列入世界自然、文化遗产，而且应当具有良好的可进入性，完善的服务设施，高水准的服务质量和管理水平，并较为广泛地为海内外旅游者所认同；二级旅游区（点）在资源品位上应当是国内具有代表意义的，在服务设施、服务质量和管理水平上应当处于国内同行业前列；三级旅游区（点）应当是省级行政区内具有代表意义的和影响力的；四级旅游区（点）则只有当地意义和影响。

《旅游区（点）质量等级的划分与评定》（GB/T 17775—1999）适用于接待海内外旅游者的不同类型的旅游区（点），包括以自然景观及人文景观为主的旅游区（点）。质量等级的评定范围包括旅游景区景点、主题公园、度假区、自然保护区、风景区、森林公园、动物园、植物园、博物馆、美术馆等。该标准填补了我国旅游景区景点质量标准的空白，是对我国旅游区（点）管理、服务、资源保护的统一规范。标准借鉴了我国旅游质量标准化管理的成功经验，特别是充分借鉴了旅游涉外饭店星级评定标准的做法，将旅游区（点）的资源管理与质量管理结合起来，全面系统地总结了国内景区景点管理成果，实质上也就是对旅游区（点）的"评星"。该标准实施后，解决了衡量旅游区（点）质量等级尺度的问题，对引导游客参观游览产生了积极作用，实施效果甚至好于预期。由于旺盛的旅游市场产品需求与相对滞后的旅游景区开发，该标准在三年的实施过程中，发生了一些外部环境变化，景区建设主体在实际工作中也存在一些误区，如旅游区重开发、轻保护，重硬件设施、轻软件服务管理，只强调资源价值、不注重产品完善等。

2003年2月24日，国家质量监督检验检疫总局发布了《旅游区（点）质量等级的划分与评定》（GB/T 17775—2003），对1999版标准的划分等级、划分条件进行了修改，主要包括在划分等级中增加了5A级旅游景区，新增的5A级景区主要从细节方面、景区的文化性和特色性等方面做更高要求；对原5A级旅游景区的划分条件均进行了修订，强化以人为本的服务宗旨，4A 级旅游景区增加了细节性、文化性和特色性要求；细化了关于资源吸引力和市场影响力方面的划分条件。

开展旅游景区评定工作最初的 8 年（1999—2006 年）主要是培育景区标准化意识，旅游景区评定以 5A 级以下旅游景区为主，这个阶段评定的最高等级旅游景区为 4A 级。国家旅游局从 2005 年开始在全国范围内开展创建 5A 级旅游景区试点工作，2007 年初评定出首批 66 家 5A 级旅游景区，并举行了授牌仪式，开启了 5A 级旅游景区作为我国精品旅游景区代表的时代。

2018 年 3 月，根据第十三届全国人民代表大会第一次会议批准的国务院机构改革方案，文化部与国家旅游局合并成立文化和旅游部，旅游景区标准的外部环境发生了深刻的变化，文旅融合、经济发展新常态等外部环境因素对全国旅游景区的内涵及管理运行提出了新的要求，同时景区内部智慧化发展趋势、更严格的生态与环境保护、景区配套设施提升等也超出现行标准内容。2022 年 10 月，党的二十大报告明确概括中国式现代化是人口规模巨大的现代化，是全体人民共同富裕的现代化，是物质文明和精神文明相协调的现代化，是人与自然和谐共生的现代化，是走和平发展道路的现代化，以及共富、为民造福、绿色发展等具体要求，可以预见，若未来的旅游景区标准发生修编，这些都是需要考虑的新内涵。

2.1.3 旅游景区发展历程

（1）A 级旅游景区不断壮大

《旅游区（点）质量等级的划分与评定》（GB/T 17775—2003）实施 20 多年来，全国各类旅游景区爆发式增长。截至 2020 年，全国共有景区景点 3 万多个，拥有各类 A 级旅游景区 13332 家，其中 5A 级旅游景区 302 个，4A 级旅游景区 4030 个，3A 级旅游景区 6931 个，A 级旅游景区数量占全国景区景点总体的 1/3。[1]2020 年，全国 A 级旅游景区直接从业人员 155.94 万人，接待总量 32.37 亿人次，实现旅游收入 2017.65 亿元，其中门票收入 430.96 亿元。[2]

2007—2022 年全国共进行了 15 次 5A 级旅游景区评定工作（分别是 2007 年 66 个、2009 年 1 个、2010 年 9 个、2011 年 43 个、2012 年 26 个、2013 年 30 个、2014 年 10 个、2015 年 29 个、2016 年 15 个、2017 年 22 个、2018 年 9 个，2019 年 22 个，2020 年 21 个，2021 年 4 个，2022 年 12 个，不含港澳台地区）。共评定出 5A 级旅游景区 318 个（不含取消等级的），其中江苏省有 25 个 5A 级旅游景区，5A 级旅游景区

[1]　财务司. 中华人民共和国文化和旅游部 2020 年文化和旅游发展统计公报 [EB/OL].（2021–07–05）[2023–09–15]. https://zwgk.mct.gov.cn/zfxxgkml/tjxx/202107/t20210705_926206.html.
[2]　中华人民共和国文化和旅游部. 中国文化文物和旅游统计年鉴：2021[M]. 北京：国家图书馆出版社，2021：222.

数量位列全国省份排名第一，接下来为浙江省（20个）、新疆维吾尔自治区（17个）、四川省（16个）、河南省（15个）和广东省（15个），如表2-1所示。

表2-1　全国各省份5A级旅游景区数量一览

省份	数量	省份	数量
北京市	8	湖北省	14
天津市	2	湖南省	11
河北省	11	广东省	15
山西省	10*	广西壮族自治区	9
内蒙古自治区	6	海南省	6
辽宁省	6	重庆市	11
吉林省	7	四川省	16
黑龙江省	6	贵州省	9
上海市	4	云南省	9
江苏省	25	西藏自治区	5
浙江省	20	陕西省	12*
安徽省	12	甘肃省	7
福建省	10	青海省	4
江西省	14	宁夏回族自治区	4
山东省	14	新疆维吾尔自治区	17
河南省	15		

数据来源：文化和旅游部官方网站（www.mct.gov.cn）。

注：统计截止时间为2022年，其中*黄河壶口瀑布旅游区为陕西省延安市与山西省临汾市共同申报。

（2）达标体系日趋完善

A级旅游景区是一个达标体系，根据《旅游景区质量等级管理办法》，旅游景区质量等级管理工作遵循自愿申报、分级评定、动态管理、以人为本、持续发展的原则，A级旅游景区管理实际上是个常态化复核和动态管理的过程，A级旅游景区"可进可出"。多年来，我国旅游管理部门不断加强景区动态管理，倒逼景区创新发展、转型升级，对疏于管理、服务质量和生态环境下降的A级旅游景区予以严肃处理。

2015年启动了针对5A级景区的动态管理机制，5A级景区的"终身制"被颠覆，"有进有出"的长效考核和管理成为常态。近年来，包括河北省秦皇岛市山海关景区（2015年取消，2018年恢复）、湖南省长沙市橘子洲旅游区（2016年取消，2017年恢复）、重庆神龙峡景区（2016年取消）、山西省晋中市乔家大院景区（2019年取消）等在内的旅游景区由于存在安全隐患、环境卫生差、旅游服务功能退化、景区管理不规范等多种问题被陆续取消 5A 级旅游景区资质。旅游景区不断坚持惠民导向，国有重点景区门票逐步降价。截至 2018 年全国已有 981 个景区实施免费开放或降价措施（免费开放 74 个，降价 907 个），其中 5A 级景区 159 个，4A 级景区 534 个。降价的 907 个景区中，降幅超过 20% 的达 491 个，降幅超过 30% 的达 214 个。[①] 2019 年，文化和旅游部开展了 A 级旅游景区整改提质行动，共复核 A 级旅游景区 5000 多个，有 1186 个旅游景区受到处理，其中 405 个被取消等级。[②]

2.2　A 级旅游景区等级

根据《旅游景区质量等级的划分与评定》（GB/T 17775—2003）与现行《旅游景区质量等级管理办法》的规定，A 级是旅游景区的质量等级划分，原则上由全国旅游景区质量等级评定委员会负责全国旅游景区质量等级评定工作的组织和实施，授权并督导省级及以下旅游景区质量等级评定机构开展评定工作，按照《旅游景区质量等级的划分与评定》（GB/T 17775—2003）的细则一、细则二、细则三对标评定。根据《旅游景区质量等级管理办法》开展旅游景区质量等级的申请、评定、管理和责任处理等管理工作。

1. AAAAA 级旅游景区条件
2. AAAA 级旅游景区条件
3. AAA 级旅游景区条件
4. AA 级旅游景区条件

2.2.1　旅游景区的等级

旅游景区质量等级划分为五级，从高到低依次为 AAAAA、AAAA、AAA、AA、A 级旅游景区。由旅游景区质量等级划分条件确定旅游景区质量等级，按照《服务质量与环境质量评分细则》《景观质量评分细则》的评价得分，并结合《游客意见评分细则》的得分综合进行。旅游景区质量等级的标牌、证书由全国旅游景区质量等级评定委员会统一制作，由相应评定机构颁发，旅游景区在对外宣传资料中应正确标明其等级。旅游景区质量等级标牌，须置于旅游景区主要入口显著位置。旅游景区可根据需要自行制作庄重醒目、简洁大方的质量等级标志，标志在外形、材质、颜色等方面要与景区特点相一致（见图 2-1 至图 2-3）。

---

① 发展改革委：近千个国有景区下调门票价格 [EB/OL]．（2018-09-29）[2023-09-15]. https://www.gov.cn/xinwen/2018-09/29/content_5326861.htm.

② 程金燕．国家 A 级旅游景区的发展形势及建议探讨 [J]．现代商业，2022，657(32)：38-41.

图 2-1　国家级旅游景区标志

图 2-2　A 级旅游景区标志及标牌

图 2-3　A 级旅游景区证书

2.2.2　A级旅游景区等级评定

（1）A级旅游景区等级划分条件

根据《旅游景区质量等级的划分与评定》（GB/T 17775—2003），旅游景区质量等级划分为五级，从高到低依次为AAAAA、AAAA、AAA、AA、A级旅游景区，每个级别均按照旅游交通、游览、旅游安全、卫生、邮电服务、旅游购物、综合管理、资源和环境的保护、旅游资源吸引力、市场吸引力、年接待海内外游客量、游客抽样调查满意率等12个方面进行条文描述，不同级别旅游景区的描述内容有差异，且内容较多，除明确的差异性内容外，其余条文基本以国家标准"好""较好""合理""基本合理""协调""基本协调"等词语展示一般差异化内容。

各级别A级旅游景区中差异化较为明显的为旅游资源吸引力、市场吸引力、年接待海内外游客量：5A 级旅游景区的旅游资源吸引力与市场吸引力要求极高、世界级或世界知名，年接待海内外旅游者 60 万人次以上；4A 级旅游景区的旅游资源吸引力与市场吸引力要求很高、全国级或全国知名，年接待海内外旅游者 50 万人次以上；3A级旅游景区的旅游资源吸引力与市场吸引力要求较高、省级或周边省份知名，年接待海内外旅游者 30 万人次以上；2A 级旅游景区的旅游资源吸引力与市场吸引力要求一般、地区级或本省份知名，年接待海内外旅游者 10 万人次以上；1A 级旅游景区的旅游资源吸引力与市场吸引力要求较小、地区级或本地区知名，年接待海内外旅游者 3万人次以上。

（2）A 级旅游景区等级评定细则

根据《旅游景区质量等级管理办法》（国家旅游局旅办发〔2012〕166 号）和《旅游景区质量等级的划分与评定》（GB/T 17775—2003）的相关规定，A 级旅游景区等级根据《〈旅游景区质量等级评定与划分〉国家标准评定细则》开展对标评定。该细则包括了细则一：服务质量与环境质量评分细则，细则二：景观质量评分细则，细则三：游客意见评分细则，达到划分条件后可通过相应旅游景区评定。

A 级旅游景区的创建，应先对旅游景区景观价值进行评定，景观质量评分符合 A级旅游景区标准后，可进入 A 级旅游景区创建名单。在满足服务质量与环境质量标准后，经景区创建后服务质量与环境质量达标，经暗访等现场检查后，方可进入社会公示及公告程序（见表 2-2）。

表2-2　各等级旅游景区创建应达到的评分

等级	细则一 （满分 1000 分）	细则二 （满分 100 分）	细则三 （满分 100 分）
5A	≥950 分	≥90 分	≥90 分
4A	≥850 分	≥80 分	≥80 分
3A	≥750 分	≥70 分	≥70 分
2A	≥600 分	≥60 分	≥60 分
1A	≥500 分	≥50 分	≥50 分

2.2.3　服务质量与环境质量评分细则

细则一：服务质量与环境质量评分细则共计 1000 分，共分为 8 个大项、44 个分项、118 个次分项、94 个小项。各大项分值为：旅游交通 130 分；游览 235 分；旅游安全 80 分；卫生 140 分；邮电 20 分；旅游购物 50 分；综合管理 200 分；资源和环境的保护 145 分（见表 2-3）。

表2-3　服务质量与环境质量评分一览

评定大项与分值	评定中项与分值
1. 旅游交通（130分）	1.1 可进入性（70分）
	1.2 自配停车场地（30分）
	1.3 内部交通（30分）
2. 游览（235分）	2.1 门票（10分）
	2.2 游客中心（70分）
	2.3 标识系统（49分）
	2.4 宣教资料（15分）
	2.5 导游服务（37分）
	2.6 游客公共休息设施和观景设施（26分）
	2.7 公共信息图形符号设置（18分）
	2.8 特殊人群服务项目（10分）
3. 旅游安全（80分）	3.1 安全保护机构、制度与人员（10分）
	3.2 安全处置（17分）
	3.3 安全设备设施（27分）
	3.4 安全警告标志、标识（8分）
	3.5 安全宣传（6分）
	3.6 医疗服务（8分）
	3.7 救护服务（4分）
4. 卫生（140分）	4.1 环境卫生（20分）
	4.2 废弃物管理（40分）
	4.3 吸烟区管理（5分）
	4.4 餐饮服务（10分）
	4.5 厕所（65分）
5. 邮电（20分）	5.1 邮政纪念服务（8分）
	5.2 电信服务（12分）
6. 旅游购物（50分）	6.1 购物场所建设（15分）
	6.2 购物场所管理（10分）
	6.3 商品经营从业人员管理（10分）
	6.4 旅游商品（15分）
7. 综合管理（200分）	7.1 机构与制度（20分）
	7.2 企业形象（32分）

评定大项与分值	评定中项与分值
7. 综合管理（200分）	7.3 规划（25分）
	7.4 培训（20分）
	7.5 游客投诉及意见处理（20分）
	7.6 旅游景区宣传（37分）
	7.7 电子商务（30分）
	7.8 社会效益（16分）
8. 资源和环境的保护（145分）	8.1 空气质量（10分）
	8.2 噪声指标（5分）
	8.3 地表水质量达国标规定（10分）
	8.4 景观、生态、文物、古建筑保护（45分）
	8.5 环境氛围（69分）
	8.6 采用清洁能源的设施、设备（3分）
	8.7 采用环保型材料（3分）

其中，5A级旅游景区需达到950分，4A级旅游景区需达到850分，3A级旅游景区需达到750分，2A级旅游景区需达到600分，1A级旅游景区需达到500分。

服务质量与环境质量按表2-4的评定项目及检查评定方法与说明逐项打分，按旅游景区自检计分、推荐单位计分、评定单位计分先后次序检查评定。

表2-4　服务质量与环境质量打分表

序号	评定项目	检查评定方法与说明	大项分值栏	分项分值栏	次分项分值栏	小项分值栏	自检计分栏	推荐单位计分栏	评定单位计分栏
1	旅游交通		130分						
1.1	可进入性			70分					
1.1.1	外部交通工具抵达景区的便捷程度				20分				
1.1.1.1	直达机场距景区距离	直达机场系指直达依托城市（镇）的民用机场，包括军民两用机场，但不包括可提供包机服务的军用机场				10分			
	30公里以内					10分			
	60公里以内					6分			
	100公里以内					2分			
1.1.1.2	高速公路进、出口距景区距离					4分			

续表

序号	评定项目	检查评定方法与说明	大项分值栏	分项分值栏	次分项分值栏	小项分值栏	自检计分栏	推荐单位计分栏	评定单位计分栏
1.1.1.2	10公里以内					4分			
	20公里以内					2分			
1.1.1.3	客运火车站距景区距离					3分			
	10公里以内					3分			
	20公里以内					1分			
1.1.1.4	客用航运码头距景区距离					3分			
	10公里以内					3分			
	20公里以内					1分			
……	……	……	……	……	……	……	……	……	……

2.2.4 景观质量评分细则

细则二：景观质量评分细则分为资源要素价值与景观市场价值两大评价项目、九项评价因子，总分100分。其中资源吸引力为65分，市场吸引力为35分（见表2-5）。各评价因子分4个评价得分档次。

1.景观质量评价（一）
2.景观质量评价（二）
3.景观质量评价（三）
4.云上草原旅游景区景观质量评估

表2-5　景观质量评分一览

评价项目与分值	评价因子与分值
资源吸引力（65分）	观赏游憩价值（25分）
	历史文化科学价值（15分）
	珍稀或奇特程度（10分）
	规模与丰度（10分）
	完整性（5分）
市场影响力（35分）	知名度（10分）
	美誉度（10分）
	市场辐射力（10分）
	主题强化度（5分）

A级旅游景区景观质量等级评定时，对评价项目和评价因子由评定组成员分别计分，最后进行算术平均求得总分（见表2-6）。其中"规模与丰度"评价因子中的

"基本类型"参照《旅游资源分类、调查与评价》（GB/T 18972—2017）第 9 页附录 A "旅游资源基本类型释义"。

表2-6　景观质量打分表

评价项目	评价因子	评价依据和要求	等级赋值				本项得分
			I	II	III	IV	
资源吸引力（65分）	观赏游憩价值（25分）	1. 观赏游憩价值很高 2. 观赏游憩价值较高 3. 观赏游憩价值一般 4. 观赏游憩价值较小	20～25分	13～19分	6～12分	0～5分	
	历史文化科学价值（15分）	1. 同时具有极高历史价值、文化价值、科学价值，或其中一类价值具世界意义 2. 同时具有很高历史价值、文化价值、科学价值，或其中一类价值具全国意义 3. 同时具有较高历史价值、文化价值、科学价值，或其中一类价值具省级意义 4. 同时具有一定历史价值，或文化价值，或科学价值，或其中一类价值具地区意义	13～15分	9～12分	4～8分	0～3分	
	珍稀或奇特程度（10分）	1. 有大量珍稀物种，或景观异常奇特，或有世界级资源实体 2. 有较多珍稀物种，或景观奇特，或有国家级资源实体 3. 有少量珍稀物种，或景观突出，或有省级资源实体 4. 有个别珍稀物种，或景观比较突出，或有地区级资源实体	8～10分	5～7分	3～4分	0～2分	
	规模与丰度（10分）	1. 资源实体体量巨大，或基本类型数量超过 40 种，或资源实体疏密度优良 2. 资源实体体量很大，或基本类型数量超过 30 种，或资源实体疏密度良好 3. 资源实体体量较大，或基本类型数量超过 20 种，或资源实体疏密度较好 4. 资源实体体量中等，或基本类型数量超过 10 种，或资源实体疏密度一般	8～10分	5～7分	3～4分	0～2分	
	完整性（5分）	1. 资源实体完整无缺，保持原来形态与结构 2. 资源实体完整，基本保持原来形态与结构 3 资源实体基本完整，基本保持原有结构，形态发生少量变化 4. 原来形态与结构均发生少量变化	4～5分	3分	2分	0～1分	

续表

评价项目	评价因子	评价依据和要求	等级赋值				本项得分
			I	II	III	IV	
市场影响力（35分）	知名度（10分）	1. 世界知名 2. 全国知名 3. 省内知名 4. 地市知名	8～10分	5～7分	3～4分	0～2分	
	美誉度（10分）	1. 有极好的声誉，受到95%以上游客和绝大多数专业人员的普遍赞美 2. 有很好的声誉，受到85%以上游客和大多数专业人员的普遍赞美 3. 有较好的声誉，受到75%以上游客和多数专业人员的赞美 4. 有一定声誉，受到65%以上游客和多数专业人员的赞美	8～10分	5～7分	3～4分	0～2分	
	市场辐射力（10分）	1. 有洲际远程游客，且占一定比例 2. 有洲内入境游客及洲际近程游客，且占一定比例 3. 国内远程游客占一定比例 4. 周边市场游客占一定比例	8～10分	5～7分	3～4分	0～2分	
	主题强化度（5分）	1. 主题鲜明，特色突出，独创性强 2. 形成特色主题，具有一定独创性 3. 有一定特色，并初步形成主题 4. 有一定特色	4～5分	3分	2分	0～1分	
总 分							

5A级旅游景区需达到90分，4A级旅游景区需达到80分，3A级旅游景区需达到70分，2A级旅游景区需达到60分，1A级旅游景区需达到50分。

2.2.5 游客意见评分细则

细则三：游客意见评分细则为游客对旅游景区质量等级的意见评分，以游客对该旅游景区的综合满意度为依据。对游客综合满意度的考查，主要参考《旅游景区游客意见调查表》的得分情况（见图2-4）。《旅游景区游客意见调查表》由现场评定检查员在景区员工的陪同下，直接向游客发放、回收并统计。调查表的发放规模，应区分旅游景区的规模、范围和申报等级，一般为30～50份，采取即时发放、即时回收、最后汇总统计的方法。调查表应采取随机发放的方式，回收率不应低于80%。原则上，发放对象不能少于3个旅游团体，并注意游客的性别、年龄、职业和消费水平等方面的均衡。

细则三：游客意见评分细则游客综合满意度的总分为100分。

计分标准：总体印象满分为20分。其中很满意为20分，满意为15分，一般为

10 分，不满意为 0 分。其他 16 项每项满分为 5 分，总计 80 分。各项中，很满意为 5 分，满意为 3 分，一般为 2 分，不满意为 0 分。

计分办法：先计算出所有《旅游景区游客意见调查表》各单项的算术平均值，再对这 17 个单项的算术平均值加总，作为本次游客意见评定的综合得分。如存在某一单项在所有调查表中均未填写的情况，则该项以其他各项（除总体印象项外）的平均值计入总分。

旅游景区质量等级游客意见综合得分最低要求为 5A 级旅游景区 90 分，4A 级旅游景区 80 分，3A 级旅游景区 70 分，2A 级旅游景区 60 分，1A 级旅游景区 50 分。

旅游景区游客意见调查表
QUESTIONNAIRE

尊敬的游客：

非常感谢您在珍贵的旅游过程中填好这份意见调查表。您的宝贵意见将作为评定本次旅游景区质量等级的重要参考依据。

谢谢您的配合支持，祝您旅游愉快。

中华人民共和国国家旅游局

Dear guest:

We would be very grateful if you would take a few minuties to complete this questionnaire. Your comments will be taken as reference for the tourism attraction's quality rating.

Thank you for your efforts. We hope you enjoy the tourism attraction.

China National Tourism Administration

调查项目 items	很满意 very satisfactory	满意 satisfactory	一般 fair	不满意 unsatisfactory
外部交通 accessibility				
内部游览线路 inner itinerary				
观景设施 facilities for sightseeing				
路标指示 signs for directions				
景物介绍牌 introduction board				
宣传资料 information material				
导游讲解 visiting guide				
服务质量 service quality				
安全保障 safety & security				
环境卫生 environmental hygiene				
厕所 toilet				
邮电服务 phone & post service				
商品购物 souvenir and shopping				
餐饮或食品 food & beverage				
旅游秩序 public order				
景物保护 scenery & relic protection				
总体印象 overall impression				

姓名：_____　　　　国（省、市）名：_____

Name：_____　　　　Counrty：_____

图 2-4　旅游景区游客意见调查表

2.3   A级旅游景区的申请与评定

根据《旅游景区质量等级管理办法》，凡在中华人民共和国境内正式开业一年以上的旅游景区，均可根据自身条件申请质量等级。旅游景区质量等级管理工作，遵循自愿申报、分级评定、动态管理、以人为本、持续发展的原则。国务院旅游行政主管部门负责旅游景区质量等级评定标准、评定细则等的编制和修订工作，负责对全国旅游景区质量等级评定标准的实施进行管理和监督。各省、自治区、直辖市人民政府旅游行政主管部门负责对本行政区域内旅游景区质量等级评定标准的实施进行管理和监督。

2.3.1   A级旅游景区负责评定主体

3A级及以下等级旅游景区由全国旅游景区质量等级评定委员会授权各省级旅游景区质量等级评定委员会负责评定，省级旅游景区评定委员会可向条件成熟的地市级旅游景区评定委员会再行授权。如浙江省内3A级景区基本由地市级旅游景区评定委员会负责评定。

4A级旅游景区由省级旅游景区质量等级评定委员会推荐，全国旅游景区质量等级评定委员会组织评定。

5A级旅游景区从4A级旅游景区中产生。被公告为4A级三年以上的旅游景区可申报5A级旅游景区。5A级旅游景区由省级旅游景区质量等级评定委员会推荐，全国旅游景区质量等级评定委员会组织评定。

2.3.2   A级景区评定申请材料及基本流程

（1）申报3A级及以下等级的旅游景区

申报3A级及以下等级的旅游景区由所在地旅游景区评定机构逐级提交评定申请报告、《旅游景区质量等级评定报告书》和创建资料，创建资料包括景区创建工作汇报、服务质量和环境质量具体达标说明和图片、景区资源价值和市场价值具体达标说明和图片。省级或经授权的地市级旅游景区评定机构组织评定，对达标景区直接对外公告，颁发证书和标牌，并报全国旅游景区质量等级评定委员会备案。

（2）申报4A级的旅游景区

申报4A级的旅游景区由所在地旅游景区评定机构逐级提交申请报告、《旅游景区质量等级评定报告书》和创建资料，省级旅游景区评定机构组织初评。初评合格的景区，由省级旅游景区评定机构向全国旅游景区质量等级评定委员会提交推荐意见，全国旅游景区质量等级评定委员会通过明察、暗访等方式进行检查，对达标景区进行对外公告，颁发证书和标牌。

（3）申报5A级的旅游景区

申报5A级的旅游景区由所在地旅游景区评定机构逐级提交申请报告、《旅游景区质量等级评定报告书》和创建资料（含电子版），省级旅游景区评定机构组织初评。初评合格的景区，由省级旅游景区评定机构向全国旅游景区质量等级评定委员会提交推荐意见。

2.3.3 申报A级旅游景区的评定程序

（1）一般A级旅游景区评定程序

《旅游景区质量等级管理办法》规定了3A级及以下、4A级、5A级旅游景区的基本评定程序，并未详细规定3A级及以下、4A级旅游景区的具体评定程序，实际由各省、自治区、直辖市旅游行政主管部门根据《旅游景区质量等级管理办法》自行规定具体行政流程。大部分旅游景区评定程序都经过资料审核、景观质量评价、开展创建、现场检查、公示公告等5个阶段，部分3A级及以下旅游景区实际评定中，可能简化部分程序，如景观质量评价等。浙江省4A级旅游景区评定程序如图2-5所示。

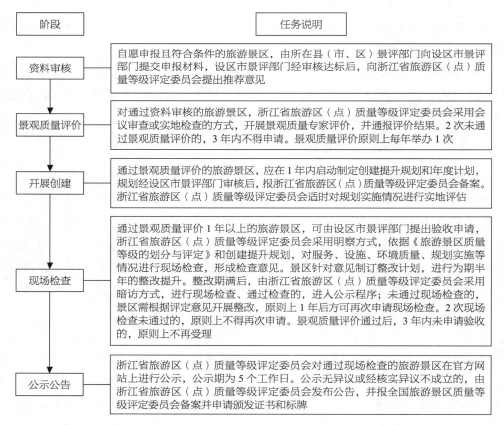

图2-5　浙江省4A级旅游景区评定程序

（2）5A 级旅游景区的评定程序

《旅游景区质量等级管理办法》明确规定了 5A 级旅游景区评定分为资料审核、景观价值评价、现场检查、社会公示和发布公告 5 个阶段。

资料审核。全国旅游景区质量等级评定委员会依据景区评定标准和细则规定，对景区申报资料进行全面审核，审核内容包括景区名称、范围、管理机构、规章制度及发展状况等。通过审核的景区，进入景观价值评估程序，未通过审核的景区，一年后方可再次申请重审。

景观价值评价。全国旅游景区质量等级评定委员会组建由相关方面专家组成的评议组，听取申报景区的陈述，采取差额投票方式，对景区资源吸引力和市场影响力进行评价，评价内容包括景区观赏游憩价值、历史文化科学价值、知名度、美誉度与市场辐射力等。通过景观评价的景区，进入现场检查环节，未通过景观评价的景区，两年后方可再次申请重审。

现场检查。全国旅游景区质量等级评定委员会组织国家级检查员成立评定小组，采取暗访方式对景区服务质量与环境质量进行现场检查，检查内容包括景区交通等基础服务设施，安全、卫生等公共服务设施，导游导览、购物等游览服务设施，电子商务等网络服务体系，历史文化、自然环境保护状况，引导游客文明旅游等方面。现场检查达标的景区，进入社会公示程序，未达标的景区，一年后方可再次申请现场检查。

社会公示。全国旅游景区质量等级评定委员会对达到标准的申报景区，在中国旅游网上进行 7 个工作日的社会公示。公示阶段无重大异议或重大投诉的旅游景区通过公示，若出现重大异议或重大投诉的情况，将由全国旅游景区质量等级评定委员会进行核实和调查，做出相应决定。

发布公告。经公示无重大异议或重大投诉的景区，由全国旅游景区质量等级评定委员会发布质量等级认定公告，颁发证书和标牌。

（3）A 级旅游景区的创建培育

为进一步规范 5A 级旅游景区创建，部分省、自治区、直辖市旅游行政主管部门建立了具有地方特色的高等级旅游景区高质量发展模式，全面推进旅游业高质量发展。基本要求包括旅游资源禀赋优质，生态环境质量优良，文旅融合，具有统一的运营或管理机构，数字化改革取得标志性成果，智慧景区管理接入省级平台等。

A 级旅游景区创建培育基本按照"意向名单—培育名单—推荐名单"3 个阶段进行。浙江省 5A 级旅游景区培育管理流程如图 2-6 所示。

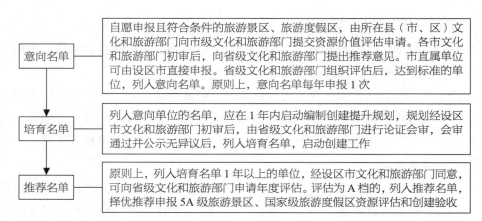

图 2-6　浙江省 5A 级旅游景区培育管理流程

2.3.4　A 级旅游景区评定后信息维护

各质量等级旅游景区必须按照国家统计部门和旅游行政主管部门要求，履行《旅游统计调查制度》，按时报送旅游景区各项相关统计数据和信息，确保数据的真实性和准确性。

文化和旅游部已建立全国 A 级旅游景区管理系统，如图 2-7 所示（网址为 https://jq.mct.gov.cn/），该系统是为负责基层景区报送、各级文化和旅游主管部门监管服务而建立的一个高效便捷的景区专项管理系统。系统涉及六大业务板块，包括信息公开、基础信息、经营数据、项目库、经营数据、等级复核、A 等级申报等（见图 2-8）。

图 2-7　全国 A 级旅游景区管理系统

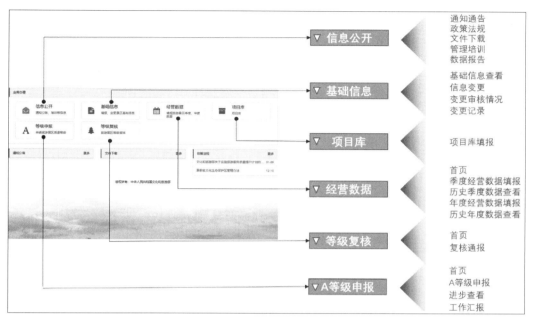

图 2-8　全国 A 级旅游景区管理系统架构

全国 A 级旅游景区管理系统使用对象覆盖各级文化和旅游主管部门、所有景区和相关专家。其中文化和旅游部使用全国 A 级旅游景区管理系统下达指令、接收上报文件资料、查询行业数据、动态管理 5A 级旅游景区；各级文旅部门使用全国 A 级旅游景区管理系统接收并下达上级指令，审核下级填报和上传数据资料，完成所辖旅游景区动态监管；基层景区使用全国 A 级旅游景区管理系统接收上级指令，完成系统填报和文件资料上报；相关专家使用全国 A 级旅游景区管理系统查询和下载景区填报数据、参与景区动态监管。

📍 任务小结

旅游景区是旅游者参观游览的主要场所，A 级旅游景区是旅游景区的主体。旅游景区质量等级划分为五级，从高到低依次为 AAAAA、AAAA、AAA、AA、A 级旅游景区，根据《〈旅游景区质量等级评定与划分〉国家标准评定细则》开展对标评定。该细则包括了细则一：服务质量与环境质量评分细则，细则二：景观质量评分细则，细则三：游客意见评分细则，达到划分条件后可通过相应旅游景区评定。

任务测验

第二
部分

服务质量与环境质量评定篇

任务3　旅游景区交通

情景案例

学习导引

2019年的"五一"小长假，许多杭州市民出行游玩，不想跑高速，大多数人就会到西湖边逛逛。这两天，家住在拱宸桥的胡先生发现了游览西湖景区的"秘密武器"，有了它，景区停车轻松了不少。

帮到胡先生的这个"秘密武器"，就是"五一"小长假期间刚刚上线的微信小程序"西湖智慧出行"。只要进入这个小程序，就可以实时查询景区停车场位置及余位数，还有一键导航直达目的地等功能。对于车主而言，既贴心又周到，出行也变得更高效。

2019年3月19日，杭州西湖风景名胜区管委会联合高德地图上线"西湖一键智慧游"。计划出游前，游客在高德地图上搜索"西湖"，就能进入"西湖一键智慧游"界面，在该界面不仅能查看景区动态，还可以了解游玩、美食、娱乐、交通等各种信息。

为加快西湖景区数字化建设，服务广大市民游客，西湖智慧停车管控平台建设又进一步将游览西湖智慧升级。

目前，景区50余个停车场、3000余个停车泊位信息已经连接成了一张停车网，实现停车位余量实时动态监控，为车主提供更便捷、更具参考价值的出行信息。景区交通预报、停车位信息查询和停车诱导服务等，全面开启西湖全域旅游智慧出行覆盖的智能模式。

打开微信，记者体验了一下"西湖智慧出行"微信小程序。登录系统后，"车场信息"这一栏跳出了一张地图，在景区区域出现了许多停车场图标，分为蓝色和红色，分别表示停车有余位与停车场已饱和。通过点击这些图标，页面就会跳出停车场的名称与当前余位数与总车位数，做到实时动态一目了然。

景区智慧出行公司负责人卿裕良表示，景区智慧停车管控平台还实现了与高德地图"西湖一键智慧游"板块的无缝对接，车主也可以通过高德地图搜索西湖景区目的地景点，及时了解周边停车位置及车场余位数。

停车月卡、停车优惠券，未来景区停车还有新玩法。

"现在景区统一管理的停车泊位有 3000 多个，景区市政道路停车泊位有 1700 多个，我们目前在想办法与市政停车道路数据挂钩，这样通过小程序大家也可以看到这一块的停车位信息，更加方便。"卿裕良表示，在景区内，还有 3500 多个社会停车场，比如医院、酒店等经营服务配套的停车位，如果这些单位愿意将数据接入进来，那么以后来西湖停车就更方便了。

除了实时动态了解停车位，未来，"西湖智慧出行"小程序也将会推出更多玩法。比如推出月卡，方便经常进出景区的市民，按月收费更经济划算。另外，以后景区停车也可能会与景区旅游、景区消费挂钩，比如凭门票与消费记录就免停车费等，让西湖旅游变得更人性化。

"目前已接入系统的景区停车场基本实现了统一形象、统一运营、统一监管、统一诱导，让车主开车进景区更安心、更省心、更放心。"卿裕良说。

智慧停车管控平台，有效提高了景区停车场存量车位的利用率和周转率，从而有望缓解有限停车资源和无限停车需求的矛盾。未来，景区停车场智慧化还将继续升级，陆续推出无感支付、旅游服务推荐等新功能，对改善景区交通拥堵、推动"数字景区"创新发展、加快全域旅游服务提升发挥积极作用。

资料来源：俞倩. 智慧诱导，让西湖景区停车更智能 [EB/OL].（2019-05-02）[2023-09-15]. https://hznews.hangzhou.com.cn/chengshi/content/2019-05/02/content_7186898.htm. 有删改。

❓ 想一想：杭州西湖景区停车未来的发展趋势是什么呢？

📋学习目标

素质目标

● 践行社会主义核心价值观，能挖掘旅游交通服务质量与环境质量的中国特色与文化特色；

● 能搜集并学习领会有关旅游交通等方面的国家法律法规、政策文件，严格按照《旅游景区质量等级的划分与评定》等相关规范与标准知识，开展旅游交通学习；

● 有实事求是的风范，切实注重调查研究，反对形式主义和主观主义，具有较强的集体意识和团队合作精神；

● 能遵守客观规律与科学精神，履行道德准则和行为规范，对景区交通服务质量与环境质量认真反思与总结。

知识目标

● 理解影响景区旅游交通的构成；

● 掌握旅游景区旅游交通基本知识；

- 掌握旅游景区旅游交通质量等级的划分；
- 掌握旅游景区旅游交通质量等级的评定。

技能目标

- 能有效辨析旅游交通质量等级及服务要求；
- 能判断旅游景区旅游交通发展现状，分析诊断存在的表面问题及其深层次原因；
- 能够运用所学旅游标准知识于景区旅游交通评价等工作；
- 能根据景区旅游交通服务情况，提出景区旅游交通整改要求。

3.1　认识景区旅游交通评定标准

3.1.1　景区交通标准组成

（1）评定项目

《旅游景区质量等级的划分与评定》（GB/T 17775—2003）细则一：服务质量与环境质量评分细则中旅游交通占 130 分，具体包括："1.1 可进入性"（70 分）、"1.2 自配停车场地"（30 分）和"1.3 内部交通"（30 分）（见表 3–1）。

表3-1　旅游交通评定项目与分值

评定大项与分值	评定中项与分值
1. 旅游交通（130分）	1.1 可进入性（70分）
	1.2 自配停车场地（30分）
	1.3 内部交通（30分）

（2）旅游交通质量等级划分条件

《旅游景区质量等级的划分与评定》（GB/T 17775—2003）在可进入性、自配停车场地或码头、内部交通、交通工具 4 个方面对不同等级的旅游景区做了不同的要求（见表 3–2）。

表3-2　旅游景区旅游交通质量等级划分条件

景区等级	可进入性	自配停车场地或码头	内部交通	交通工具
5A级	可进入性好。交通设施完善，进出便捷。或具有一级公路或高等级航道、航线直达；或具有旅游专线交通工具	有与景观环境相协调的专用停车场或船舶码头。管理完善，布局合理，容量能充分满足游客接待量要求。场地平整坚实、绿化美观或水域畅通、清洁。标志规范、醒目、美观	区内游览（参观）路线或航道布局合理、顺畅，与观赏内容联结度高，兴奋感强。路面特色突出，或航道水体清澈	区内应使用清洁能源的交通工具

旅游景区标准应用与实践

续表

景区等级	可进入性	自配停车场地或码头	内部交通	交通工具
4A级	可进入性良好。交通设施完善，进出便捷。或具有一级公路或高等级航道、航线直达；或具有旅游专线交通工具	有与景观环境相协调的专用停车场或船舶码头。且管理完善，布局合理，容量能满足游客接待量要求。场地平整坚实或水域畅通。标识规范、醒目	区内游览（参观）路线或航道布局合理、顺畅，观赏面大。路面有特色，或航道水质良好	区内使用低排放的交通工具，或鼓励使用清洁能源的交通工具
3A级	可进入性较好。交通设施完备，进出便捷。或具有二级以上公路或高等级航道、航线直达；或具有旅游专线等便捷交通工具	有与景观环境相协调的专用停车场或船舶码头。且布局合理，容量能满足需求。场地平整坚实或水域畅通。标志规范、醒目	区内游览（参观）路线或航道布局合理、顺畅，观赏面大。路面有特色，或航道水质良好	区内使用低排放的交通工具，或鼓励使用清洁能源的交通工具
2A级	可进入性较好。进出方便，道路通畅	有专用停车（船）场所。布局较合理，容量能满足需求。场地平整坚实或水域畅通。标志规范、醒目	区内游览（参观）路线或航道布局基本合理、顺畅	区内使用低排放的交通工具，或鼓励使用清洁能源的交通工具。区域内无对环境造成污染的交通工具
A级	通往旅游景区的交通基本顺畅，有较好的可进入性	具有停车（船）场所，容量能满足需求。场地较平整坚实或水域较畅通。有相应标志	区内游览（参观）路线或航道布局基本合理、顺畅	区内使用低排放的交通工具，或鼓励使用清洁能源的交通工具

3.1.2 可进入性

细则一：服务质量与环境质量评分细则旅游交通分项"1.1可进入性"包括5个次分项，即"1.1.1外部交通工具抵达景区的便捷程度""1.1.2依托城市（镇）抵达旅游景区的便捷程度""1.1.3抵达公路或客运航道（干线）等级""1.1.4抵达公路或客运航道（支线）"和"1.1.5外部交通标识"。

可进入性

（1）达标条件

以5A级旅游景区为例，要求旅游景区可进入性好，交通设施完善，进出景区便捷，要求具有一级公路或高等级航道、航线直达旅游景区，或具有旅游专线交通工具到达旅游景区。

（2）可进入性创建内容

①外部交通工具抵达景区的便捷程度

旅游景区应依托所在地的交通枢纽设施，衔接地方政府职能部门，不断提升外部交通工具抵达景区的便捷程度。一般来说，旅游景区应依托城市（镇）的民用机场（包括军民两用机场、通用机场等）、高速公路出入口、客运火车站、客用航运码头等交通枢纽设施，以达到游客便捷进入旅游景区的目的。

②依托城市（镇）抵达旅游景区的便捷程度

城市（镇）是公共服务与基础设施服务集中的区域，一般的城市都具备旅行、游览、餐饮、住宿、购物、娱乐、文化、休养等旅游服务设施，因此旅游景区在城市总体规划确定的城市建成区范围内的，可以共享城市级公共服务设施，尤其是城市公共交通服务，实现主客共享的旅游配套服务（见图 3-1 和图 3-2）。而在城市建成区范围外的旅游景区，按距离城市建成区的远近逐级递减各项旅游景区周边依托城市的公共服务能力及交通服务能力。旅游景区依托城市（镇）内、依托城市（镇）周边 20 公里、50 公里、120 公里内的分别计分；旅游景区按在市（镇）一条或多条公交线覆盖范围内的，或者公共交通线网未覆盖的景区，但有长途汽车线路串联并设有站点的景区，以及仅有定时定点的旅游专线汽车、旅游船舶航线，或城市、镇周边旅游专列等直达旅游专线的景区分别计分。

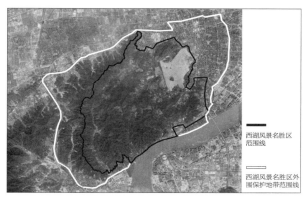

图 3-1 西湖风景名胜区与外围保护地带

图 3-2 西湖风景名胜区内除城市公交覆盖外还有旅游专线汽车

❓ 想一想：游客量较大的旅游景区会布局在什么位置？

③抵达公路或客运航道（干线）等级

旅游景区的通景公路应满足等级公路要求，客运航道应满足游轮通航要求，主要指直达机场、高速路口、客用火车站、客用航运码头、依托城市（镇）抵达景区公路或客运航道（干线）等级，公路或航道两者均有者，取最高分项。公路工程技术标准与内河通航标准已发生变化，抵达公路或客运航道（干线）等级以细则一：服务质量与环境质量评分细则评分项检查评定方法为准（见表 3-3）。三级以下公路或中级以下航道，不计分。

旅游景区标准应用与实践

表3-3　抵达景区公路或客运航道（干线）等级

公路或航道	检查评定要求	分值
一级公路	一级公路系黑化或白化路面、行车速度60～100千米/时、双向四道、宽度2×7米（双向四道中单向2车道，宽度7米）	10
二级公路	二级公路系黑化或白化路面、行车速度40～80千米/时、双向两道、宽度7～9米（双向两道中单向单车道，总宽度7～9米）	6
三级公路	三级公路系黑化或白化路面、行车速度30～60千米/时、双向两道、宽度6～7米（双向两道中单向单车道，总宽度6～7米）	2
最高级客运航道	可通行大型游轮的航道	10
高级客运航道	可通行中型游轮的航道	6
中级客运航道	可通行小型游船的航道	2

④抵达公路或客运航道（支线）

旅游景区的公路或航道应通畅、安全。抵达旅游景区的通景公路要求路面硬化，桥梁、涵洞完整，公路两侧如有山体护坡的，护坡应良好。通航河道要求航道畅通，航道无障碍，护坡（岸）良好（见图3-3和图3-4）。

图3-3　旅游景区桥梁、涵洞（钱塘江一桥、梦想小镇景区余杭塘河人行拱桥）（上左右图）

图3-4　西湖风景名胜区山体生态化护坡（下左图）

⑤外部交通标识

《中华人民共和国旅游法》规定，设区的市和县级人民政府有关部门应当根据需要在景区和通往主要景区的道路设置旅游指示标识，也就是外部交通标识。外部交通标识是指引游客到达旅游景区的导向标识，旅游景区周边的民用机场、高速公路出入口、客运火车站、客用航运码头，以及抵达公路或客运航道，可设置引导到达景区的标识（见图3-5和图3-6）。宜采用在颜色、外形上有别于一般交通标识的专用外部交通标识，原则上按照《公共信息导向系统设置原则与要求第9部分：旅游景区》（GB/T 15566.9—2012）、《旅游景区公共信息导向系统设置规范》（GB/T 31384—2015）中的"周边导入系统"来设置，具体设置范围为旅游景区周边主要道路交叉口、公共交通车站、码头至旅游景区机动车停车场、非机动车停车场。外部交通标识色彩和外形根据《道路交通标志和标线第2部分：道路交通标志》（GB 5768.2—2022）旅游区标志确定，颜色为棕底、白字（图形）、白边框、棕色衬边，形状为矩形。一般外部交通标识为除专用外部交通标识外的合规标识，包括道路交通标识等，表示道路信息的指引，为驾驶人提供去往目的地所经过的道路、沿途相关城镇、重要公共设施、服务设施、地点、距离和行车方向等信息，按指引道路信息有无编号，分别设置蓝底、绿底标牌。

图 3-5　导向标识两种信息集中布置示例

图 3-6　高速公路、城市快速路旅游区方向标志设置示例

3.1.3 自配车停车场地

细则一：服务质量与环境质量评分细则中的旅游交通分项"1.2 自配停车场地"包括 5 个次分项，即"1.2.1 面积""1.2.2 地面""1.2.3 停车场管理""1.2.4 停车场或码头美观，有特色或有文化性"和"1.2.5 停车场或码头与景观的协调性"。

自配停车场地

（1）达标条件

以 5A 级旅游景区为例，旅游景区应有与景观环境相协调的专用停车场或船舶码头，管理完善，布局合理，容量能充分满足游客接待量要求。专用停车场场地平整坚实、绿化美观或船舶码头水域畅通、清洁，标志规范、醒目、美观。

（2）自配车停车场地创建内容

①面积

旅游景区自配车停车场是指景区根据游客容量测算配套建设后满足游客平时需求的停车场地，一般景区主要包括大巴车停车区、小汽车停车区及非机动车停车区，不包括旅游景区其他各类不对游客开放的建筑物配建停车场（位）。旅游景区停车场面积是指景区各类自配停车场面积的总和。旅游景区可以结合自身场地条件，拥有多个停车场。

②地面

拥有多个停车场的旅游景区，可以考察游客集中停车的主停车场。景区停车场的地面根据停车场地性质不同，可以划分为生态停车场地面、硬化或黑化地面、沙砾地面、泥土地面等，停车场建设宜以生态停车场为目标（见图 3-7 和图 3-8）。生态停车场是指有绿化停车面或绿化隔离线的停车场，或者使用生态型或环保型建筑材料修建的停车场。硬化或黑化地面主要是指水泥地面、沥青地面或平整石板地面。旅游景区因建设用地指标限制不得硬化场地时，也可考虑使用砂砾地面、泥土地面停车场，此外为了节约土地，旅游景区也可考虑采用地下停车场、地面停车楼、机械停车位等多种停车方式。

图 3-7　上海国际旅游度假区迪士尼主题乐园　　　图 3-8　莫干山旅游度假区郡安里酒店
　　　　　树阵绿化停车场　　　　　　　　　　　　　　　绿化顶棚生态停车场

❓ 想一想：场地小的景区停车场未来的发展趋势是什么？

③停车场管理

旅游景区停车场主要从设停车线、停车分区、车场内有方向引导指示标识、分设出入口、专人值管等 5 个方面进行标准化管理（见图 3-9 至图 3-12）。停车场停车位应设停车线，画线停车。大型车辆与小型车辆应设置不同停车分区，小型车辆停车位也可按场地条件设置不同停车组团（如可容纳 500 辆小汽车的停车分区，可以设置组团 1、组团 2、组团 3、组团 4、组团 5，每个组团可停 100 辆小汽车，便于停车管理与游客查找停车位），中间以绿化隔离。停车场内应有明确的方向引导指示标识，便于游客进出停车场及寻找车位，此外应配置停车管理制度牌，收费停车场应明示收费价格。旅游景区停车场需分设出入口。停车场需有专人值管，纳入景区服务内。

图 3-9　西湖风景名胜区杭州花圃东停车场出入口　　图 3-10　杭州湘湖景区罗坞桥停车场收费牌

图 3-11　绍兴安昌古镇景区小汽车　　　　　　图 3-12　绍兴安昌古镇景区停车场
　　　　　 停车分区　　　　　　　　　　　　　　　　内有方向引导指示标识

　　④停车场或码头美观，有特色或有文化性

　　旅游景区停车场或码头应注重场地环境的美化、绿化，良好的绿化环境能防止太阳暴晒、保护游客车辆，同时可以起到净化旅游景区空气质量、防止尘土飞扬、减少停车场噪声等作用。景区停车场绿化方式一般可以采用乔灌式、树阵式、棚架式等植栽形式。旅游景区停车场或码头应适当结合旅游景区的特色及文化，与旅游景区整体环境氛围一致（见图3-13和图3-14）。

图 3-13　安昌古镇景区大巴车停车区　　图 3-14　安昌古镇景区码头（图片来源：成金元）

⑤停车场或码头与景观的协调性

停车场或码头位置不当，管理维护较差的，此项不得分。旅游景区停车场或码头应注重与景区景观相协调，注重旅游景区主题要求，结合停车场或码头功能来设置场地内景观，以达到突出旅游主题景观的目的。停车场或码头自身也可以塑造基于游客视觉的艺术景观，在满足停车或停泊基本功能的同时，将旅游景区资源中的自然环境、人文环境元素进行艺术创作，形成新的旅游景观吸引物（见图3-15和图3-16）。

图 3-15　嘉兴南湖景区湖心岛码头　　图 3-16　千岛湖景区游船码头及生态停车场

3.1.4　内部交通

细则一：服务质量与环境质量评分细则旅游交通分项"1.3 内部交通"包括 2 个次分项，即"1.3.1 游览线路"和"1.3.2 游步道"。

内部交通

（1）达标条件

以 5A 级旅游景区为例，旅游景区内游览（参观）路线或航道应布局合理、顺畅，与观赏内容联结度高，兴奋感强；路面特色突出，或航道水体清澈；使用清洁能源的交通工具。

（2）内部交通创建内容

①游览线路

旅游景区游览线路应做到出入口设置合理，出入口应分设，不过分邻近，有利于游客疏散。出入口在一个区域的景区，可以尽可能调整入口与出口的间距，旅游高峰期不应形成拥堵。游览线路的设置应结合景区主要的旅游资源与景观资源，可以根据不同的游览主题设置，尽量形成环线，游客不走回头路，提高游客游览体验感（见图3-17和图3-18）。

图 3-17　安昌古镇景区西出口

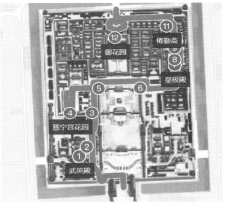

图 3-18　故宫博物院官微夏日纳凉路线

❓ 想一想：为什么同一个景区会有不同的游览线路？

②游步道

旅游景区内存在多种交通方式，最为常见的是游步道。景区游步道宜结合景区主题及文化，在游步道线路选择、景观环境塑造、道路材质、施工工艺等方面结合景区特征塑造特色游步道。线路设计可以依照入景、展开、高潮和结尾来组织。入景要新奇，引人入胜；展开是指在景象特征、景观类型、游览方式和活动上不断变换，起伏跌宕，使游客流连忘返；高潮是在游览中使游客感受最集中、最突出、最有特色的景观，应利用游览线路对主景进行泄景，使之若即若离，待成熟时达到高潮效果；结尾，使游客快结束游览时感到回味无穷。旅游景区宜具备特色游步道，游步道设计特色突出，有文化性效果。

游步道建设应注意生态，也可以建设仿生态游步道。常见的生态游步道建筑材料有石块、方砖、卵石、木材、石板、砖石碎片等。旅游景区建设时，游步道建设应尽量减少对景区生态环境、自然景观的破坏（见图3-19和图3-20）。

图 3-19　太姥山景区石板游步道　　　　　图 3-20　西湖风景名胜区三潭印月景区生态游步道

③交通工具

　　旅游交通工具是景区旅游交通中不可缺少的部分，旅游景区内提倡使用低碳排放的交通工具，或鼓励使用清洁能源的交通工具。旅游景区交通工具的选择应考虑景区的地形地貌、游览主题、旅游产品设计及游客安全、环境保护等因素。根据使用的普遍程度，景区旅游交通工具可以分为常规性交通工具（如汽车、船舶、缆车、自行车等）和特色交通工具（如骑马、滑竿、黄包车、皮筏、竹筏、雪橇等）。特色交通工具有助于丰富游客的旅游体验，增加旅游景区的旅游项目（见图 3-21 和图 3-22）。

图 3-21　阳朔县兴坪景区漂流竹筏　　　　　图 3-22　安吉鲁家村小火车

3.2　认识景区交通标准应用与实践

3.2.1　创建A级旅游景区旅游交通应用

（1）可进入性提升

①旅游交通设施提升

旅游交通设施提升应以游客进出便捷、舒适、安全为原则，完善外部交通设施。

随着旅游者出行交通工具的多元化，飞机、火车、长途汽车、客轮、私家车等都已成为现代旅游者出行的主要交通工具。旅游景区所依托的城市（镇）需完善自身的交通设施，根据旅游市场的需求特征适时地修建飞机场、火车站、长途汽车站、客运码头、自驾车营地等基础设施，并做好旅游景区与这些交通设施之间的衔接。构筑依托民航、高速铁路、高速公路等"快进"交通网络，提升景区和景区、景区和城区之间的通景交通设施，提高景区的通达能力。依托农村道路、城乡水网、绿道因地制宜建设旅游风景道路网，形成"慢游"旅游交通网络。通常地方政府会落实国家、省、市发展意图，构建高效联通、智慧低碳的交通网络体系，推动城市综合能级提升，引领城市（镇）空间格局，打造现代综合交通体系。旅游景区在旅游城市综合交通体系构建中有一定考虑，但并不是主导者，旅游景区应主动衔接城市综合交通的建设意图，借力发展景区可进入性。在用于输送旅游者的旅游专线交通工具方面，旅游景区应以便捷和舒适为主导原则，如反馈城市公交专项规划，增加旅游专线的数量与频次，提高专线公交的舒适度等。

②旅游集散地建设

打造特色鲜明、设施完善、服务一流的旅游集散地。旅游集散地通常分为三类，即依托城市（镇）、重要交通节点、旅游咨询中心。依托城市（镇）主要是指作为旅游配套服务集中地而存在的旅游集散中心（见图3-23）；重要交通节点包括机场、火车站、长途汽车站、高速公路出口等；旅游咨询中心是旅游行政管理部门在游客较为集中的区域所设置的旅游服务中心（《中华人民共和国旅游法》规定，设区的市和县级人民政府有关部门应当根据需要在交通枢纽、商业中心和旅游者集中场所设置旅游咨询中心）。

图 3-23　宁海县旅游集散中心

城市旅游集散中心（city tourist transportation center）是为游客（主要是散客）提供旅游集散、咨询、换乘，同时具有旅游公共服务功能的组织实体。按照《城市旅游集散中心等级划分与评定》（GB/T 31381—2015）和《旅游信息咨询中心设置与服务规范》（GB/T 26354—2010），我国大力推进旅游集散中心和信息咨询中心建设，打造特色鲜明、设施完善、服务一流的旅游集散地。城市旅游集散中心应设置在机场、车站或客运码头、主要景区及城市商业中心等，交通便捷，易到达。城市游客集散中心可以结合客运枢纽布局和旅游景区分布，形成全域多层级的旅游集散中心体系，如构筑围绕机场、高铁站点的一级旅游集散中心，围绕高铁站、公路客运中心站的二级旅游集散中心，以及围绕高等级旅游景区或集聚区的三级旅游集散中心。近年来，旅游集散中心发展的新趋势是剥离了原来的旅游交通功能，依托城市（镇）客运中心发展旅游大巴业务。如上海市旅游集散中心分离为承担旅游公共服务功能的上海旅游公共服务中心，以及依托漕溪路公交枢纽承担游客出行业务的上海旅游集散总站（见图 3-24）。

③完善景区交通标识系统

在旅游景区的出入口及通景公路两侧设置带有中英文对照的交通导引牌和国际通用路标等公共图形符号系统，实现标识系统合理化、系统化、人性化，方便游客明确位置，辨认方向（见图 3-25）。

图 3-24　上海旅游集散中心调整为上海旅游公共服务中心和上海旅游集散总站　图 3-25　杭州花圃东停车场导入标牌

（2）自配车停车场的提升

①正确布置旅游景区停车场的位置

从外部关系看，景区停车场应设置于景区出入口至通景公路附近，如上海迪士尼停车场与北京环球影城停车场（见图 3-26）。景区停车场的设置应注意对外交通与景区内部交通的衔接。从内部关系看，旅游景区停车场根据停车场与旅游景区空间上的位置关系可以分为景区外部集中布局、景区外部分散布局、景区内部集中布局、景区内部分散布局等类型。停车场景区外部集中布局是指当旅游景区内部空间较为有限，不宜作为停车场或景观不容破坏时，在景区外部开辟一个集中地块作为景区停车区，如乌镇景区停车场；停车场景区外部分散布局是指当景区停车场设置在景区外部时，若外部空间不适宜建设集中停车场，采取分散布局停车场的方式，如拙政园、狮子林、苏州博物馆停车场；停车场景区内部集中布局是指景区有足够的空间设置停车场，可以在景区内靠近出入口处设置主停车场，如杭州植物园停车场；停车场景区内部分散布局是指对于面积较大且景点之间距离较远，徒步行走不便的景区，在景区内部几个主要景点附近设置停车场，采取景区内部分散布局的停车方式，如杭州西湖风景名胜区。

图 3-26　上海迪士尼停车场与北京环球影城停车场与通景公路的关系

②重视提升旅游景区生态停车场

根据旅游景区规模及功能需求设置停车场，停车场设计应按照生态停车场理念设计。

旅游景区停车场建设不应对景区环境造成破坏，宜借用自然的地形，就势建造。生态停车场以生态为原则，将停车场环境与周边绿化相结合，让停车场融入植物景观中，实现生态化、隐蔽化，以减少停车场对旅游环境的影响（见图 3-27）。停车场区内大客车与小汽车宜分区停放，用绿化及道路划分停车空间。规模较大的生态停车场可结合场地情况分组团式布局，采用绿化草坪砖，以灌木为隔离线，用高大乔木和藤蔓植物遮阴。景区的停车场应成为旅游景区景观的一部分，避免采用使大面积车辆暴晒的硬化停车场。

图 3-27　西湖风景名胜区杭州花圃东升降横移复式停车库垂直绿化美化二层停车

除此之外还要求停车场的标识规范、醒目、美观，尽量体现景区特色。如果是船舶码头，则要注意码头的清洁卫生，组织专人及时对码头内的漂浮物进行清理，为旅游者营造良好的旅游氛围。

③因势利导配建旅游景区停车场

用地紧张而游客量大的景区，可以考虑配建机械立体停车库、停车楼或地下停车场，如西湖风景名胜区建设的杭州花圃西门地下停车场，是采用了全自动巷道堆垛类停车技术的地下停车场。有些景区的旅游季节性非常强，旺季时停车位严重不足，为避免破坏环境，不适合再修建新停车场的景区可考虑设置临时停车场，拓展周边支路、小路、广场、砂砾地等临时停车。

④完善旅游景区停车场配建标准

停车场宜配建服务设施，如小型商业便利店、卫生间、新能源汽车充电桩等。停车场的出入口不应少于 2 个，2 个出入口净距宜大于 10 米，停车容量小于 50 辆时可设一个出入口。出入口应有良好的通视条件并要设置明显的交通标志。车道一般尽量布置成单行循环线路，避免形成尽端停车。车辆停放方式一般有平行式、垂直式、斜角式（与通道成 30°角、45°角、60°角停放）。

（3）内部交通提升

①游览线路提升

游览线路应顺畅，布局合理，类型多元化，实现人车分流。

游览线路的设计原则遵循"慢走细品"，具体要求游览线路（航道）做到布局合理，并充分考虑到景区各重要区域的间隔距离、游览时间、活动内容等因素对旅游景区游览线路设计的影响。

游览线路路况顺畅，具体指线路的出入口应设置在游客活动集中的区域，做好进出口分设，不要过于邻近，便于游客疏散。

游览线路的类型建设，具体根据游览需要，选择不同的路面类型，如适合游客步行游览的生态游步道，适合环保电瓶车行驶的柏油路面。伴随着生态旅游的兴起，木栈道、石板路、鹅卵石步行道等在旅游景区大量出现。

做好交通组织，针对旅游巴士、出租车、公交车、自驾车、商务车、景区运营车辆等进行路线设计和渠化；规划人车分离，根据人行、车行方向进行人车分流，使两者在各自的道路上顺畅通行，提高道路通行能力。

②交通工具提升

提倡生态化、特色化的交通工具，丰富旅游者的交通体验。

随着景区环境保护意识的深入人心，旅游者对待环境保护的重视程度已开始由被动转为主动，生态旅游、乡村旅游等环境友好型的旅游产品逐渐受到旅游者的追捧。在此背景下，一些旅游景区开始了对景区生态化改造的系统提升工程，使用清洁能源的交通工具便成为首选。生态化的交通工具包括绿色观光巴士、电瓶车、自助游自行车、人力三轮车等。提倡生态化交通工具，鼓励环保交通方式，可以有效减少交通对周边环境的破坏。

特色交通工具是旅游项目的一部分，也是丰富景区旅游特色的重要方式，有助于丰富旅游体验，增加旅游乐趣，因此在景区原有常规交通的基础上，配合特色交通的补充（索道、渡船、滑竿、骑马、单轨列车等），形成景区多样的交通体验。例如，在峨眉山景区，就集合了绿色观光巴士、索道（万年寺索道、金顶索道）、单轨列车、滑竿和步行道等多种交通方式。

③数字化交通系统

面向游客与景区管理人员构建智能化、无碍交通信息系统。

在旅游道路网建设中实现智能化的科技化发展，通过交通信息系统构建，游客可以通过道路信息屏幕、车载装备、手机、网络等实现无障碍化交通，得到最优交通线路。景区管理人员可以调配景区游客进入量、车辆运行监控调度、停车场指示等，便于统计和整体调配景区的资源和设施，提高景区交通管理指挥、决策、监控和服务水平（见图 3-28 和图 3-29）。

图 3-28　西湖风景名胜区停车场智慧引导标牌

图 3-29　西湖风景名胜区停车场城市大脑
先离场后付费系统

3.2.2　景区旅游交通明察暗访工作实践重点

根据《旅游景区质量等级管理办法》，旅游景区创建阶段，各级旅游景区质量等级评定委员会通过明察、暗访等方式对对应景区进行检查；创建后的管理与监督阶段，各级旅游景区质量等级评定机构对所评旅游景区要进行监督检查和复核，采取重点抽查、定期明察和不定期暗访，以及社会调查、听取游客意见反馈等方式进行。明察的现场检查主

景区暗访报告
撰写注意事项

要通过提问和交谈、现场观察两种方式，对标准文本以及三项评分细则中现场检查部分各项目进行检查；暗访主要对景区的基础设施、服务设施、管理及服务水平、环境质量、景观价值等方面进行实地检查。

（1）旅游交通暗访工作重点

旅游交通的可进入性涉及的城市（镇）交通枢纽设施及通景公路基本在暗访前就应基本有所了解，旅游景区暗访中旅游交通涉及的主要问题基本集中在外部交通导入标识、旅游景区的停车场和内部交通 3 个方面。问题主要包括：停车场未标明出入口、停车场的相关制度与收费标准公示不明晰、停车场的引导标识不明显、停车场未实行人车分流、车辆停放秩序混乱、停车场未实行智慧管理、不停车收费、游步道线路不明显、游步道路面破损、游步道生态效果差、外部交通标识牌存在不规范或缺失等现象。

（2）某古镇 4A 级旅游景区暗访案例

①停车场

停车场地面停车线和引导标识都存在磨损情况。停车场地面由硬化和沙砾组成，车位之间种植有少量低矮的植物，总体不符合生态停车场的要求。除大巴车、小轿车外，景区有单独设置电动自行车的停车位，但从实际情况可以看出，电动自行车的停车位设置不合理，本该停靠的地方并无车辆，相反一些明确标识不可停放的地方停有许多车辆，也同时存在停车线磨损的情况（见图3-30和图3-31）。

图 3-30　地面停车线和引导标识都存在磨损

图 3-31　电动自行车不按停车位停放

②内部交通

景区内部分游步道是非生态游步道；部分游步道没有无障碍设施，且游步道坑坑洼洼，破损或损毁现象严重（见图3-32）。

图 3-32　非生态游步道、游步道破损

③旅游交通整改意见

按照生态停车场标准建设完善，景区内应着重加强对电瓶车的管理，合理划分停车区域。

（3）某特色小镇4A级旅游景区暗访案例

①外部交通标识

该小镇景区范围较大，核心区外部未见明显交通标识，无明确的导入标识，暗访人员驱车从市区前往小镇游客中心，无法在主要路口外部交通标识上发现小镇的导向标识，无法给予游客有效的指引（见图3-33）。

图 3-33　未见明显景区导入标识

②自配停车场

景区分地面及地下停车场，地面停车场规模较小，散布在整个小镇区域，面积大小不等，停车场为沥青路面，黑化，非生态化停车场。核心区停车场基本智慧化，未发现停车场专人值管。游客中心停车场地面标识指引线褪色且未及时维护；创业集市地面停车场未安装车辆挡车杆、车轮定位器；公共停车场基本实现智慧化收费，场地内部无人管理，沿街路内停车有专人管理（见图3-34和图3-35）。

图 3-34　游客中心停车场标识褪色　　　图 3-35　机动车乱停放

③内部交通

景区全景图、导览图及各类标识上有明确的旅游线路。另外在手机微信端有景区明确的游玩攻略与线路推荐，较为方便。小镇进出口设置合理，线路设置形成环线，观赏面大，有利于游客游览（见图 3-36 和图 3-37）。

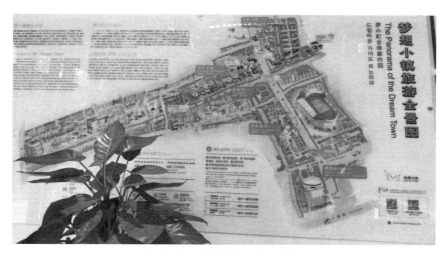

图 3-36　全景图上的旅游线路

图 3-37　手机微信端旅游线路

④游步道

小镇内游步道基本为硬质铺装，总体步行环境良好（见图3-38）。部分游步道采用生态步道（见图3-39）。

图 3-38　小镇主要步道为硬质铺装　　　　图 3-39　少量游步道为生态步道

⑤旅游交通整改意见

第一，进一步完善小镇景区各区域主次入口周边的外部交通标识牌；第二，完善景区地下停车场、游客中心配套停车场的指引标识等，做好游客引导工作；第三，对景区地面停车场加强现场秩序管理，改善部分沿街道路机动车乱停乱放现象。

📍 任务小结

《旅游景区质量等级的划分与评定》（GB/T 17775—2003）在可进入性、自配停车场地或码头、内部交通、交通工具4个方面对不同等级的旅游景区做了不同的要求。细则一：服务质量与环境质量评分细则中旅游交通占130分，具体包括"1.1 可进入性"（70分）、"1.2 自配停车场地"（30分）、"1.3 内部交通"（30分）。

任务测验

任务4 旅游景区游览

情景案例

学习导引

数字科技助力旅游业加快复苏　互联网＋，带来出游新体验

文化和旅游部、国家发展改革委等 10 部门联合印发《关于深化"互联网＋旅游"推动旅游业高质量发展的意见》（以下简称《意见》），提出优化"互联网＋旅游"营商环境，以数字赋能推进旅游业高质量发展。我国"互联网＋旅游"发展呈现哪些特点？如何进一步推进？

以"互联网＋旅游"为代表的旅游新业态快速发展，进一步推动了生产方式、服务方式、管理模式的创新，也丰富了产品业态，进一步拓展了旅游消费空间。中国旅游研究院发布的报告预测，未来 5 年，我国有望形成年均百亿旅游人次和 10 万亿元消费规模的国内游大市场。

从早期线上找旅行社，到线上查出游攻略，再到如今线上预约景区门票，中国旅游研究院院长戴斌认为，以互联网为代表的现代信息技术带动了一轮又一轮的旅行服务创新。而大数据、云计算、移动通信和智能终端在旅游业的加速应用，既带来消费方式的变化，也改变了旅游服务的供给方式。

"'互联网＋旅游'在提升游客体验方面的作用比较明显。"中国劳动关系学院旅游系副教授翟向坤说。一些景区通过数字化改造，完善分时段预约游览、流量监测监控、智能停车场等服务，让景区参观更有秩序，改善了游览体验；还有一些景区开发数字化体验产品，普及电子地图等智慧化服务，丰富了参观体验。中国社会科学院财经战略研究院和美团联合发布的《中国景区预约旅游便利度指数报告》显示，我国 5A、4A 级景区，以及一级博物馆的预约旅游便利度进一步提升，超过 90% 的 5A 级景区已实现网络售票、分时预约等便利服务。

《意见》提出，到 2022 年，"互联网＋旅游"发展机制更加健全，旅游景区互联网应用水平大幅提高。建成一批智慧旅游景区、度假区、村镇和城市。到 2025 年，"互联网＋旅游"融合更加深化，以互联网为代表的信息技术成为旅游业发展的重要动力。国家

4A级及以上旅游景区、省级及以上旅游度假区基本实现智慧化转型升级。

戴斌说，随着消费升级，人们外出旅游会更加注重文化、创意和科技的应用。在5G、大数据、云计算、人工智能、虚拟现实等新技术的带动下，旅游领域数字化、网络化、智能化将进一步深入推进，培育发展出更多新业态、新模式。

数字文旅产品不足、数据安全管理不够完善、智慧化改造成本较高、企业升级改造意愿不强……面对发展瓶颈，《意见》提出加快建设智慧旅游景区、完善旅游信息基础设施、创新旅游公共服务模式等重点任务。

根据《意见》，各类景区、度假区要加快提升5G网络覆盖水平，推动停车场、游客服务中心、景区引导标识系统的数字化与智能化改造升级。中国社科院旅游研究中心特约研究员吴若山认为，这些举措为"互联网+旅游"的高质量发展提供了有针对性的支持政策，将拓展现代旅游业产业链条，赋予信息技术在旅游业发展中更大的价值。

《意见》还鼓励旅游景区、饭店、博物馆等与互联网服务平台合作，在线上实现门票预订、旅游信息展示、文旅创意产品销售等功能；支持总结和推广全域旅游发展经验模式，推动建设一批世界级旅游城市，打造一批世界级旅游线路。"这些都将有力加快互联网技术在旅游领域的落地应用。"翟向坤说。

通过推进"互联网+旅游"，丰富和创新旅游体验方式，催化旅游业态创新，各地各市场主体正在积极探索。不少博物馆推出丰富多样的线上展览，架起了大众和博物馆之间的桥梁，实现了身临其境的观赏效果。西安碑林博物馆利用微信、微博和其他数字网络平台，推出数字展览、网上讲座、网上直播等线上服务。在直播中，博物馆讲解员以风趣幽默、通俗易懂的"脱口秀"方式讲述碑林故事，传递碑林文化。

资料来源：王珂，唐志宏.数字科技助力旅游业加快复苏 互联网+，带来出游新体验[N].人民日报，2021-03-24（2）.有删减。

❓ 想一想：请思考"互联网+"为什么能带来出游新体验？

📋学习目标

素质目标

● 践行社会主义核心价值观，能挖掘景区游览服务质量与环境质量的中国特色与文化特色；

● 能搜集并学习领会有关景区游览等方面的国家法律法规、政策文件，严格按照《旅游景区质量等级的划分与评定》（GB/T 17775—2003）等相关规范与标准知识，开展景区游览的学习；

- 具有实事求是的风范，切实注重调查研究，反对形式主义和主观主义，具有较强的集体意识和团队合作精神；
- 能遵守客观规律与科学精神，履行道德准则和行为规范，对景区游览服务质量与环境质量认真反思与总结。

知识目标

- 理解影响景区游览的构成；
- 掌握旅游景区游览的基本知识；
- 掌握旅游景区游览质量等级的划分；
- 掌握旅游景区游览质量等级的评定。

技能目标

- 能有效辨析景区游览质量等级及服务要求；
- 能判断景区游览发展现状，分析诊断存在的表面问题及其深层次原因；
- 能够运用所学旅游标准知识于景区游览评价等工作；
- 能根据景区游览服务情况，提出景区游览整改要求。

4.1　认识景区游览评定标准

4.1.1　景区游览标准组成

（1）评定项目

《旅游景区质量等级的划分与评定》（GB/T 17775—2003）细则一：服务质量与环境质量评分细则中游览占235分，具体包括："2.1 门票"（10分）、"2.2 游客中心"（70分）、"2.3 标识系统"（49分）、"2.4 宣教资料"（15分）、"2.5 导游服务"（37分）、"2.6 游客公共休息设施和观景设施"（26分）、"2.7 公共信息图形符号设置"（18分）和"2.8 特殊人群服务项目"（10分）（见表4–1）。

表4-1 游览评定项目与分值

评定大项与分值	评定中项与分值
2. 游览（235分）	2.1 门票（10分）
	2.2 游客中心（70分）
	2.3 标识系统（49分）
	2.4 宣教资料（15分）
	2.5 导游服务（37分）
	2.6 游客公共休息设施和观景设施（26分）
	2.7 公共信息图形符号设置（18分）
	2.8 特殊人群服务项目（10分）

（2）游览质量等级划分条件

《旅游景区质量等级的划分与评定》（GB/T 17775—2003）在游客中心、标识系统、宣教资料、导游服务、公共信息图形符号设置、游客公共休息设施和观景设施方面对不同等级的旅游景区做了不同的要求（见表4-2）。

表4-2　旅游景区游览质量等级划分条件

景区等级	游客中心	标识系统	宣教资料	导游服务	公共信息图形符号设置	游客公共休息设施和观景设施
5A 级	游客中心位置合理、规模适度、设施齐全、功能体现充分。咨询服务人员配备齐全、业务熟练、服务热情	各种引导标识（包括导游全景图、导览图、标识牌、景物介绍牌等）造型特色突出、艺术感和文化气息浓厚，能烘托总体环境。标识牌和景物介绍牌设置合理	公众信息资料（如研究论著、科普读物、综合画册、音像制品、导游图和导游材料等）特色突出、品种齐全、内容丰富、文字优美、制作精美、适时更新	导游员（讲解员）持证上岗、人数及语种能满足游客需要。普通话达标率100%。导游员（讲解员）均应具备大专以上文化程度，其中本科以上不少于30%。导游（讲解）词语针对性、准确、有文采。导游服务具有针对性，强调个性化，导游服务质量达到 GB/T 15971—1995 中4.5.3 和第5 章要求	公共信息图形符号的设置精美、设计精美，有特色突出，有艺术感和文化气息，符合 GB/T 10001.1 的规定	游客公共休息设施布局合理、数量充足、设计精美，有特色突出，有艺术感和文化气息
4A 级	游客中心位置合理、规模适度、设施齐全、功能完善。游客中心有服务人员配备齐全、业务熟练、服务热情	各种引导标识（包括导游全景图、导览图、标识牌、景物介绍牌等）造型有特色、与景观环境相协调。标识牌和景物介绍牌设置合理	公众信息资料（如研究论著、科普读物、综合画册、音像制品、导游图和导游材料等）有特色、品种齐全、内容丰富、制作良好、适时更新	导游员（讲解员）持证上岗、人数及语种能满足游客需要。普通话达标率100%。导游员（讲解员）均应具备高中以上文化程度，其中大专以上不少于40%。导游（讲解）词科学、准确、生动。导游服务质量达到 GB/T 15971—1995 中4.5.3 和第5 章要求*	公共信息图形符号的设置精美、设计精美，有特色、有艺术感，符合 GB/T 10001.1 的规定	游客公共休息设施布局合理、数量充足、设计精美、有特色、有艺术感
3A 级	游客中心位置合理、规模适度、设施齐全、功能齐备。游客中心有服务人员、业务熟练、服务热情	各种引导标识（包括导游全景图、导览图、标识牌、景物介绍牌等）造型有特色、与景观环境相协调。标识牌和景物介绍牌设置合理	公众信息资料（如研究论著、科普读物、综合画册、音像制品、导游图和导游材料等）有特色、品种全、内容丰富、制作良好、适时更新	导游员（讲解员）持证上岗、人数及语种能满足游客需要。普通话达标率100%。导游员（讲解员）均应具备高中以上文化程度，其中大专以上不少于20%。导游（讲解）词科学、准确、生动。导游服务质量达到 GB/T 15971—1995 中4.5.3 和第5 章要求	公共信息图形符号的设置合理、设计有特色、符合 GB/T 10001.1 的规定	游客公共休息设施布局合理、数量满足需要、设计有特色

续表

景区等级	游客中心	标识系统	宣教资料	导游服务	公共信息图形符号设置	游客公共休息设施和观景设施
2A级	有为游客提供咨询服务的游客中心或相应场所，咨询服务人员业务熟悉，服务热情	各种引导标识（包括导游全景图、导览图、标识牌等）与景观美观、景物个绍牌等）清晰基本协调。标识牌和景物介绍牌设置合理	公众信息资料（如研究论著、科普读物、综合画册、音像制品、导游图和导游材料等）品种多，内容丰富，制作较好	导游员（讲解员）持证上岗。普通话及语种能满足游客需要。普通话标率100％。导游员（讲解员）均应具备高中以上文化程度，其中大专以上不少于20％。导游（讲解）词科学、准确、生动，导游服务质量达到 GB/T 15971—1995 中 4.5.3 和第 5 章要求	公共信息图形符号的设置合理、规范，符合 GB/T 10001.1 的规定	游客公共休息设施和观景设施布局合理，数量基本满足需要、造型与环境基本协调
A级	有为游客提供咨询服务的场所，服务人员业务熟悉，服务热情	各种公众信息资料（包括导游全景图、标识牌、景观环境物等）与景观环境基本协调。标识牌和景物介绍牌设置基本合理	宣传教育资料（如研究论著、科普读物、综合画册、音像制品、导游图和导游材料等）品种全，内容丰富，制作较好	导游员（讲解员）持证上岗。普通话及语种能基本满足游客需要。普通话达标率100％。导游员（讲解员）均应具备高中以上文化程度。导游（讲解）词科学、准确、生动，导游服务质量达到 GB/T 15971—1995 中 4.5.3 和第 5 章要求	公共信息图形符号的设置基本合理、基本符合 GB/T 10001.1 的规定	游客公共休息设施和观景设施布局基本合理，数量基本满足需要

注：《导游服务质量》（GB/T 15971—1995）已作废，现行标准为《导游服务规范》。

4.1.2 门票

细则一：服务质量与环境质量评分细则游览分项"2.1 门票"包括3 个次分项，即"2.1.1 设计制作精美""2.1.2 有突出特色"和"2.1.3 背面有游览简图，咨询、投诉、紧急救援电话"。

门票

（1）达标条件

旅游景区门票包括纸质门票与电子门票，要求设计精美、有突出特色，包括门票的结构、图案，同时应标明票价，免费旅游景区可不制作门票。旅游景区门票同时为发票的，发票应当套印全国统一发票监制章，在门票售出时还应加盖发票专用章，以便作为报销凭证。

（2）门票创建内容

①设计制作精美

纸质门票应结构设计合理。纸质门票比较具有价值感，有纪念意义，虽然各种电子门票兴起，但纸质门票仍具有较多的实用意义，仍是目前旅游景区售票的主要方式。纸质门票作为进出旅游景区的凭证，其制作也应符合普通纸质门票的相关要求，如为卡片式多次使用的门票，应为游客提供出具发票的服务。

纸质旅游景区门票设计可采取多种形式，一般分为副券（或存根）和门票，副券上交旅游景区，门票留给消费者作纪念或者报销之用。售票旅游景区的免费票、免费旅游景区发放的门票、其他费用票据也应尽量遵循有关规定，标注好相关服务信息（见图 4-1）。

图 4-1　4A 级旅游景区成都武侯祠纸质门票

②有突出特色

旅游景区门票的设计制作应综合考虑反映景区特质的图形元素，抽取当地文化特征，增强美学冲击力，强化对景区的视觉化解读，做到图形是对门票信息的阐释，版面是承载文字的媒介，是文字编排的架构。制作材料上可采用普通印刷纸张、带工艺的特种纸张等。门票可采用凸版、凹版、平版、孔版印刷等多种印刷方式，也可采用烫金工艺、过胶工艺、UV工艺、全息工艺等多种印刷工艺。

旅游景区门票设计需要和景区环境相结合，应该充分考虑各个景点的特色，追求与景区风格的整体和谐统一。在门票的开发设计上既可以针对相关的历史文化主题来进行设计形成统一的基调，也可以采用时代特征，将传统与现代结合起来。门票不仅是入场的一个凭证，更可以作为传承人们情感的延伸产品，将门票开发设计成具有纪念意义的产生意境和共鸣的旅游产品，可以提升旅游景区的吸引力和游客重游的概率。

③背面有游览简图，咨询、投诉、紧急救援电话

景区门票的背面信息应详尽，可以印有旅游景区的游览简图，咨询、投诉、紧急救援电话，还可以印有景区的发票信息。

4.1.3 游客中心

细则一：服务质量与环境质量评分细则游览分项"2.2 游客中心"包括5个次分项，即"2.2.1 位置""2.2.2 标识醒目""2.2.3 造型、色彩、外观与景观的协调性""2.2.4 规模"和"2.2.5 设施与服务"。

游客中心

（1）达标条件

游客中心是旅游景区内为游客提供信息、咨询、游程安排、讲解、教育、休息等旅游设施和服务功能的专门场所，属于旅游公共服务设施，所提供的服务是公益性的或免费的。游客中心的设置要求、设施配备及服务应根据《旅游景区游客中心设置与服务规范》(GB/T 31383—2015)进行管理。旅游景区游客中心应做到位置合理、规模适度、设施齐全、功能体现充分。咨询服务人员应配备充足、业务熟练、服务热情。

（2）游客中心创建内容

①位置

游客中心服务功能复合，整合了旅游咨询、基本游客服务、旅游管理，甚至可能包括旅游交通、旅游住宿、旅游餐饮等。因此游客中心的位置应优越，设在主入口附近，或者方便醒目的地点。如果主入口场地条件有限不方便设置游客中心，也应做到位置合理，可设在游客集中活动的区域（见图4-2至图4-5）。

图 4-2　嘉兴南湖旅游区游客中心
与主入口结合在一起

图 4-3　乌镇游客中心与
主入口结合在一起

图 4-4　西溪湿地游客中心
在水上码头入口处

图 4-5　湘湖旅游度假区游客中心
在老虎洞子景区旁

②标识醒目

根据《旅游景区游客中心设置与服务规范》(GB/T 31383—2015)，游客中心的中文名称为游客中心，英文名称为tourist centre。设置在旅游景区内部的游客中心，可直接命名为"游客中心"，设置在旅游景区外部的游客中心，可用"×景区游客中心"的名称，旅游景区设置多处游客中心的，应以设置点的明显地标命名。

游客中心的图形标志采用国际通用的代表信息（information）的第一个字母"i"为符号要素的构成（见图4-6）。

图 4-6　游客中心标志

标志的颜色应为CMYK（印刷四分色模式）：C0,M40,Y90,K0。游客中心的标志可单独使用，也可使用正色和反色。应用时应等比放大或缩小（见图4-7和图4-8）。

图4-7 游客中心标志正色应用

图4-8 游客中心标志反色应用

游客中心的标志、中文名称和英文名称可组合应用。中文名称的规范字体为黑体，英文名称的规范字体为Impact体（见图4-9和图4-10）。

图4-9 游客中心标志组合应用

图4-10 游客中心引导路标

此外，根据《公共信息导向系统 设置原则与要求 第9部分：旅游景区》(GB/T 15566.9—2012)，游客中心标志除使用"i"为符号要素的构成外，外框也有为方框的情形，该种游客中心标志也视同满足国家标准的标志（见图4-11）。

图4-11 公共信息导向系统国家标准游客中心标志

③造型、色彩、外观与景观的协调性

游客中心是旅游景区对外形象展示的窗口，游客中心的造型应景观化，能够烘托景观环境。游客中心建筑应符合景区主题，建筑外观（造型、色调、材质等）应突出地方特色，并与所在地域的自然和历史环境相协调。游客中心应抽取景区所在自然环境、地形地貌、历史文脉、文化特色等特质要素，结合所在地域的空间管制要求，采用仿古重现、几何形体抽取、空间意向表达、新旧结合等设计手法单独设计，使游客中心成为景区风采展示的名片（见图4-12和图4-13）。

图4-12　敦煌莫高窟游客中心及数字展示中心与
南侧三危山协调一致

图4-13　雷峰塔景区游客中心
与西湖景观风貌协调一致

④规模

游客中心应包括服务区、办公区和附属区。服务区应包括咨询处、临时休息处、展示宣传栏和信息查询设备、书籍和纪念品展示处及公共厕所。服务区建筑面积不应少于游客中心建筑面积的60%。办公区为工作人员办公、休息和资料储存提供相应的空间。附属区应包括室外铺装、绿地和室外设施。

旅游景区的游客中心应专用，且面积适应游客需要。游客中心的规模主要包括占地面积、建筑面积、层数和建筑风格等内容，同时还要考虑不同级别的旅游景区的面积要求和实际需求的关系。在满足场地条件的基础上，游客中心的规划设计应该主要根据景区旅游旺季的游客量来确定，并同时参考所需要的类型。

游客中心的建筑面积可大可小，但必须满足必备功能（见表4-3）。如果是复合型的游客中心，规模能够高达上万平方米。如果是单一型的游客中心，规模可小至几十平方米。游客中心一层面积应当考虑为旅游旺季的游客提供瞬时客流人均占地1平方米的面积。如果有需要，二层或顶层面积主要考虑行政管理和会客厅的需求，应当远小于一层面积。实际上游客极少进入游客中心二层及以上空间，除非有特殊的旅游吸引物。

表4-3　《旅游景区游客中心设置与服务规范》(GB/T 31383—2015）各等级游客中心规模

等级	对应旅游景区级别	年服务游客量	建筑面积
大型游客中心	5A 级	60 万（含）人次以上	大于 150 平方米
中型游客中心	4A 级和 3A 级	30 万（含）至 60 万人次	不少于 100 平方米
小型游客中心	2A 级和 A 级	小于 30 万人次	不少于 60 平方米

游客中心也可以兼用，在场地面积有限的情况下面积可以偏小，但绝不能缺失必备的功能。如5A级旅游景区江郎山游客中心一层包括模型展示大厅、售票大厅、办

公室、值班室、导游室、警务室、博物馆、纪念品销售、放映厅、咖啡吧、候车大厅、土特产销售、仓库等，二层包括会议室、餐厅、厨房等，合计建筑面积6000平方米（见图4-14和图4-15）。

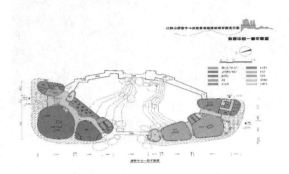
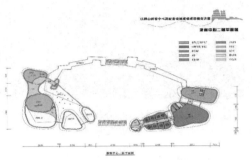

图4-14 江郎山景区游客中心一层平面图　　　图4-15 江郎山景区游客中心二层平面图

⑤设施

根据《旅游景区游客中心设置与服务规范》(GB/T 31383—2015)，游客中心功能分为必备功能和指导功能。必备功能包括旅游咨询、基本游客服务和旅游管理，指导功能包括旅游交通、旅游住宿、旅游餐饮和其他游客服务，如旅游换乘、旅游博物馆、陈列馆、会议中心等。旅游景区的游客中心应具备必备功能，可根据实际情况科学合理地引入指导功能（见图4-16）。

图4-16 雷峰塔景区游客中心咨询台、游客休息区、影视设备、展架

游客中心应配备咨询台和咨询人员，提供全景导览图、游程线路图、宣传资料和景区活动预告及景区周边的交通图和游览图。

游客中心应设置电脑触摸屏和影视设备，介绍景区资源、游览线路、游览活动、天气预报，并提供网络服务，有条件的宜建立网上虚拟景区游览系统。

　　游客中心应设置展示宣传设施，设置资料展示台、架，展示景区形象的资料和具有地方特色的产品、纪念品、科普环保书籍。大型游客中心展示架不得少于 4 个，中小型游客中心展示架不得少于 2 个，展示架所展示的资料应分类摆放，有明显的标志或文字（见图 4-17）。应设立主背景墙，在咨询台的背景墙上应设置所在旅游景区的照片或招贴画，并配合当地旅游活动不断更新。应配置区域地图或旅游示意图，可置于室内显著位置或建筑物外墙，保持所展示的图片或文件内容准确、查阅方便。大型游客中心应设置循环播放影视资料设备，可置于室内显著位置或建筑物外墙。

图 4-17　梦想小镇景区展示架上的资料分类摆放

　　游客中心应设置游客休息区，面积及座椅数量适当，能够满足高峰期游客的短暂休息需求；应注重休息区氛围的营造，与周边功能区要有缓冲或隔离，要求安静、视野开阔；室内应适当摆放盆景、盆花或其他装饰品；还应提供饮水设施（见图 4-18）。

图 4-18　雷峰塔景区游客中心电脑触摸屏及饮水设备

游客中心应设置特殊人群服务设施，提供轮椅、婴儿车、拐杖等辅助代步工具或器械（见图4-19）。

图4-19　梦想小镇景区特殊人群服务设施

⑥服务

游客中心的服务主要由咨询员或游客中心工作人员提供。

游客中心的咨询员应热爱游客服务工作，责任心强，熟练掌握工作所要求的相关知识，熟练使用游客中心的办公设备。各等级游客中心应配备相应数量的咨询员及在岗咨询员，提供相应的语言服务（见表4-4）。咨询服务人员应做好游客中心的卫生清洁和维护工作。游客中心可建立相应机制，吸纳签约志愿者提供咨询服务。咨询服务人员应着装整齐、仪态端庄、举止文明，工作期间精神饱满，工作过程中用语清晰规范，态度热情亲切。咨询服务人员在工作时间应统一着装并佩戴统一的工牌（见图4-20）。

表4-4　《旅游景区游客中心设置与服务规范》(GB/T 31383—2015）各等级咨询员要求

等级	应配咨询员数量	在岗咨询员数量	服务语言
大型游客中心	4人	3人	普通话、英语、当地方言
中型游客中心	3人	2人	普通话
小型游客中心	2人	1人	普通话

图 4-20　安昌古镇景区工作人员佩戴工牌、着工作装

　　游客中心的服务内容应包括回答游客提出的有关旅行和旅游活动的问询，应游客要求提供有关旅行和旅游等方面的建议（见图 4-21 至图 4-24）。游客中心应为游客提供旅行、游览等方面的信息资料，包括当地地图、导游图及景点介绍等；接受游客投诉并负责及时向相关部门转达。接受旅游救助请求并协助相关部门进行旅游紧急救助活动；为游客提供具有旅游景区特色的纪念品和书籍。

　　游客中心的服务方式应包括当面接受来访者的咨询和提供相关服务，通过触摸屏电脑等自助查询设备及视频播放系统，提供相应的旅游信息。根据需要，可派咨询服务人员到旅游者活动现场提供流动性面对面服务。咨询服务人员可根据实际需要制作简单易行且直观效果好的便条或示意图，方便旅游者。游客中心应提供咨询电话，为游客提供本景区及周边地区的旅游咨询服务。

图 4-21　方特东方神画景区游客中心服务公示

图 4-22　方特东方神画景区游客中心咨询员
当面接受来访者的咨询

图 4-23　雷峰塔景区游客中心寄存服务　　图 4-24　方特东方神画景区游客中心寄存服务

4.1.4 标识系统

标识系统

细则一：服务质量与环境质量评分细则中的游览分项"2.3 标识系统"包括 6 个次分项，即"2.3.1 设置""2.3.2 布局""2.3.3 设计制作""2.3.4 维护""2.3.5 中英文对照"和"2.3.6 中外文（非英文）对照"。

（1）达标条件

旅游景区的各种引导标识（包括导游全景图、导览图、标识牌、景物介绍牌等）应造型特色突出，艺术感和文化气息浓厚，能烘托总体环境。标识牌和景物介绍牌设置合理。

（2）标识系统创建内容

①设置

旅游景区标识系统应包括导游全景图、导览图、标识牌、景物介绍牌等。

导游全景图应包含旅游景区平面示意图、景区文字介绍、游客须知、景点相关信息等信息，要正确标识出主要景点及旅游服务设施的位置，包括各主要景点、游客中心、厕所、出入口、医务室、公用电话、停车场等，并明示咨询、投诉、救援电话（见图 4-25）。

图 4-25　缙云仙都景区导游全景（蜗牛景区管理集团）

导览图是指处于大型景区内交叉路口，标明现在位置及周边景点和服务设施的图示。导览图内容一般包含旅游景区的子景区（景点）导览信息的图，包括平面示意图，子景区（景点）文字介绍，子景区（景点）相关信息、咨询、投诉、救援电话等信息。如果旅游景区面积较小，不包含子景区，也可用导览图代替导游全景图（见图4-26）。

图 4-26　缙云仙都景区鼎湖峰景区导览（蜗牛景区管理集团）

标识牌是指景区内引导方向或方位的指引标志（见图4-27）。

景物介绍牌，也称景点介绍牌，是介绍主要景点、景观或相关展示内容的介绍说明牌（见图4-28）。

其他标识牌内容较为复杂，通常指景点名称牌、警示关怀牌、设施名称牌、规章制度牌等（见图4-29）。

图 4-27　缙云仙都景区导向标识牌（蜗牛景区管理集团）

图4-28 缙云仙都景区景点介绍牌（蜗牛景区管理集团）

图4-29 缙云仙都景区警示禁止牌（蜗牛景区管理集团）

②布局

旅游景区标识系统应合理布局，保证景区各类导游全景图、导览图、标识牌、景物介绍牌系统协调。

导游全景图、导览图宜设置在景区主要入口、主要停车场、游客中心、核心景区等位置。

导向信息应具有连续性，设置位置具有规律性，导向内容应具有一致性，设置数量具有合理性。在系统内所有节点（如出入口、线路上的分岔口或汇合点等）都应设置相应的导向要素，并应通过导向要素的设置，对所有可能的目的地及到达每个目的地的最短或最适合的线路进行引导。

标识牌宜覆盖景区主要旅游服务设施，包括停车场、游客中心、管理办公室、卫生间、餐饮设施、医疗设施、商业设施等。

警示牌宜设置在景区具有一定危险的区域，如涉水、涉电、涉坡、涉崖等位置，做到游客能注意感知；关怀牌宜设置在游客或景区资源环境易受损害的区域，如"爱护花草""脚下留情"等。

③设计制作

应重视旅游景区标识系统的设计，从标识系统建设初始就应综合考虑景区标识系统的图形、外观、材质，三者宜符合景区特质，做到信息传达准确（见图 4-30）。图案直观明了，雅致大方，可抽取景区核心吸引物要素，构建符合景区韵味的标识牌设计图案，同时应考虑整体性、艺术性、功能性，图案色彩区分冷暖、强弱等使用环境；外观别致，具有艺术感，并没有统一的规定，通常形态上可以分为平面形态（纯平面形态和半平面形态）、立体几何形态、立体不规则形态（任意形态、抽象形态等），可以根据景区环境条件具体选择设计，按安装位置可以分为附着式、悬挂式、摆放式、柱式、台式、框架式、地面式等（见图 4-31）；材质从档次、生态性、与景区协调性方面考查，应注意结合旅游景区类型、特征、自然环境，根据不同的室内外环境，差异化使用亚克力、防腐木、石材、铝塑板、不锈钢、耐候钢等材质。

标识系统的制作宜结合旅游景区的实际情况，量力而行。

图 4-30　缙云仙都景区标识系统云山水设计元素推导（蜗牛景区管理集团）

图 4-31　国家 4A 级景区浙旅院国际教育旅游体验区停车场室外柱式夜间发光导向牌

④维护

旅游景区标识系统本身应无脱落、无毛刺、无腐蚀等。

旅游景区标识应定期进行巡视和维护，使标识安全、整洁（见图4-32和图4-33）。标识出现断裂、歪斜、倾覆等安全隐患，或者出现破损、污迹、腐蚀和严重褪色的，须及时维修、更新，保证标识的正常功能。在对标识系统检查的基础上，根据发现的异常情况，景区要采取有效的养护与维修措施，主要内容包括：标识上有污秽或贴有小广告、启事等时，应将其清除干净；标识油漆脱落或有擦痕，面积较小时，可利用油漆刷补；油漆脱落或褪色严重、指示内容辨别性明显降低时，应重新刷油漆或更换标志；标识牌变形、支柱弯曲或松动的应尽快修复；对破坏严重、反光标志性能下降或缺失的标识应尽快更新或补充；如标识设置重复、有碍交通或设置地点与指示内容不适当时，经管理部门批准后进行必要的变更；有树木、广告牌等遮蔽时，应清除有碍标识显示部分或在规定的范围内变更标识的设置位置；标识应从初次安装之日起，每两年对标识本体结构进行一次安全检测，每半年对标识版面进行一次质量检查；在大风、大雪和梅雨等特殊天气，应将室外标识标牌的结构、电气及照明设施列入安全巡检计划。

图4-32　对安昌古镇景区全景图
进行日常保洁

图4-33　对故宫博物院景区午门景点说明牌、
导向牌进行日常保洁

⑤中英文对照与中外文（非英文）对照

旅游景区标识系统应至少包括中英文两种语言的说明文字，英文翻译应表述准确，有专有名词的应符合《公共服务领域英文译写规范 第 1 部分：通则》（GB/T 30240.1—2013）、《公共服务领域英文译写规范 第 3 部分：旅游》（GB/T 30240.3—2017）等要求；有条件的景区及 3A 级以上景区宜做到标识系统有 2 种以上的外文标识，除英文外，根据旅游景区主要客源地语言进行外文标注，如日文、韩文等，做到各类标识中外文表述标准（见图 4-34 和图 4-35）。

图 4-34　灵隐飞来峰景区全景图中景区名称使用中、英、日、韩四国语言

图 4-35　八达岭长城景区简介使用中、英、日、韩、俄五国语言

4.1.5 宣教资料

细则一：服务质量与环境质量评分细则游览分项"2.4宣教资料"未下设次分项。

（1）达标条件

旅游景区的公众信息资料（如研究论著、科普读物、综合画册、音像制品、导游图和导游材料等）应特色突出、品种齐全、内容丰富、文字优美、制作精美、适时更新。

（2）宣教资料创建内容

旅游景区的宣教资料包括正式出版印刷的导游图、明信片、画册、音像制品、研究论著、科普读物等，要注重体现旅游景区自身特点，并方便游客携带（见图4-36和图4-37）。

图4-36　天目山旅游宣传册

图4-37　北京环球影城2023主题公园指南

4.1.6　导游服务

细则一：服务质量与环境质量评分细则游览分项"2.5 导游服务"包括 7 个次分项，即"2.5.1 导游人员数量""2.5.2 导游语种""2.5.3 具有高级导游员或讲解员""2.5.4 设语音导游""2.5.5 导游词科学、准确、有文采""2.5.6 导游效果（清晰、生动、吸引人）"和"2.5.7 导游服务有针对性，强调个性化"。

（1）达标条件

旅游景区的导游员（讲解员）持证上岗，人数及语种能满足游客需要。普通话达标率 100%。导游员（讲解员）均应具备大专以上文化程度，其中本科以上不少于 30%。导游（讲解）词科学、准确、有文采。导游服务具有针对性，强调个性化，服务质量达到《导游服务质量》（GB/T 15971—1995）中 4.5.3 和第 5 章的要求，但该标准已作废，现行标准为《导游服务规范》（GB/T 15971—2010）。

（2）导游服务创建内容

①导游人员数量

导游人员数量与游客接待规模和旅游景区性质相适应。旅游业坚持创新驱动发展，以数字化、网络化、智能化为特征的智慧旅游及"互联网＋旅游"，扩大了新技术场景应用，旅游景区导游接待能力在新兴的"智慧导游""AR 智慧导游"等新技术的加持下，接待游客的能力与服务水平也在不断提升（见图 4-38 和图 4-39）。

图 4-38　良渚博物馆 AR 智慧眼镜导览　　图 4-39　故宫博物院讲解服务分为自动讲解器和人工讲解

②导游语种

导游语种应与主要客源地市场相适应，除配置外语导游外，还可以增加粤语导游、闽南话导游等地方语种导游。位于少数民族地区的旅游景区，可以根据客源具体情况提供少数民族语言和普通话的双语讲解服务，有条件的旅游景区，宜根据客源情况提供多语种的讲解服务（见图 4-40）。

图 4-40　故宫博物院人工讲解服务有中英文双语

③具有高级导游员或讲解员

条件较好的旅游景区可配置为游客服务的高级馆员、研究员等，须作为正式讲解员公布（见图 4-41）。旅游景区的导游员（讲解员）的讲解、咨询服务，不仅体现景区工作人员的个人职业素质，一定程度上也反映了旅游景区珍稀资源阐述能力和景区形象，高级导游员或讲解员体现了旅游景区的导游服务能力。

图 4-41　西溪湿地景区游客中心导游员（讲解员）公示

④设语音导游

语音导游是景区解说服务的重要组成部分，是景区产品高科技化的主要表现，具有较强的智能化特点。常见的设备是便携式的语音导览器。语音导游是根据旅游景区的特点，借助通信、无线调控技术、微电脑控制、语音压缩等现代技术手段开发便携式语音解说设备，并利用该设备为游客提供讲解服务的一种自助导游方式。常用的便携式语音解说方式主要有录音方式、感应式电子导游方式、无线接收的方式、二维码扫描接收方式、手机 APP 接收方式等，包括便携式可选择播放、便携式循环播放、定点循环播放等播放模式（见图 4-42 和图 4-43）。

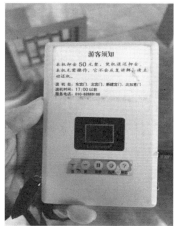

图 4-42　颐和园景区感应式电子自动讲解器

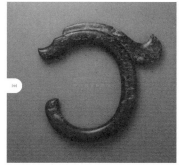

图 4-43　国家博物馆手机微信 APP 语音导览

⑤导游词科学、准确、有文采

旅游景区的导游词要突出科学性，尤其是涉及旅游资源的历史、文化、科学等较为严肃的内容部分，说明解释要准确，同时要有文采、生动、有趣，能吸引游客的注意力。导游词要针对不同客源与旅游线路，准备不同特色的导游词。

安昌古镇景区
导游词

⑥导游效果（清晰、生动、吸引人）

导游效果根据细则三中的《旅游景区游客意见调查表》"讲解服务"项得分（见图4-44）。导游员（讲解员）在旅游景区（点）内引导游客游览，为游客讲解与景区、景点、景观有关的知识，并解答游客提出的各种问题，宣传环保及生态保护、文物古迹、自然与文化遗产等方面的知识，还要随时提醒游客注意安全，照顾游客以免发生意外伤害，因此导游应做到讲解清晰、生动、吸引人。

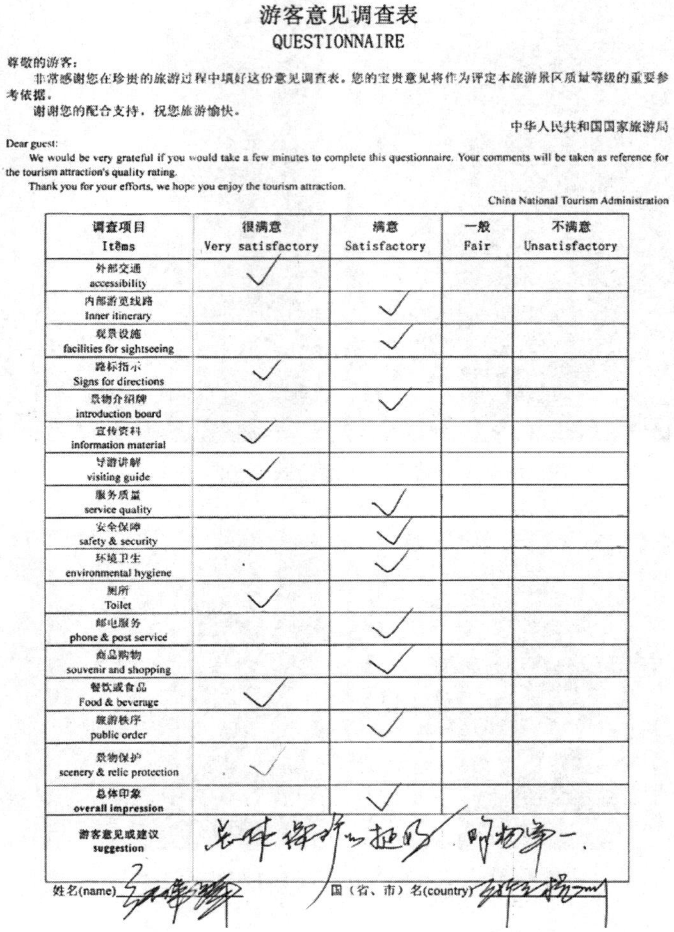

图4-44　安昌古镇景区《旅游景区游客意见调查表》

⑦导游服务有针对性，强调个性化

导游员（讲解员）在讲解方式、讲解内容及语言表达方面要能够因人而异、灵活多变，根据游客特点进行有针对性的讲解，能满足不同人群的特殊需求（见图4-45）。

图4-45 安昌古镇景区针对小学生与普通游客提供不同的讲解方式和内容

4.1.7 游客公共休息设施和观景设施

细则一：服务质量与环境质量评分细则游览分项"2.6 游客公共休息设施和观景设施"包括 5 个次分项，即"2.6.1 布局合理""2.6.2 造型与景观环境的协调性""2.6.3 制作""2.6.4 材质"和"2.6.5 维护"。

游客公共休息设施和观景设施

（1）达标条件

旅游景区的游客公共休息设施应布局合理、数量充足、设计精美、特色突出、有艺术感和文化气息。

（2）游客公共休息设施和观景设施创建内容

①布局合理

游客公共休息设施一般指各类坐具、条凳，一般设置在视野开阔、景观怡人的地段，便于游客驻足观赏（见图 4-46 和图 4-47）。

图4-46 西湖风景名胜景区休息座椅　　　图4-47 故宫博物院中轴线两侧休息座椅

旅游景区的观景设施类型众多，常见的有亭、廊、台、塔、楼、阁、舫、榭、花架等，按位置可以分为山上、临水、平地等。观景设施在结合景区旅游线路布置的同时，还要从景区景观空间格局出发，选择良好的布局位置（见图 4-48 和图 4-49）。

图 4-48　西湖小瀛洲景区观景亭　　　　图 4-49　雷峰塔景区观景塔

　　游客公共休息设施和观景设施的数量应充足，能满足需要，不设置在危险地带、危险场所。

　　②造型与景观环境的协调性

　　旅游景区的游客公共休息设施和观景设施不应喧宾夺主，影响景区观景效果，宜对景观有特别烘托效果，如不能专门设计制作，也应与景观环境基本协调（见图4-50 和图 4-51）。

图 4-50　雷峰塔景区　　　　　图 4-51　莫干山森泊云顶餐厅山顶观景

　　③制作

　　观景设施造型变化比较灵活多样，游客公共休息设施平面形式有直线形、曲线形、多边形、复合形，都应符合景区主题，与景区环境景观相协调，同时满足人体工程学的基本要求，制作也可以根据外形特征加工，但要求做到制作精美、有艺术感（见图 4-52）。

图 4-52　西湖风景名胜区游客公共休息设施与观景设施

④材质

观景设施材质以木、竹、水泥、钢材、石材等居多，应与环境相协调，浑然天成，或与环境反衬，互表情趣。游客公共休息设施材质一般宜采用条木或板石，形式可以自由，但档次、生态性、与景区的协调性应引起重视。

⑤维护

游客公共休息设施和观景设施应注意日常维护与定期维护，做到设施完善、干净、整洁。

4.1.8 公共信息图形符号设置

公共信息图形符号设置和特殊人群服务

细则一：服务质量与环境质量评分细则游览分项"2.7公共信息图形符号设置"包括4个次分项，即"2.7.1位置与数量""2.7.2图形符号设计""2.7.3视觉效果"和"2.7.4维护保养"。

（1）达标条件

公共信息图形符号应设置合理，设计精美，特色突出，有艺术感和文化气息，符合《公共信息图形符号 第一部分：通用符号》（GB/T 10001.1—2012）的规定。

（2）公共信息图形符号设置创建内容

①位置与数量

旅游景区的停车场、出入口、售票处、购物场所、医疗点、厕所、餐饮设施等位置，应合理设置公共信息图形符号，最好能实现旅游景区标识系统中涉及的公共信息图形符号全覆盖。

②图形符号设计

旅游景区各种公共信息图形符号应严格按照国家标准《公共信息图形符号》系列的图形规范。国家标准中没有的公共信息图形符号，可适当衍生设计，但不能突破该国家标准的可识别范围。图形符号设计应造型特色突出，与景观相协调，有文化特色（见图 4-53 和图 4-54）。

图 4-53　国标中卫生间的图形符号　　图 4-54　西湖景区兰心公厕自行设计座位与蹲位图形符号

③视觉效果

公共信息图形符号应精美与清晰。图形符号和文字的细节之间应容易区分，保证标志与标志、标志及文字之间相互关系的清晰。根据《公共信息导向系统 设置原则与要求 第 1 部分：总则》（GB/T 15566.1—2020），导向要素应设置在易于发现的位置，并避免被其他固定物体遮挡。导向要素如需在夜间使用，宜保证有足够的外部照明或使用内置光源。导向要素与广告宜保持视觉上的分离。导向要素与广告结合在一起设置时，宜确保广告不会影响导向要素在视觉上的优先性，也不会干扰导向信息的读取。根据《公共信息导向系统 导向要素的设计原则与要求 第 1 部分：总则》（GB/T 20501.1—2013），导向要素中的图形符号、方向符号、文字等导向信息元素与其衬底色应有足够的对比度，导向要素中导向信息元素的细节及其相互关系应能在观察距离处清晰分辨。图形符号尺寸的实际数值由观察距离和图形符号的设置高度确定，具体尺寸可见表 4-5 和表 4-6 国家标准 GB/T 20501.1—2013 中的规定。

表4-5　观察者观看导向要素的视线偏移角在5°范围内时图形符号及其他相关的设计尺寸（$a=0.01D$）

观察距离 /m	图形符号尺寸 /mm	图形符号边线线宽 /mm	图形符号与载体边缘的间距 /mm	载体尺寸 /mm	文字尺寸 /mm	
					中文	英文
D	a	$0.015a$	$0.15a$	$1.33a$	$0.3a$	$0.23a$
1	10	0.15	1.5	13	3	2
5	50	0.75	7.5	67	15	12
10	100	1.5	15	133	30	23
20	200	3	30	266	60	46

表4-6　观察者观看导向要素的视线偏移角在15°范围内时图形符号
及其他相关的设计尺寸（ $a=0.025D$ ）

观察距离 /m	图形符号尺寸 /mm	图形符号边线线宽 /mm	图形符号与载体边缘的间距 /mm	载体尺寸 /mm	文字尺寸 /mm	
					中文	英文
D	a	0.015a	0.15a	1.33a	0.3a	0.23a
1	25	0.38	3.8	33	7.5	5.8
5	125	1.88	18.8	166	37.5	28.8
10	250	3.80	38.0	333	75.0	57.5
20	500	7.50	75.0	665	150.0	115.0

④维护保养

公共信息图形符号的维护应及时有效，褪色、有污渍的公共信息图形符号应及时更新。

4.1.9　特殊人群服务

细则一：服务质量与环境质量评分细则游览分项"2.8 特殊人群服务项目"未下设次分项。

（1）达标条件

设置特殊人群服务。

（2）特殊人群服务创建内容

旅游景区游客中心或主要游览景点服务窗口应提供残疾人轮椅、盲道、无障碍设施、老年人使用的拐杖、儿童使用的童车等。确保盲道、无障碍设施等特殊人群通道畅通，包括无障碍出入口、无障碍坡道、无障碍电梯、无障碍窗口、无障碍卫生间、无障碍电话、无障碍车位等。旅游游客中心、卫生间、主要景点附近还可以设置母婴室等（见图 4-55 和图 4-56）。

图 4-55　西湖景区兰心公厕第三卫生间内无障碍设施

图 4-56　北京环球影城家庭中心母婴室

4.2 认识景区游览标准应用与实践

4.2.1 创建A级旅游景区游览应用

（1）游客服务中心提升

根据《旅游景区游客中心设置与服务规范》（GB/T 31383—2015）建设旅游景区游客中心，保障游客的相关权益，提高旅游景区服务水平。

①重视游客中心的选址

游客中心是旅游者了解旅游景区的一扇窗户，起到内引外联的作用。游客中心的选址应位于旅游景区外部交通与内部交通的连接点上，尽量选址在景区的入口处，或者方便醒目的地点。如果主入口场地条件有限不方便设置游客中心时，也应做到位置合理，设在游客集中活动的区域。

②提升游客中心的建筑风格

游客中心的建筑风格要考虑与周围环境的一致性，切忌破坏旅游景区的整体景观效果。在建筑风格方面，对游客中心建筑外立面进行生态化、特色化改造，设计应符合本土文化特征和建筑特色，具有一定的标志性。游客中心内部装饰也应与景区风貌协调，可以主题化。

③完善游客中心的功能设置

根据游客行为需求，划分不同的功能区，将票务服务、旅游咨询、游客投诉、景区宣传、游客休憩、餐饮购物、邮电服务、医疗服务等功能区合理分开，以免过于拥挤而给旅游者带来不便（见图4-57至图4-59）。

票务服务：票务窗口将团队、散客、电子、综合进行分设，排队区域进行渠划。

图4-57　西溪湿地游客中心位于景区入口处（左1）

图4-58　西溪湿地游客中心与西溪湿地原生建筑风貌一致（左2）

图4-59　西溪湿地游客中心售票窗口分为团体、散客、综合业务窗口（左3）

景区宣传：提供目的地城市的综合宣传资料；提供景区导览宣传材料；提供信息全面的游览线路图；设有影视厅的，对景区要有整体的介绍宣传；设电子触摸屏用于游客查询使用，查询内容包括旅游风景区导览图游程线路、主要景点介绍、主要活动和相关服务设施等信息；公示景区活动节目预告。

游客休憩：游客中心室内室外、游客聚集的区域均设置休憩区，数量要与景区的接待规模相适应。

餐饮购物：建议在游客休憩区设置水吧、餐吧及购物场所。

邮电服务：提供信函、包裹等基本邮政业务，做到收发及时；提供信封、信笺、邮票的售卖业务；为游客提供纪念戳、本地纪念封、明信片、纪念邮票等邮政纪念服务；设置公用电话，具备国际、国内直拨功能；提供综合手机充电服务（见图4-60）。

图4-60　湘湖景区游客中心邮政纪念服务与游客中心门口邮筒

医疗服务：设医务室，与周边医院签订救护协议，专职医护人员证照复印件张挂上墙，救护设备齐全有效。

旅游咨询与投诉：提供旅游咨询和投诉服务平台，有专人值班，工作人员要统一着装，为旅游者提供热心、耐心、细心的服务。专职的咨询接待人员应掌握丰富的信息，保持与各级部门和有关服务环节的顺畅沟通，并且善于运用沟通交流技巧（见图4-61）。

图4-61　西溪湿地游客中心投诉咨询服务台

其他功能：提供特殊人群服务、物品寄存、租赁服务（如自行车、帐篷）等。

④有效组织游客中心的交通

完善游客中心的交通组织，针对不同的游客进行不同的线路组织模式的设计。针对旅游巴士、出租车、公交车、自驾车、商务车、景区运营车辆等进行路线设计，完善车辆散落点、接驳方式设计。

⑤重视数字化游客中心建设

增设电子触摸屏，主要提供景区导览图、景区线路查询、景区内主要景点介绍、景区活动项目和服务设施查询等，同时可提供必要的语音导航功能，能够有效地缓解人工咨询的压力，同时视频画面具备较高的视觉冲击力，可以加深游客记忆力，提高游览兴趣。

⑥其他注意事项

对游客中心设备进行定期检修，防止出现电脑触摸屏不能正常工作等问题，宣传视频需要循环播放，及时补充提供书架上的资料，保证商品服务中心不缺失值班人员，禁止工作人员出现闲聊、不佩戴工牌等情况。

（2）完善标识导览系统

《旅游景区公共信息导向系统设置规范》（GB/T 31384—2015）明确了导入系统、游览导向系统、导出系统等子系统的关键节点及各关键节点需设置的导向要素的类型、提供的信息及设置方式，应对景区标识牌进行统一设计，所有标识牌应严格按照平面示意图制作规范设计，统一坐标系统。标识内容用中、英、日、韩等多种语言表达，翻译准确。

标识系统上可以体现景区特色的文化符号（企业标志），突出艺术感和文化气息，同时注重智慧导览系统的引入。

标识牌应布局合理、种类丰富，包括导游全景图、导览图、导向标识牌、景点（景物）介绍牌、警示关怀牌、花木/建筑名称牌等不同类型。

①导游全景图

全景图是旅游区以整体形象第一次面对旅游者，应充分展现旅游区的特质（见图4-62）。全景图应有中英文及其他多种文字解说，平面示意图、鸟瞰图明确各主要景点、游客中心、厕所、出入口、医务室、公用电话、停车场等信息，包括游客目前所在位置、接待设施等，并明示咨询、投诉、救援电话。全景图的放置地点为景区入口、游客中心、各重要节点和交通枢纽处。

图4-62 湘湖国家级旅游度假区全景

②景点（景物）介绍牌

各景点还可设置集景点介绍、交通导引和接待设施导引于一体的景点（景物）介绍牌。介绍牌应在主要景点设置，要求重点突出，制作精致，还可标出游客具体所在的位置和线路，帮助旅游者快速定位，并获取自己需要的信息。介绍牌的放置地点为各个主要景点（见图4-63）。

图 4-63　湘湖景区景物介绍牌

③导向标识牌

导向标识牌指示重要景点、重要服务设施、重要建筑物的位置和线路等；提供交通和接待设施信息服务，向游客清晰标示目前位置、前方不同景区方向、名称、距离等要素（见图 4-64）。在步行道上的标识牌还要标出距离目标景点的步行时间。放置地点根据实地情况和交通指引需要，主要布置在景区出入口解说中心、重要景点、主要交通枢纽、车站等。

④警示关怀牌

景区在需要对旅游者行为进行规制处设立警示

图 4-64　湘湖景区导向标识牌

牌和关怀牌，以文字提示为主，主要功能是提示游客注意安全和规范游客行为，保护景区资源和环境等，如"请勿吸烟""爱护环境""请止步"等（见图4-65）。景区入口、主要景点、文保单位、水面、危险路段明显处应设立相应的警示关怀牌。

图4-65　湘湖景区警示关怀牌

（3）完善游客公共休息设施和观景设施建设

完善景区的游客公共休息设施和观景设施建设，在核心景区增设休息座椅和休息亭。在游客中心和步道沿途设置的休息设施，应注重造型与景观环境相协调。

（4）规范公共信息图形符号

注重标识符号的规范统一。标识图形符号参照国家标准《公共信息图形符号》系列的图形规范标准，没有提供标准图形的，采用国际惯例图形。设置地点包括景区停车场、出入口、购物场所、医疗点、厕所、餐饮点、电话亭等。标识符号采取防水、防晒处理，保持标识符号清晰，对目前有损坏的标识符号及时更换更新。图形符号在达到标准要求的基础上，外观设计应与环境景观相协调，体现景区文化内涵。全面检查景区内各停车场、出入口、售票处、购物场所、医疗点、厕所、餐饮等设施的公共信息图形符号，确保公共信息图形符号合理、正确设置，视觉效果精美，维护保养良好。

（5）完善特殊人群服务设施

特殊人群服务设施应结合游客中心建设，配备残疾人轮椅、儿童推车、老年人使用的拐杖等；在游客中心、主要设施和厕所内，修建无障碍通道、母婴室等。

4.2.2　景区游览明察暗访工作实践重点

（1）游览暗访工作重点

旅游景区暗访中游览涉及的主要问题基本集中在游客中心、标识系统、特殊人群服务等。主要包括：景区门票是否新颖、规范；游客中心存在人员缺岗、设施设备启用不及时或故障、相关人员制度未上墙或上墙不规范等问题；导游人员存在普遍较少或未实际配设的情况；语音讲解系统或缺失，或未有效使用；缺少游客瞬时接待量、最大承载量的公示；未有效公示景区各类项目、设施设备的运营情况；未有效公示景区或各个接待服务点的服务项目、收费情况等；未有效公示景区的游览线路、宣教资料；未有效推荐景区的特殊人群服务项目。

（2）某古镇 4A 级旅游景区暗访案例

①游客服务中心

景区配备专用的游客服务中心，规模较大、位置优越，配备的软硬件设施也较为齐全，但自助取票机、电子显示屏、影视播放系统均未正常使用，没有介绍各景点的电脑触摸屏；虽配备意见箱，但与邮政功能区共用；宣传册种类单一；配备的工作人员实际到岗人数较少，消费者维权中心、购物区均无人值守；工作人员未穿制服也未佩戴工牌；游客中心广场建筑残渣堆积未进行处理（见图 4-66 至图 4-70）。

图 4-66 自助取票机未工作

图 4-67 意见箱与邮政功能区共用

图 4-68 部分岗位未发现工作人员

图 4-69 咨询台工作人员未穿制服也未佩戴工牌

图 4-70　电子显示屏、影视播放系统均未正常使用

②导游服务

景区标识牌设有语音导游服务，但二维码扫描后发现只是景区的公众号，并未有具体的景点讲解（见图 4-71 和图 4-72）。

图 4-71　宣传材料较少

图 4-72　二维码扫描后未发现具体的景点讲解

③游客公共休息设施和观景设施

景区内部分游客公共休息设施存在损坏情况；临河公共休息设施离河道过近，且没有安全防护措施，比较危险（见图 4-73）。

图 4-73　公共休息设施损坏或设置不当

④公共信息图形符号设置

景区部分厕所门口公共信息图形符号设置不规范（见图 4-74）。

图 4-74　卫生间指向牌不规范

（3）某特色小镇 4A 级旅游景区暗访案例

①门票

景区为免费旅游景区，无纸质门票。

未发现小镇预约管理制度，未发现预留游客信息途径。未发现拓宽预约渠道，微信端预约接待为公务接待，未发现专门针对普通游客、老年人、残疾人等特殊群体需求的预约通道。小镇与某科技城紧密融合，设施共享，未发现景区落实分时段预约制度（见图 4-75 和图 4-76）。

图 4-75　微信预约主要针对公务接待　　图 4-76　万维网上小镇官网无法打开预约接待

②游客中心

　　游客中心设在小镇入口处，位置优异，造型与小镇主体建筑风格一致。内部有一处咨询台，有工作人员提供咨询服务。小镇投诉电话与咨询电话号码相同，不符合咨询、投诉、应急救援电话分离的要求。入口处未发现景区活动节目预告，游客中心内电子屏未播放景区宣传视频。游客休息设施较少。全景图被装饰件及绿植遮挡。游客中心已经配备齐全轮椅、拐杖、儿童车等设施。游客中心有自助饮水服务和景区特色的旅游纪念品。相关图片见图 4-77 至图 4-84。

　　游客中心数字化改革情况较好，基本建立了智慧景区管理，实现跨场景、跨层级、跨区域的信息共享与数据协同。景区内重要景点、客流密集地段、事故易发地等重点区域已经实现视频监控设备全覆盖。

图 4-77　游客中心位置在入口处较好　　图 4-78　造型与核心景区风格一致

图 4-79　全景图被遮挡

图 4-80　咨询台较小，游客易拥挤

图 4-81　投诉电话与咨询电话相同

图 4-82　游客休息处座椅较少

图 4-83　影音设备未开启

图 4-84　特色旅游纪念品数量较少

③标识系统

小镇标识系统较为完善，基本配齐全景图、导览图、指向牌、景点说明牌、警示关怀牌、管理制度牌等，数量众多，整体质量较好。全景图上咨询电话与投诉电话为同一个号码，不规范，容易造成高峰期咨询与投诉电话堵塞，游客服务能力受到影响。部分设施名称英文翻译不规范，未按旅游行业标准翻译，如停车场与卫生间等。大部分景点说明牌的电子屏不工作，原因包括屏幕未开启及屏幕破损；部分指向牌被各类杂物如消防水箱、临时活动牌等遮挡。部分警示关怀牌有污物未及时清理。相关图片如图 4-85 至图 4-92 所示。

图 4-85　全景图被绿植遮挡

图 4-86　入口处电子全景图未打开

图 4-87　导览图图名褪色未及时维护

图 4-88　卫生间中英文不规范

图 4-89　景点说明牌电子屏不工作

图 4-90　水边警示关怀牌

图 4-91　警示关怀牌有污渍未及时清理

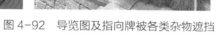

图 4-92　导览图及指向牌被各类杂物遮挡

④宣教材料

正式出版印刷的明信片、画册、音像制品、研究论著、科普读物较少。宣传资料架上与小镇旅游本身相关的宣传资料较少，主要是杭州市、余杭区全域旅游的内容以及附近科技城的招商信息内容（见图4-93）。

图4-93　宣传展架涉及景区自身的宣传材料种类较少

⑤导游服务

游客中心全景导览图旁有导游公示牌及制度管理牌，有10名挂牌导游，导游人数较多。未发现高级导游员或讲解员（见图4-94）。导游语种为中英日文。景区缺少语音讲解设施设备。

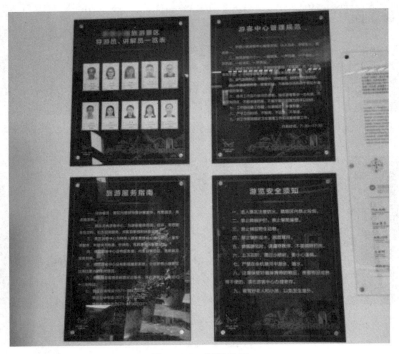

图4-94　导游公示

⑥游客公共休息设施和观景设施

小镇内公共休息设施众多，种类包括室外露天沿街公共休息设施与室内设施，但露天休息设施较多，室内休息设施少，造型与景观环境相协调，材质与维护较好（见图 4-95 和图 4-96）。

图 4-95　露天休息设施较多　　　　　图 4-96　室内休息设施少

⑦公共信息图形符号

公共信息图形符号基本符合规范，景区内部分标识牌不符合最新标准，公共信息图形符号应用普遍性有待提高（见图 4-97）。全景图出入口符号不符合规范，应用专门出入口符号（见图 4-98）。

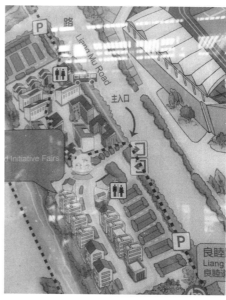

图 4-97　卫生间标识牌图形符号错误　　　　图 4-98　出入口标识不规范

⑧特殊人群服务项目

部分设施及游步道未考虑无障碍要求（见图 4-99）。

图 4-99　未发现无障碍坡道

📍 任务小结

《旅游景区质量等级的划分与评定》（GB/T 17775—2003）在门票、游客中心、标识系统、宣教资料、导游服务、游客公共休息设施和观景设施、公共信息图形符号设置和特殊人群服务 8 个方面对不同等级的旅游景区做了不同的要求。细则一：服务质量与环境质量评分细则中游览占 235 分，具体包括："2.1 门票"（10 分）、"2.2 游客中心"（70 分）、"2.3 标识系统"（49 分）、"2.4 宣教资料"（15 分）、"2.5 导游服务"（37 分）、"2.6 游客公共休息设施和观景设施"（26 分）、"2.7 公共信息图形符号设置"（18 分）和 "2.8 特殊人群服务"（10 分）。

任务测验

任务5　旅游景区旅游安全

情景案例

学习导引

春节将至，为保障春节期间全县主要景区景点安全、有序，确保全县人民过上一个平安祥和的新春佳节，2023 年 1 月 18 日，石屏县人民政府副县长、县公安局党委书记、局长朱超带领公安、消防等相关部门工作人员组成检查组，前往秀山寺、万德寺、圆满寺、石屏古城区等景区景点开展安全大检查。县公安局党委副书记胡刚等领导陪同检查。

在每个景区景点，朱超副县长都详细询问了往年景区景点游客接待量，今年春节接待游客的准备工作，存在的风险隐患等。公安、消防的工作人员对景区景点的消防安全、安防设施、制度落实等情况进行检查。

（1）要落实主体安全责任。景区景点管理方要牢固树立"安全至上"理念，完善应急处置预案，做好节日期间安全防范工作，全面强化内部安全管理和措施，压紧压实安全防范责任。

（2）要科学调配执勤警力。春节期间，景区景点游客、车辆呈现持续增长趋势，安保工作繁重，治安、交警、派出所等相关部门要加强协助配合，优化安保方案，共同维护好景区景点治安秩序、交通秩序，做好春节期间各项安保工作，切实增强群众的安全感和满意度。

（3）要严防火灾等安全事故的发生。公安、消防等相关部门要加强对古城区、各景区景点的消防安全检查，及时消除一批安全隐患，督促相关单位履行消防安全职责，提升单位责任人和管理人员的管理水平能力；同时，要加强对易燃、易爆危险化学物品、公众聚集场所、烟花爆竹的检查，严防各类安全事故的发生。

资料来源：石屏县公安局开展节前景区景点安全大检查[EB/OL].（2023-01-18）[2023-06-10]. https://mp.weixin.qq.com/s?__biz=MzA4NDMwNjcyOQ==&mid=2650228007&idx=1&sn=c1227c20b c32f762902b7859d0b861cf&chksm=87eadb61b09d527711349340639c8dec7639eddb26da5a36a109a04711d 2a09b5bad971952da&scene=27. 有删改。

❓ 想一想：旅游安全主要需要关注哪些方面的问题？

学习目标

素质目标

● 能搜集并学习领会有关生产生活安全等方面的国家法律法规、政策文件，严格按照《旅游景区质量等级的划分与评定》等相关规范与标准知识，开展旅游标准学习；

● 具备良好的旅游业可持续发展的思维模式，能够团结合作，实现特定区域的旅游标准知识的运用，如A级旅游景区创建；

● 培养学生树立旅游标准知识运用中的沟通协作意识、奉献意识；

● 培养学生热爱祖国，奉献精神，为家乡旅游业发展贡献自身力量。

知识目标

● 理解影响景区旅游安全的因素；

● 掌握旅游景区旅游安全的基本知识；

● 掌握旅游景区旅游安全的评分细则。

技能目标

● 能有效辨析旅游景区的旅游安全问题；

● 能够在景区暗访、景区创建、景区管理、旅游规划设计、园林设计等工作中运用所学的旅游标准知识；

● 具备旅游标准知识的分析能力和处理能力。

5.1 认识景区旅游安全评定标准

对于旅游产业而言，安全是前提和基础；对于旅游产品而言，安全是游客旅游体验和旅游感知的重要组成部分；对于旅游者权利保障而言，安全是旅游者的一项基本权利，是旅游权的基本元素。保障旅游安全不仅是旅游企业进行旅游产品开发、设计与经营的先决条件，而且是政府开展旅游规划、实施旅游管理的核心任务。所以，安全是旅游的"第一要素"，是旅游业发展的生命线。旅游安全问题不仅直接影响旅游目的地旅游业的健康发展，影响旅游目的地的吸引力，而且对整个区域社会经济的发展都会带来影响。

5.1.1 景区安全标准组成

（1）评定项目

《旅游景区质量等级的划分与评定》（GB/T 17775—2003）细则一：服务质量与环境质量评分细则中旅游安全占80分，具体包括"3.1 安全保护机构、制度与人员"（10分）、"3.2 安全处置"（17分）、"3.3 安全设备设施"（27分）、"3.4 安全警告标志、标识"（8分）、"3.5 安全宣传"（6分）、"3.6 医疗服务"（8分）、"3.7 救护服务"（4分）（见表5-1）。

表5-1　旅游安全评定项目与分值

评定大项与分值	评定中项与分值
3. 旅游安全（80分）	3.1 安全保护机构、制度与人员（10分）
	3.2 安全处置（17分）
	3.3 安全警告标志（27分）
	3.4 安全警告标志、标识（8分）
	3.5 安全宣传（6分）
	3.6 医疗服务（8分）
	3.7 救护服务（4分）

（2）旅游安全质量等级划分条件

《旅游景区质量等级的划分与评定》（GB/T 17775—2003）在安全制度、安全设施设备、救援及医疗服务三方面根据评定等级不同做出了明确要求（见表5-2）。

表5-2　旅游景区旅游安全质量等级划分条件

景区等级	安全制度	安全设施设备	救援及医疗服务
5A 级	认真执行公安、交通、劳动、质量监督、旅游等有关部门制定和颁布的安全法规，建立完善的安全保卫制度，工作全面落实	消防、防盗、救护等设备齐全、完好、有效，交通、机电、游览、娱乐等设备完好，运行正常，无安全隐患。游乐园达到 GB/T 16767 规定的安全和服务标准。危险地段标志明显，防护设备齐备、有效，特殊地段有专人看守	建立紧急救援机制，设立医务室，并配备专职医务人员。设有突发事件处理预案，应急处理能力强，事故处理及时、妥当，档案记录准确、齐全
4A 级	认真执行公安、交通、劳动、质量监督、旅游等有关部门制定和颁布的安全法规，建立完善的安全保卫制度，工作全面落实	消防、防盗、救护等设备齐全、完好、有效，交通、机电、游览、娱乐等设备完好，运行正常，无安全隐患。游乐园达到 GB/T 16767 规定的安全和服务标准。危险地段标志明显，防护设备齐备，有效，高峰期有专人看守	建立紧急救援机制，设立医务室，并配备医务人员。设有突发事件处理预案，应急处理能力强，事故处理及时、妥当，档案记录准确、齐全
3A 级	认真执行公安、交通、劳动、质量监督、旅游等有关部门制定和颁布的安全法规，建立完善的安全保卫制度，工作全面落实	消防、防盗、救护等设备齐全、完好、有效，交通、机电、游览、娱乐等设备完好，运行正常，无安全隐患。游乐园达到 GB/T 16767 规定的安全和服务标准。危险地段标志明显，防护设备齐备，有效，高峰期有专人看守	建立紧急救援机制，设立医务室，至少配备兼职医务人员。设有突发事件处理预案，应急处理能力强，事故处理及时、妥当，档案记录准确、齐全

续表

景区等级	安全制度	安全设施设备	救援及医疗服务
2A 级	认真执行公安、交通、劳动、质量监督、旅游等有关部门制定和颁布的安全法规，建立完善的安全保卫制度，工作全面落实	消防、防盗、救护等设备齐全、完好、有效，交通、机电、游览、娱乐等设备完好，运行正常，无安全隐患。游乐园达到 GB/T 16767 规定的安全和服务标准。危险地段标志明显，防护设备齐备，有效	建立紧急救援机制，配备游客常用药品。事故处理及时、妥当，档案记录完整
A 级	认真执行公安、交通、劳动、质量监督、旅游等有关部门制定和颁布的安全法规，安全保卫制度健全，工作落实	消防、防盗、救护等设备齐全、完好、有效，交通、机电、游览、娱乐等设备完好，运行正常，无安全隐患。游乐园达到 GB/T 16767 规定的安全和服务标准。危险地段标志明显，防护设备齐备，有效	事故处理及时、妥当，档案记录完整，配备游客常用药品

5.1.2 安全保护机构、制度与人员

细则一：服务质量与环境质量评分细则规定旅游安全分项"3.1 安全保护机构、制度与设备人员"包括 4 个次分项，即"3.1.1 设有安全保护机构""3.1.2 有健全的安全保护制度""3.1.3 专职安全保护人员"和"3.1.4 流动安全保护人员数量"。

安全保护机构、
制度与人员

（1）达标条件

旅游景区应认真执行公安、交通、劳动、质量监督、旅游等有关部门制定和颁布的安全法规，建立完善的安全保障机构和制度，安全保障工作全面落实，专职、流动安全保障人员充足，能够做到有效保障旅游景区的日常安全。

（2）安全保护机构、制度与人员创建内容

①安保机构设置

景区安全保护机构是景区安全保障的重要组成部分，旅游景区应该设有专门的安全保障机构，专门负责旅游景区的安全管理工作，同时应有健全的安全保障制度（如安全保卫制度、安全值班管理、安全应急预案制度、安全培训制度等），做到各项安全保障工作全面落实，有效保证游客的游览安全和景观资源安全。

在具体实践中，旅游景区应设置安全保障部门（或者安全委员会、安全领导小组等）或委托专业的物业安保服务公司进行安保管理。一般而言，安全管理应设置经理或主任职位，下设安保主管岗位、监控主管岗位、应急救援主管岗位、消防主管岗位等。景区通过招募、培训、考核和奖励机制，提高安保人员的安全防范意识和技能水平，加强安保力量，保障游客的生命安全和财产安全。景区安保人员应该包括保安人员、安全巡逻员、消防员等，根据景区的特点和规模，适当配置安保人员。

当旅游景区发生安全事故时，各部门应做到通力合作、互相配合，及时解决和处理好各类安全事故（见图 5-1）。旅游景区安全事故处理的原则是：谁主管谁负责原则；三不放过原则（在调查、处理事故时，必须坚持事故原因分析不清不放过，事故责任者和群众没有受到教育不放过，没有采取切实可行的防范措施不放过的原则）；教育与处罚相结合的原则；依法办事原则。旅游区、旅游企业实行安全工作总经理负责制，对安全工作和经营服务统筹安排，违反安全法规造成旅游者伤亡事故的，由旅游行政管理部门会同有关部门分别给予直接责任单位警告、罚款、限期整改、停业整顿、吊销营业执照等处罚。

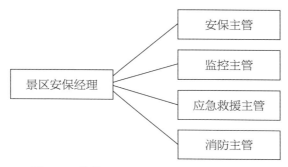

图 5-1　旅游景区旅游安全保障机构配备示意

②安保制度设置

针对旅游景区安全工作实际，制定全面的安全保护制度，以保障好旅游景区的日常安全。景区安全保护制度应根据景区分类安保管理的需要，一般安保制度包括以下几类。

安全管理制度，如入园安检制度、游客游览安全须知、旅游安全管理制度、道路交通管理制度、排查隐患制度、值班备勤制度、治安人员管理制度、职责分工制度、景区流动安保人员工作制度、景区安全巡查制度、游客容量管理、安全设施管理制度、医务室管理制度等，旨在通过规范安全管理行为，提高安全管理水平。

消防类制度，如景区防火制度、景区消防责任制度、景区消防安全教育制度、景区消防安全检查制度、景区防火安全巡查和检查制度、景区消防应急预案等。

安全应急预案制度，如突发事件应急预案、火灾防控预案、恐怖袭击应对预案、景区应急管理制度、紧急救援管理制度、小长假（黄金周）景区工作预案（应急预案）、防台防汛防雷应急预案等，旨在规范应急预案制定和应急处置行为，提高应急响应能力。

安全培训制度，如安全意识培训、安全技能培训、应急演练等，旨在提高安保人员和游客的安全防范意识和技能水平，提高应急处置能力。

安全监督检查制度，如安全检查、安全巡逻、安全抽查等，旨在加强对景区安全状况的监督和检查，及时发现和排除安全隐患。

监控类管理制度，如景区监控中心管理规定、景区监控室岗位职责、监控录像管理制度等。

安全奖励制度，如安全责任心奖、安全成果奖等，旨在通过激励机制，推动安保人员和管理人员积极参与安全工作，提高工作积极性和主动性。

不同景区的安保制度设置也应该根据景区的特点和规模进行调整和完善，确保制度设置科学合理，能够实现景区安全保障的有序开展。同时，还需要不断完善和更新安保制度，以适应不断变化的安全环境和安全保障需求。如图5-2所示，为某景区旅游安全制度汇编，其中包括了景区安全管理制度。

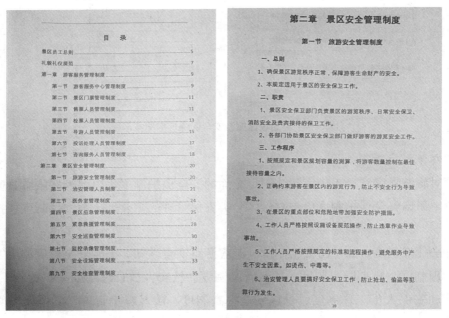

图5-2　某景区旅游安全制度汇编

③景区安保人员配备

景区安保人员的配备是保障景区安全的重要保障措施，它直接关系到景区安保的效果和水平。一般来说，景区的安保人员主要包括以下几类。

保安人员：负责景区的巡逻、安全管理、安全监控、安全检查等工作，是景区安保力量的主要组成部分。景区有专职安全保护人员且分布合理、数量充足。旅游景区应在游客集中和有安全隐患的地方设有专职安保人员，负责景区日常安保工作，并做到着装统一；以水上游乐为主的旅游景区的巡视员、救护员，人数设置比例应相对较高；对有安全隐患的危险地段，应定点配备安全巡视员和救护人员，进行全天候巡逻检查服务；景区流动安全保护人员数量充足，应与旅游景区规模及性质相适应；旅游景区还应设置公安部门派驻的警务室，确保游客安全和警情及时有效处理。

交通管理人员：负责景区内外的交通管制和疏导，维护景区内部交通秩序和游客出行安全。

消防人员：负责景区内的消防安全工作，包括火灾预防、火灾控制、灭火救援等。

根据景区规模、等级和特点的不同，景区安保人员的配备也会有所不同。一般来说，大型景区的安保人员应该包括保安人员、交通巡警、消防员、急救人员等，根据不同的安保任务和场合，适时调整安保人员的配备。与此同时，景区安保人员的配备还需要考虑到安保设施的完善程度和安保技术的水平。如安装监控设备、安装防盗系统、使用无线对讲机等技术手段，可以提高安保人员的工作效率和安保水平。景区安保人员的配备应该根据景区的特点和规模进行合理调配，以确保景区安全保障工作的有序开展。同时，还需要加强安保人员的安全教育和技能培训，提升安保人员的安全防范意识和技能水平，为景区安保工作提供坚强的人力保障。

景区安保人员如有数量且分布上不合理之处，应酌情扣分；流动安全保护人员如有数量或分布上不合理之处，也应酌情扣分。

5.1.3　安全处置

细则一：服务质量与环境质量评分细则规定旅游安全分项"3.2 安全处置"包括 3 个次分项，即"3.2.1 高峰期游客安全处置""3.2.2 特殊情况的安全处置"和"3.2.3 安全巡查"。

安全处置

（1）达标条件

旅游景区应做好高峰期游客安全处理预案，做到责任明确、信息传递清晰，工作人员在高峰期应做到及时到岗到位，分流游客合理，安全措施有效。对待特殊情况的安全处置也应有预案，并显现出较好的处置效果。

（2）安全处置创建内容

①高峰期游客处置恰当

一是做好高峰期数值设置。 根据《景区最大承载量核定导则》（LBT 034—2014）相关要求，应有效核定旅游景区最大承载量。旅游景区最大承载量的确定，一般是用一个旅游景区内每一个景点的有效可游览面积除以旅游者单位游览面积，就可得到单个景点的承载量，再把所有景点的数据加起来，就是整个旅游景区的最大承载量。应根据旅游景区所属类型与特殊性，结合旅游景区敏感目标，按照空间、设施、生态、心理、社会五方面指标将数据进行归类，得出旅游景区的基本空间承载标准，以此做好高峰数值预测，以便及时分流游客。

二是做好游客高峰应急处理预案。 高峰应急处理预案主要包括小长假（黄金周）景区工作预案（应急预案）、景区大型活动（如音乐节）安全预案等。旅游景区接待游客不应超过规定容量，并做好应急预案应对进园的游客高峰，实时、有效地监控游客到访量，根据需求及时采取疏导措施，切实保证游客的安全。按照《景区最大承载量核定导则》（LBT 034—2014）要求，旅游景区内旅游者数量达到最大承载量的80%时，旅游景区自身要立即停止售票，并对外发布提示，同时启动应急预案。旅游高峰期到来之前，旅游景区制定下发工作方案和预案，能够妥善应对高峰期出现的各类安全问题，安保部门坚持游乐设施、旅游步道巡查，防患于未然。

②做好特殊情况的安全处置

特殊情况包括旅游景区遭遇恶劣气候、突发灾情、传染病疫情、食物中毒、缆车停电等。旅游景区应确保有预案、处置效果明显（主要指反应迅速、组织得力、替代设施到位、处置效果好）、安全巡查到位（主要指设施完备、定时巡查，能有效维护安全秩序）等。

景区安全处置的主要流程包括以下几个步骤。

现场勘查： 及时到达事发现场，了解事件的全貌和现场情况，判断事态的严重程度和影响范围。

报警求助： 立即向相关部门报警求助，同时通知并组织安保人员、急救人员等抵达现场进行处理。

暂时封锁： 在保障游客人身安全的前提下，暂时封锁事故现场，防止次生事故发生，限制人员和车辆通行。

救援处置： 根据事件的类型和紧急程度，采取相应的应急救援措施，包括疏散、急救、灭火、排险、抢险等。

信息报告： 及时向上级领导和相关部门汇报事件的处理情况，向游客和员工发布及时、准确、客观的信息，避免谣言和恐慌情绪的扩散。

事后总结： 对事件的处置过程、效果和不足进行总结、分析和评估，制定完善的预案和措施，提高应对突发事件的能力和水平。

同时，在景区安全处置过程中，旅游景区还需要加强与相关部门的沟通和协调，尽量减少不必要的人员伤亡和财产损失。在处理过程中，旅游景区也需要注意保护现场证据，以便事后的调查和处理。总之，景区安全处置是保障景区安全的重要环节，必须要在正规的程序、规范的流程和科学的方案下进行，确保事件得到有效的控制和处置。图5-3为某景区应急事件处理记录表。

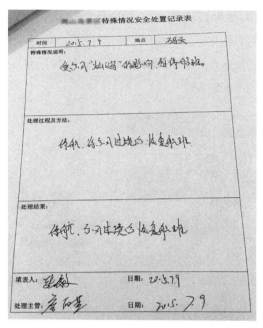

图 5-3 某景区应急事件处理记录

③做好安全巡查

景区安全巡查是指对景区的各项安全管理工作进行全面检查和监控，及时发现和排除安全隐患，确保游客和员工的人身安全与财产安全。景区安全巡查的目的是提高景区的安全保障水平，有效预防和控制安全事故的发生。景区安全巡查主要包括以下内容。

安全设施的检查：对景区的监控设备、保安岗亭、警示标识、消防设备等各项安全设施进行全面检查，确保设施的完好性和有效性。

安全隐患的排查：对景区的道路、桥梁、建筑、水电设备等进行全面检查，及时发现和排除安全隐患，确保游客和员工的人身安全与财产安全。

巡逻盘查：对景区内潜在安全隐患区域进行巡逻盘查，保障游客和员工的人身安全与财产安全。

信息汇报：对每次巡查情况进行记录和汇报，及时向上级领导和相关部门反馈巡查情况。

景区安全巡查可以通过保安巡逻、交通巡警、游览车巡视、现场监控等多种形式进行，巡查频次、巡查路线和巡查范围应该根据景区的特点和规模进行制定。同时，景区安全巡查的内容应该根据安全隐患的程度和重要性确定巡查的重点与难点，确保巡查工作的科学性和针对性。

同时，旅游景区针对旅游高峰期游客可能会发生的各种安全情况，应及时制定处置预案，预案应做到职责明确、程序清晰。定期进行可行性演练，做到工作人员到岗到位，分流得力，安全措施有效，在演练过程中应做好记录，演练过后应及时总结，以改进预案（见图5-4和图5-5）。

图5-4　某景区消防应急演练

图5-5　某景区安全巡查

5.1.4 安全设备设施

细则一：服务质量与环境质量评分细则规定旅游安全分项"3.3 安全设备设施"包括 5 个次分项，即"3.3.1 危险地带安全防护""3.3.2 消防、防火等设备""3.3.3 监控设施""3.3.4 游览游乐服务设施安全"和"3.3.5 特殊旅游项目的安全确认"。

安全设备设施

（1）达标条件

危险地带安全防护设施完善；消防、防火等设备齐备、完好、有效；监控系统和设施完善，包括交通工具等在内的游览游乐服务设施安全稳定；潜水等特殊旅游项目经过审批、验收，确保运行安全可靠。

（2）安全设备设施创建内容

①完善危险地带安全防护设施

景区危险地带安全防护设施是指在景区危险地带设立障碍物、警示牌、防护栏等安全设施，以防止游客在该区域发生意外伤害事故（见图5-6）。全面做好旅游景区的安全防范工作，保障旅游景区的安全设施齐备，对景区内可能存在危险的地带进行全面排查和分析，确定需要设置安全防护设施的区域和范围。重点加强危险地带（特别是水边、高处、阶梯处等）安全防护设施建设，包括安全护栏、安全警示、水上拉网等应齐全和有效。做好旅游景区内的导览标识、安全警示牌、游览步道、休息亭台、环保厕所和安全防护栏等设施的日常巡查和维护。

图 5-6　旅游景区安全防护装置

②做好消防、防火等设备日常管理和安全知识普及

旅游景区消防、防火等主要安全设备和监控设施齐备（见图 5-7），能够保障景区的日常安全，重点是室内景点的消防设备，确保森林公园、自然保护区等类型旅游景区的消防、防火设备齐备、完好、有效，并确定专人负责管理。涉及建筑的消防设施及消防器材配置应符合《建筑防火通用规范》（GB 55037—2022）和《建筑灭火器配置设计规范》（GB 50140—2005）的要求。做好旅游景区日常消防、防火设备的点检制度，包括日常点检、定期点检和专项检查。不断加强旅游景区全员消防安全"四个能力、三懂三会"（表）等知识的学习和能力（见表 5-3）。

图 5-7　旅游景区室外消防栓、室内灭火器设备、应急消防服及微型消防站

表5-3　消防安全"四个能力、三懂三会"

项目	内容
四个能力	检查和消除火灾隐患能力、组织扑救初期火灾能力、组织引导人员疏散逃生能力、消防知识宣传教育培训能力
三懂	懂得本岗位生产过程中或商品性质存在什么火灾危险、懂得怎样预防火灾的措施、懂得扑救火灾的方法
三会	会使用消防器材、会处理火灾事故、会报警

③实施有效监控和监控设备的日常管理

为了加强旅游景区安全设施设备的管理、保护，实现全景区监控，应设置有效的监控设施及数字化视频监控系统，将数字化视频图像记录与多画面图像显示功能和监视报警功能结合在一起，有效监控进入旅游景点的人数、车辆，并进行跟踪监管，帮助旅游景区管理者更好地了解旅游景区及旅游者的现状，及时发现安全隐患，并进行有效排除。旅游景区应设置专用的监控指挥中心，在主要道路、交叉路口、停车场及停车场出入口、游客中心、景区各景点等主要旅游节点安装摄像头，实施全天安全监控，监控室保证24小时均有人员值班，实现旅游景区安全监控全覆盖（见图5-8）。景区若无监控系统，设置能够有效发挥监控作用的瞭望台等设施可适当得分。

安全警告标识

图5-8　旅游景区监控设施

④游览游乐服务设施安全管理到位

景区游览游乐服务设施的安全管理是景区管理工作中的重要方面，主要涉及交通工具、交通设施、游乐设施、水上游乐设备及地面防滑处理无障碍设施等，应符合安全规定。切实保障道路、疏散通道及出口畅通，紧急疏散安全通道，紧急安全标志明显。景区安全巡查人员需定期、定时对游览游乐设施设备进行检查，对需要检修的游览游乐服务设施及时进行检修，并做好维修记录（见图5-9），及时向上级领导和相关部门反馈游览游乐服务设施的安全情况，为广大游客提供优质、安全的服务。严格遵守操作规程和操作流程，同时对操作人员进行培训和考核，提高操作人员的安全意识和操作技能。

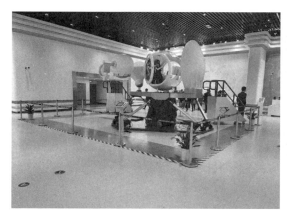

图 5-9　某旅游景区游乐设施设备检查记录表

⑤特殊旅游项目确保通过安全检验运行

游乐设施为特种设备的，应有安全管理机构，设专职安全管理人员（见图5-10），并制定游乐设施维修保养制度。安全检验合格标识应固定在游客设备的醒目位置，须配备营救装备和急救物品。特殊旅游项目通过验收安全确认，可得分，如有速降、蹦极、潜水、漂流、游乐等特殊旅游项目，未经验收，此项不得分。

图 5-10　某旅游景区室内游乐特殊设备设专人安全管理

5.1.5 安全警告标志、标识醒目

细则一：服务质量与环境质量评分细则规定旅游安全分项"3.4 安全警告标志、标识"，下无次分项。

（1）达标条件

危险地段标志明显，防护设施齐备、有效，特殊地段有专人看守。旅游景区在主要游览区域内都要设立各种旅游安全警示提示牌，减少安全隐患。

（2）安全警告标识创建内容

旅游景区主要游览区域内各主要游览节点安全警告标志、标识齐全、醒目、规范，起到充分保护、提醒游客的作用，特别是在有危险性的地带，如水边、阶梯、崖边、电梯、栏杆、高处、构筑物限高处等，均要设有安全警示牌，同时最大限度地维护旅游景区资源安全。安全警告措施主要是各类安全标志，同时应注重和环境协调，整体美观（见图 5-11）。安全警告标志若设置不足或设置不规范，应适当扣分，没有设置则不得分。

图 5-11　各式不同场景下使用的警示牌

5.1.6 有效的安全宣传途径

细则一：服务质量与环境质量评分细则规定旅游安全分项"3.5 安全宣传"，下无次分项。

（1）达标条件

旅游景区要不断加强安全宣传教育，增强游客安全意识，提醒游客在游览过程中，注意人身安全、财产安全。

（2）安全宣传创建内容

安全宣传包括在景区入口和特殊地段与景点设置游客安全说明和须知，展示景区安全管理制度和规定，发布安全提示和教育信息。这种方式可以让游客更加直观地了解景区的安全管理制度和规定，增强游客的安全意识和自我保护能力。重点景区（水上项目、滑雪场等）需安装安全广播。其中游客安全说明和须知以及消防安全等要求图形显示和中外文对照，并置于醒目位置（见图 5-12 至图 5-14）。

图 5-12　置于景区入口处的游园须知

图 5-13　景区消防安全须知

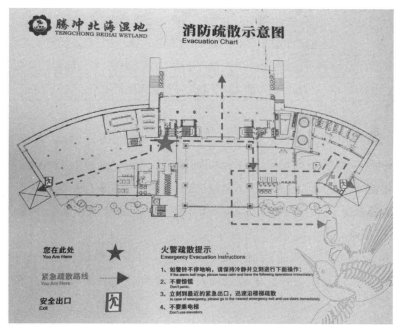

图 5-14　景区消防疏散示意

应设置覆盖整个旅游景区的广播系统，也可与监控系统、灯光系统一同设置，如北京环球影城和上海迪士尼乐园里的集合声光电的广播系统（见图5-15和图5-16）。景区广播可分为有线广播与无线广播，可以结合景区定位和需求进行多种景区广播功能（见表5-4），并可以随时发送安全广播，遇到紧急情况时可以通知和疏散游客。安全宣传包括安全说明、须知和广播，没有设置则不得分。

图5-15　北京环球影城广播系统

图5-16　上海迪士尼乐园广播系统

表5-4　景区广播内容类型

项目	内容
统一广播	可对所有旅游景区广播点进行统一广播
分组广播	可将景点进行单点或随意组合，定时播放相同或不同音频节目
交互广播	旅游景区均可点播网络音频服务器的音频进行交互式个性播放
应急广播	遇有紧急情况，对各旅游景区紧急广播，进行寻人找物或紧急疏散
背景广播	可对不同旅游景区定时播放不同的背景音乐，彰显旅游景区独特魅力
多路广播	具备多路广播功能，各旅游景区可同时收听不同内容的广播

5.1.7 医疗服务

细则一：服务质量与环境质量评分细则规定旅游安全分项"3.6 医疗服务"，包括5个次分项，即"3.6.1 设立医务室""3.6.2 有专职医护人员""3.6.3 备日常药品""3.6.4 备急救箱"和"3.6.5 备急救担架"。

医疗服务

（1）达标条件

旅游景区应建立紧急救援机制，设立医务室，并配备专职医务人员；设有突发事件处理预案，应急处理能力强，事故处理及时、妥当，档案记录准确、齐全。

（2）医疗服务创建内容

①设立医务室

医疗设置主要为提供医疗服务与救护。旅游景区应设立医务室（见图 5-17），以便为游客服务，可为专用或兼用，并配有简单的医疗器械、设备，如诊察床等（见表 5-5）。专用是指专为游客设立的医务室；兼用是指为内部设立的，主要为员工服务，同时兼为游客服务的医务室。

图 5-17　景区医务室

表5-5　景区医务室设置内容

要求	内容
内部设置	应设有诊室、处置室、治疗室
房屋	建筑面积小于 40 平方米
基本设备	诊察床、诊察桌、诊察凳、听诊器、血压计、出诊箱、体温计、污物桶、压舌板、处置台、注射器、纱布罐、方盘、药品柜、紫外线灯、高压灭菌设备、基本设备架等
制度与手册	制定各项规章制度、人员岗位责任制，有国家制定或认可的医疗护理操作技术

②配备专职医护人员

景区应配备医务人员，至少有 1 名取得医师资格后从事 5 年以上临床工作的医师和 1 名护士，保障游客日常救护工作顺利开展。

救护服务

③备有日常药品

景区游客中心服务台应备有日常药品，也可以在景区重点区域配备智慧红十字一体机，特别是没有专门设置医务室的景区。景区应在药品监督部门或联系医院的指导下，备有日常药品（见图 5-18）。

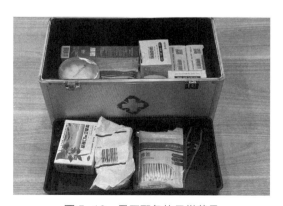

图 5-18　景区配备的日常药品

④备有急救箱

景区在医务室及主要游览节点应备有急救箱，也可以在景区重点区域配备智慧红十字一体机（见图 5-19），能够及时为游客提供基本急救服务。

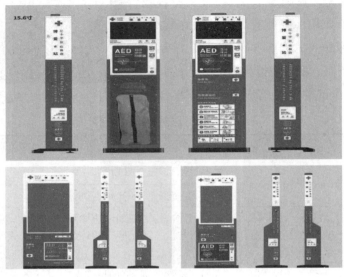

图 5-19　智慧红十字一体机

（图片来源：https://www.sohu.com/a/625394430_121123825）

⑤备有急救担架

景区在医务室及主要游览节点应备有急救担架（见图 5-20），能够及时为游客提供基本急救服务。

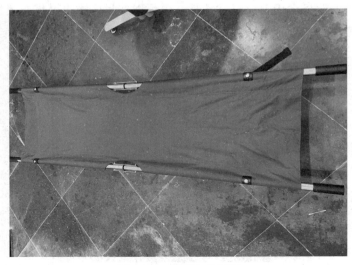

图 5-20　景区急救担架

5.1.8 救护服务

（1）达标条件

景区应建立紧急救援机制，设有突发事件处理预案，应急处理能力强，事故处理及时、妥当，档案记录准确、齐全。

（2）救护服务创建

从当前旅游突发事件发生发展演化的过程中发现，旅游紧急救援机制的作用显著，亟待完善推进。旅游紧急救援机制的健全需要一支训练有素的应急救援队伍、具备较强的救援力量与救援能力，以及协同的运作机制或运行模式。完善旅游应急救援队伍和应急管理体系是提升旅游突发事件应急管理的重要支撑。近年来，我国旅游应急救援能力有了较大的提升，各地也在不断探索建立专业化和社会化、政府救助与商业救援相结合的旅游紧急救援体系，不断培育和壮大专业旅游紧急救援队伍及救援基地。

景区应有相应的救护设备，重点是水上旅游景区、山地旅游景区、滑雪场等的救护设备。

对于景区而言，最常见的救援机制就是与周边主要医疗机构建立紧密合作关系，签订转运协议，保障救援工作顺畅、及时、快速。一方面在旅游景区显著位置公布内部救援电话，可以与景区全景图、导览图结合布置，且保证联络畅通，为游客及时提供救援服务；另一方面救援运送应顺畅，及时发现情况，安全运送至协作医疗单位。

5.2　认识景区旅游安全标准应用与实践

5.2.1　创建A级旅游景区旅游安全应用

景区要配备安全保障设施及针对高峰期、关键点的安全策略；还要准备面对突发事件的预案及紧急救援机制，并对相关人员进行培训。这些对于某些自然类景区、自助游、探险游较多的景区尤为重要。很多景区仅仅是做到在危险处悬挂危险警示牌，有保安巡逻等简单措施，并没有系统完备的安全处理方案，更没有完善的紧急救援制度和建立紧急救援体系。

（1）安全设施设置

完善新建景点的安全设施：扩大安全防护范围，安全提示和警告标识应齐全、醒目、规范，危险地段标志明显，防护设施齐备、有效，特殊地段有专人看守，加强对危险地段的安全标志，对公共服务设施的维修和保养。

实现景区范围全监控：配备景区的监控设施，设置闭路监控系统，日常运行正常，监管到位，对于危险地段进行重点监控，从全局确保游客的安全，监控数据文件储存时间应符合相关部门的要求。

完善和维护安全防护设施：消防、防盗等设施设备应齐全、完好、有效（见图5-21）。保证各主要景点、接点处消防灭火器的配备数量充足且布局合理。景区内游客通行地段，配备安全防护设施，并加强巡查和维护；对于不能通行的地段，要设置安全警告标识，并设置通行障碍物。景区设施设备应运行正常，无安全隐患，对景区内的水上娱乐设施、交通工具、观光游览设施、军事娱乐设施等进行定期的安全检查，游乐园应符合《游乐园（场）服务质量》（GB/T 16767—2010）规定的安全和服务要求，经营性旅游项目应按照国家有关规定取得经营许可并规范操作，对景区中的无障碍道路、无障碍设施等进行定期检查和及时处理。

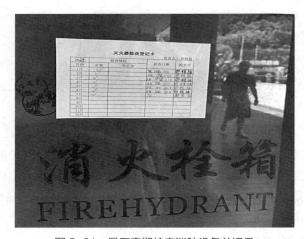

图5-21　景区定期检查消防设备并记录

（2）旅游安全管理提升

①安全制度制定与实施

建立安全机构，落实景区的安全岗位职责和安全巡逻机制，完善景区医疗设施，建立应对突发事件的快速反应机制，与地方医疗卫生机构建立紧急救援协议等。注意应明示救援电话，需要特别注意的是救援电话和其他咨询、投诉电话不应使用同一号码，以及需要对救援电话端话务员进行救援对讲培训，避免延误救援时间。

制定《景区突发事件工作预案》，做到职责明确、程序清晰。制定《景区旅游高峰期游客安全处置预案》，科学管理游客容量，在旅游旺季合理分流，公布经景区主管部门核定的日最大承载量、瞬时最大承载量并适时更新（见图5-22）；应实施限量、预约、错峰管理，制定旺季游客流量控制方案，疏导分流、分时限流措施得力。按照《旅游景区最大承载量核定导则》（LBT 034—2014）的要求，旅游景区内旅游者数量达到最大承载量的80%时，旅游景区自身要立即停止售票，并对外发布提示，同时启动应急预案。在旅游高峰期、特殊时间段，启动景区安全预案，对各类事故形成快速反应，要求安保人员第一时间奔赴现场，根据预案，迅速处理问题。

图 5-22 腾冲北海湿地实时游客容量显示

②旅游安全宣传教育

完善旅游区的安全说明系统，包括安全说明和须知等（见图 5-23）；主动向游客提供安全宣传教育，接待老年人、未成年人、残疾人等游客应采取相应的安全保障措施。景区应定期开展旅游安全教育活动，组织安全演习，提升居民和游客的消防安全意识。

图 5-23 五老峰景区的安全提示

（3）医疗设施完善

①医疗设施

提升景区现有医务室的设施设备，以便在紧急情况下为游客实施救助，如有条件在游客集中区域配备体外除颤仪。配备日常药品，包括感冒发烧类、消化类、头痛发热类、外科类、五官类、皮肤类、其他类（如维生素、心脑血管、糖尿病的用药）等，另外有简单的医疗器械。医务人员应根据保质期及时更换药品，确保药品不过期，并保证医用器械的医疗精确度。

②医疗人员

在景区范围内的游客服务中心、服务站及主要景区配备专业医疗人员，负责景区日常的医疗和急救工作。景区可在旅游旺季增加临时工作人员和志愿者。

5.2.2 景区旅游安全明察暗访工作实践重点

根据《旅游景区质量等级管理办法》，旅游景区创建阶段，各级旅游景区质量等级评定委员会通过明察、暗访等方式对对应景区进行检查；创建后的管理与监督阶段，各级旅游景区质量等级评定机构对所评旅游景区要进行监督检查和复核，采取重点抽查、定期明察和不定期暗访，以及社会调查、听取游客意见反馈等方式进行。明察的现场检查主要通过提问和交谈、现场观察两种方式，对标准文本以及三项评分细则中现场检查部分各项目进行检查；暗访主要对景区的基础设施、服务设施、管理及服务水平、环境质量、景观价值等方面进行实地检查。

（1）旅游安全暗访工作重点

景区旅游安全暗访的工作重点应该包括以下几个方面。

①安全设备

检查景区内安全设备的设施、功能是否完善，包括安全围栏、游览车、步道、游览设备等各种防护设施，特别注意水边、崖边、高处、阶梯、电梯、游乐设施的安全检查，并注意防止步道上一级阶梯的出现（容易踏空或绊倒），以及阶梯和步道交替的时候，阶梯是否在视觉上容易识别（见图5-24）。

②应急处置

检查景区内应急处置设施的完备性，包括急救电话、医疗设施、急救药品、网络

图5-24 宁波天一阁景区通过警示线区别台阶

联系等。如设有医务室，医务室内是否有值班医生，内部设备是否齐全，内部是否正常作为医务室使用。应特别注意公布的急救电话是否与其他电话存在并用的情况。

③安全管理

检查景区内的安全管理情况，包括值班人员的数量和工作制度是否合理、潜在危险区域是否有人值守、是否进行安全巡查、安全警示标语是否醒目、应急预案的制订和使用等。

④宣传教育

检查景区内的安全宣传教育情况，包括客流密集区域的安全提示、游园安全宣传画面的更新、游客安全知识的传播、游客在园人数的公示等。

（2）某古镇 4A 级旅游景区暗访案例

①安全保护机构、制度与人员及安全处置

景区内未发现流动保护人员；在沿河路段路面较窄部分未设置护栏，部分路段缺乏警示黄线（见图 5-25）。

图 5-25　沿河路段路面较窄部分未设置护栏，部分路段缺乏警示黄线

②安全设备设施

景区内消防防火设备简陋，灭火器未进行定期检查（见图 5-26）。

图 5-26　消防防火设备简陋、灭火器未进行定期检查

③安全警告标志、标识

景区安全警告标识设计不合理且损坏严重；部分安全警示标识没有起到警示作用，如台阶比较低矮，只有蹲下才能看见警示标志（见图5-27）。

图5-27 安全警告标识设计及位置不合理

④安全宣传及医疗服务

在游客服务中心及景区内未找到医务室等相关设施。

（3）某滨水3A级旅游景区暗访案例

①安全保护机构

在滨水游客集中区和绿道沿线缺少安保人员，危险区块未见流动安全保护人员。部分游客公共休息设施（石门圩廊桥）上有电瓶车通行，速度均较快，且无减速慢行的标识（见图5-28和图5-29）。

图5-28 桥上的车辆通行，车速较快　　图5-29 桥上警示标识牌较少

②安全警告标志

景区部分游步道及滨水区域缺乏相关安全防护设施，景区滨水区域安全警告标志、标识不足（见图 5–30 和图 5–31）。

图 5-30　安全警示牌不够醒目

图 5-31　水边无护栏等防护设备

③医疗服务

景区内未发现医疗卫生服务设施及救护设备。

📍 任务小结

《旅游景区质量等级的划分与评定》（GB/T 17775—2003）在安全制度、安全设施设备和救援及医疗服务 3 个方面对不同等级的旅游景区安全做了不同的要求。细则一：服务质量与环境质量评分细则中旅游安全占 80 分，具体包括："3.1 安全保护机构、制度与人员"（10 分）、"3.2 安全处置"（17 分）、"3.3 安全设备设施"（27 分）、"3.4 安全警告标志、标识"（8 分）、"3.5 安全宣传"（ 6 分）、"3.6 医疗服务"（8 分）和"3.7 救护服务"（4 分）。

任务测验

任务6 旅游景区卫生

情景案例

学习导引

融入文化元素、彰显环保理念、凸显智慧管理、体现贴心服务……文化和旅游部公共服务司发布 2022 全国旅游厕所建设与管理优秀案例，提炼总结近年来旅游厕所革命成功经验，全面展示厕所革命带来的新理念、新举措和新成效，推动旅游公共服务提质升级。

建筑景观化。在推进厕所革命过程中，各地因地制宜，结合当地生态特色、文化内涵、景区主题等创新旅游厕所设计，尽量做到与周围环境和谐，成为景区的"景中景"。

顺德欢乐海岸PLUS打造了 20 多座特色鲜明的旅游厕所。比如主题公园的旅游厕所以异域文化为特色，分别按照大航海时期的西班牙文化、墨西哥风情文化、蒸汽时代欧洲工业文化建造而成。云南省昆明市石林景区，旅游厕所选用与石林石头颜色相近的当地石材，屋面贴着石林本地自然青石板，与迷人风景浑然一体；在江苏省苏州乐园森林世界景区，每一个厕所外观及内部装饰设计都紧扣森林主题；在河南郑州"只有河南"戏剧幻城景区，各区域厕所设计分为现代简约、现代文艺、戏剧文化等不同类型，并搭配相应的挂画、配饰、配件……如今，在全国各地，围绕外观设计、特色标识、内部装饰等为旅游厕所增色添彩的景区还有很多，有的旅游厕所甚至成为"网红打卡地"。

服务人性化。增设第三卫生间、完善无障碍设施配备，让服务更贴心；配置移动厕所、安排专人应对旅游高峰期，让服务更暖心；围绕环保、健康等要求定时消杀，让服务更放心……众多景区将旅游厕所作为提升景区形象的重要抓手，用心用情做好服务工作，优化游客的旅游体验。

陕西省西安市大唐芙蓉园景区共改建旅游厕所 9 座，均达到男女厕位 2：3 的要求，进一步解决女性游客如厕难的问题，并在第三卫生间设置了安全杆、婴儿多功能台及应急呼叫器。此外，还在旅游厕所中增设了自动喷香机，定时自动喷香，消除异味。在御圃屏卫生间的公共休息区摆放休息座椅、电视、自助售卖机、直饮水机等便民设施。

管理智能化。近年来，文化和旅游部不断完善"全国旅游厕所管理系统"平台建设及全国A级景区旅游厕所电子地图标注，持续推进旅游厕所智能化管理等。

河北省沧州市南大港湿地景区旅游厕所充分发挥智慧管理优势，健全完善了旅游厕所智慧管理平台，全部旅游厕所上线百度地图，并纳入智慧文旅大数据平台和一部手机游南大港微信小程序，同时积极推进新技术在旅游厕所信息采集、定位导航、游客满意度测评、信息反馈等方面的应用。

资料来源：范朝慧. 旅游厕所建管提质升级　公共服务更显民生温度[N]. 中国旅游报，2022-11-28（1）. 有删改。

❓ 想一想：景区在布局和设计旅游厕所时除了案例中所展示的景观、服务和管理以外，还需要考虑什么？

学习目标

素质目标

● 能搜集并学习领会有关自然保护、文化传承等方面的国家法律法规、政策文件，严格按照《旅游景区质量等级的划分与评定》（GB/T 17775—2003）等相关规范与标准知识，开展旅游标准学习；

● 具备良好的旅游业可持续发展的思维模式，能够团结合作，实现特定区域的旅游标准知识的运用，如 A 级旅游景区的创建；

● 培养学生树立旅游标准知识运用中的沟通协作意识、奉献意识；

● 培养学生热爱祖国，奉献精神，为家乡旅游业发展奉献自身力量。

知识目标

● 理解影响景区卫生的因素；

● 掌握旅游景区卫生的基本知识；

● 掌握旅游景区卫生的评分细则。

技能目标

● 能有效辨析旅游景区的卫生问题；

● 能够在景区暗访、景区创建、景区管理、旅游规划设计、园林设计等工作中运用所学旅游标准知识；

● 具备旅游标准知识的分析能力和处理能力。

6.1　认识景区卫生评定标准

卫生状况是旅游者进入旅游景区首先感受到的，它的好坏直接影响旅游者的旅游质量，也直接影响旅游者对此次旅游的评价。景区环境卫生管理具有全面性、多样性，连续性、即时性、常规性和季节性等特点，旅游景区应重视其卫生管理，努力为旅游者营造一个干净、整洁、舒适的旅游卫生环境。

6.1.1 景区卫生标准组成

（1）评定项目

《旅游景区质量等级的划分与评定》（GB/T 17775—2003）的细则一：服务质量与环境质量评分细则中卫生占140分，具体包括"4.1 环境卫生"（20分）、"4.2 废弃物管理"（40分）、"4.3 吸烟区管理"（5分）、"4.4 餐饮服务"（10分）和"4.5 厕所"（65分）（见表6-1）。

表6-1　卫生评定项目与分值

评定大项与分值	评定中项与分值
4. 卫生（140分）	4.1 环境卫生（20分）
	4.2 废弃物管理（40分）
	4.3 吸烟区管理（5分）
	4.4 餐饮服务（10分）
	4.5 厕所（65分）

（2）卫生质量等级划分条件

《旅游景区质量等级的划分与评定》（GB/T 17775—2003）在环境整洁、场所达标、厕所建设、垃圾箱、食品卫生五方面根据评定等级不同做出了明确要求（见表6-2）。

表6-2　旅游景区卫生质量等级划分条件

景区等级	环境整洁	场所达标	厕所建设	垃圾箱	食品卫生
5A级	环境整洁，无污水、污物，无乱建、乱堆、乱放现象，建筑物及各种设施设备无剥落、无污垢，空气清新、无异味	各类场所全部达到 GB 9664 规定的要求，餐饮场所达到 GB 16153 规定的要求，游泳场所达到 GB 9667 规定的要求	公共厕所布局合理，数量能满足需要，标识醒目美观，建筑造型景观化。所有厕所具备水冲、盥洗、通风设备，并保持完好或使用免水冲生态厕所。厕所设专人服务，洁具洁净、无污垢、无堵塞。室内整洁，有文化气息	垃圾箱布局合理，标识明显、造型美观独特，与环境相协调。垃圾箱分类设置，垃圾清扫及时，日产日清	食品卫生符合国家规定，餐饮服务配备消毒设施，不应使用对环境造成污染的一次性餐具

续表

景区 等级	环境整洁	场所达标	厕所建设	垃圾箱	食品卫生
4A 级	环境整洁，无污水、污物，无乱建、乱堆、乱放现象，建筑物及各种设施设备无剥落、无污垢，空气清新、无异味	各类场所全部达到 GB 9664 规定的要求，餐饮场所达到 GB 16153 规定的要求，游泳场所达到 GB 9667 规定的要求	公共厕所布局合理，数量能满足需要，标识醒目美观，建筑造型与景观环境相协调。所有厕所具备水冲、盥洗、通风设备，并保持完好或使用免水冲生态厕所。厕所管理完善，洁具洁净、无污垢、无堵塞。室内整洁	垃圾箱布局合理，标识明显，数量能满足需要，造型美观。垃圾分类收集，清扫及时，日产日清	食品卫生符合国家规定，餐饮服务配备消毒设施，不使用对环境造成污染的一次性餐具
3A 级	环境整洁，无污水、污物，无乱建、乱堆、乱放现象，建筑物及各种设施设备无剥落、无污垢，空气清新、无异味	各类场所全部达到 GB 9664 规定的要求，餐饮场所达到 GB 16153 规定的要求，游泳场所达到 GB 9667 规定的要求	公共厕所布局合理，数量满足需要，标识醒目，建筑造型与景观环境协调。全部厕所具备水冲、通风设备，并保持完好或使用免水冲生态厕所。厕所整洁，洁具洁净、无污垢、无堵塞	垃圾箱布局合理，标识明显，数量满足需要，造型美观，与环境协调。垃圾清扫及时，日产日清	食品卫生符合国家规定，餐饮服务配备消毒设施，不使用造成污染的一次性餐具
2A 级	环境比较整洁，无污水、污物，无乱建、乱堆、乱放现象，建筑物及各种设施设备无剥落、无污垢，空气清新、无异味	各类场所全部达到 GB 9664 规定的要求，餐饮场所达到 GB 16153 规定的要求，游泳场所达到 GB 9667 规定的要求	公共厕所布局合理，数量满足需要，标识醒目，建筑造型与景观环境协调。70%以上厕所具备水冲设备，并保持完好或使用免水冲生态厕所。厕所整洁，洁具洁净、无污垢、无堵塞	垃圾箱布局合理，标识明显，数量基本满足需要，造型美观，与环境协调。垃圾清扫及时，日产日清	食品卫生符合国家规定，餐饮服务配备消毒设施，不使用对环境造成污染的一次性餐具
A级	环境比较整洁，无污水、污物，无乱建、乱堆、乱放现象，建筑物及各种设施设备无剥落、无污垢，空气清新、无异味	各类场所全部达到 GB 9664 规定的要求，餐饮场所达到 GB 16153 规定的要求，游泳场所达到 GB 9667 规定的要求	公共厕所布局较合理，数量基本满足需要，建筑造型与景观环境比较协调。50%以上厕所备水冲设备，并保持完好或使用免水冲生态厕所。厕所较整洁，洁具洁净、无污垢、无堵塞	垃圾箱布局较合理，标识明显，数量基本满足需要，造型与环境比较协调。垃圾清扫及时，日产日清	食品卫生符合国家规定，餐饮服务配备消毒设施，不使用对环境造成污染的一次性餐具

6.1.2 环境卫生

细则一：服务质量与环境质量评分细则规定卫生分项"4.1 环境卫生"包括 4 个次分项，即"4.1.1 场地秩序""4.1.2 游览场所地面""4.1.3 建筑物及各种设施设备"和"4.1.4 气味"。

环境卫生管理

（1）达标条件

旅游景区应环境整洁，无污水、污物，无乱建、乱堆、乱放现象，建筑物及各种设施设备无剥落、无污垢，空气清新、无异味。

（2）环境卫生创建内容

①做好场所秩序管理

在旅游景区场地秩序方面，无乱堆、乱放、乱建现象；如果景区有施工场地，施工场地应做好围挡，防止扬尘，维护景区环境的美观。加强场所秩序管理，需要在景区场所内配置足够的管理人员，定期安排人员对景区场所进行巡查，对施工单位进行引导和管理，检查场所秩序并及时整改。

②保持游览场所地面干净整洁

旅游景区要求游览区域环境整洁，地面无污水、污物和垃圾，同时也特别需要注意的是绿地内、水体中无垃圾。为了保持地面的干净整洁，在服务和设施方面需要加强管理，如对游览场所定期进行地面清扫，如吸尘、擦拭、扫地等，去除灰尘、垃圾等；合理设置垃圾桶，让游客可以随手扔垃圾，避免垃圾乱扔；在游览场所内设置标识提示，如"请勿吐痰""请勿乱扔垃圾"等，提醒游客文明游览。

③维护好建筑物及各种设施设备

建筑物表面清洁和各类设施设备维护完好，无污垢、无剥落。在规划建设中对建筑物和设施的剥落和破损有特殊要求的除外，如历史建筑或遗址要求保持原真性而对老旧物件进行保护，或原有工业建筑重新利用为服务建筑后而存有的工业印记等。

④保持景区的空气清新

景区空气受多方面影响，如景区卫生间、垃圾收集点、餐厅、汽车尾气、周边施工场地等。因此，需要定期对景区内的公共场所、卫生间、餐厅、下水道等进行深度清洁和消毒，保持空气清新，减少污染物质；做好垃圾处理，设置垃圾分类桶，并进行定期收集和处理，减少垃圾气味和对空气的污染；控制车辆尾气排放：限制和控制景区内的车辆行驶和停放，减少车辆尾气和噪声对景区空气的污染；如果景区内或附近有施工场地，应做好文明施工，对相关施工场地做好日常喷洒和围挡等处理，维护景区大环境的空气质量。

6.1.3 废弃物管理

（1）达标条件

旅游景区对废水、废物处理妥当，垃圾清理及时、规范、有序。垃圾管理应按照系统化、无害化、减量化和资源化管理方式进行。

垃圾管理

（2）废弃物管理创建内容

①加强污水排放管理

从污水的排放效果方面看，应不污染地面、河流、湖泊、海滨等，污水的排放设施需齐全和完好。旅游景区的排水方式主要有雨污合流制和雨污分流制，究竟采用哪种排水方式，应根据旅游景区的具体情况而定，排水设施在突出功能性为主的同时，注重其装饰性，要做到与周围环境协调，不宜过于突出，如使用排水沟，安装围栏、栏杆、扶手、装饰井盖（隐形井盖）等。

②垃圾管理及时

景区通过定期收集、清运、转运等方式，保持景区内的垃圾清洁和管理。

垃圾清扫。垃圾清扫需要制订垃圾清扫计划：包括每日、每周、每月、每季度等清扫任务和地点，确保全面、高效地清扫。使用机械化设备，如吸收式垃圾清扫车、清洗机等，提高垃圾清扫效率和质量。根据景区游客数量和垃圾数量情况，合理增加清扫人员数量，保证垃圾清扫的及时和全面。对垃圾清扫后的区域进行消毒处理，减少病菌的传播和感染。设置垃圾清扫监测点，进行监测和统计，根据数据分析，及时调整清扫计划和方式，提高清扫效率和质量。

垃圾箱。垃圾箱是景区内部最微不足道，但也是最被需要的。游客在景区内部与垃圾箱打交道的频率要远远高于其他诸如供水、邮电、通信等基础设施。微小细节更能彰显景区的服务水平。在垃圾箱的设计和安置方面上要注重：数量充足，布局合理；造型美观，与周围景观环境相协调；外观整洁，分类设置。

一是垃圾箱管理有序。垃圾箱需定期进行清理和消毒，设置清理和维护任务，确保垃圾箱处于清洁状态。垃圾箱周围不应放置废弃物品和设施，以免对垃圾箱造成污染和破坏。

二是垃圾箱布局合理。旅游景区垃圾箱应分类设置，配备足够数量的垃圾箱，且布局合理，应该尽量设置在游客经过频率较高的地方，如游客服务中心、景点入口、停车场等，方便游客随时投放垃圾。根据景区游客数量和游览路线、设施等进行合理的垃圾箱数量配置，避免垃圾箱数量过多造成不必要浪费或数量过少影响使用。旅游景区游客较多时可设置临时垃圾箱，垃圾箱的高度要适宜，方便乘坐轮椅的游客扔垃圾，垃圾箱应造型美观、合理，与景观环境相协调（见图6-1至6-4），景区可建立垃圾回收体系，将可回收物进行回收处理，减少垃圾对环境的污染和损害。

图 6-1　台州府城 5A 级景区城墙区域垃圾箱

图 6-2　台州府城 5A 级景区东湖区域垃圾箱

图 6-3　宁波天一阁 5A 级景区垃圾箱

图 6-4　庐山 5A 级景区垃圾箱

6.1.4 吸烟区管理

吸烟区管理

（1）达标条件

旅游景区应全面禁止吸烟。

（2）吸烟区管理创建内容

旅游景区应倡导无烟环境，禁止在全景区吸烟，可采取相关的措施，如加强巡逻监管等，更好地保护游客的身体健康和环境健康。如必要则应制定吸烟区规划，根据景区游客数量和游览路线等情况，制定合理的吸烟区规划，确定吸烟区域的数量、大小和布局等。同时吸烟区域应标识明显，在吸烟区周围设置明显的标识牌，指明吸烟区域范围，提醒游客在非吸烟区内禁止吸烟。广泛设立禁止吸烟的标识（见图 6-5 和图 6-6）。对于违反吸烟规定的游客，应及时予以劝离或者罚款等合理措施，景区应加大执法力度，维护景区环境和游客健康。

图 6-5　"请勿吸烟"公共信息符号

图 6-6　景区"请勿吸烟"标识

6.1.5　餐饮服务

（1）达标条件

餐饮相关服务应规范、周到。

（2）餐饮服务创建内容

餐饮设施的
管理制度

旅游景区的餐饮环境和服务态度应良好，拥有独特的菜式（见图 6-7）和适合需求的规模，价格合理，同时食品卫生应符合国家规定。为了保障消费者健康，餐厅应配备消毒设施，并避免使用对环境造成污染的一次性餐具。

图 6-7　云南芒市孔雀宴

6.1.6 厕所

（1）达标条件

全面提升旅游景区厕所的建、管、养水平。以 5A 级旅游景区为例，旅游景区内厕所要求布局合理，数量能满足需要，标识醒目美观，建筑造型景观化。所有厕所具备水冲、盥洗、通风设备，并保持完好或使用免水冲生态厕所，厕所设专人服务，洁具洁净、无污垢、无堵塞，室内整洁，有文化气息。总体上，随着旅游事业发展，《旅游厕所质量要求与评定》（GB/T 18973—2022）于 2022 年 7 月 11 日开始实施，该标准规定了旅游厕所质量的总

1. 旅游厕所概述
2. 旅游厕所标准术语
3. 旅游厕所标准适用范围
4. 旅游厕所评定
5. 旅游厕所类别
6. 旅游厕所评定报告

体要求、分布与数量、通用要求及类别与评定。该标准适用于旅游景区、景区道路沿线、旅游度假区、旅游街区、旅游集散中心、乡村旅游点等旅游活动区域和场所内主要为游客服务的公共厕所，将原先旅游厕所质量等级（3 个等级：A 级、AA 级、AAA 级）更改为质量类别（2 个类别：Ⅰ 类、Ⅱ 类）。

（2）厕所创建内容

①布局规划合理

旅游厕所的布局应遵循以下 4 个原则。

间距人性化。 旅游景区内游客步行 30 分钟范围内应设立厕所，旅游厕所的间距根据景区类型、面积、游客量、路线路况、游客年龄段占比、平均速度等因素在 300～800 米进行选择（见图 6-8）。在游客集中的区域应根据情况增加厕所数量并分散布置。

1. 旅游厕所分布与数量
2. 旅游厕所给水排水

图 6-8　台州府城 5A 级景区导览图上的厕所分布

易于寻找。旅游厕所的布置，不应妨碍风景，同时又须易于寻觅，突出方便性和可达性，距游道 20～30 米为宜。在主要路线设置醒目的卫生间指示牌，同时设置厕所距离的标示牌，突出游客体验性。

隐蔽性。旅游厕所设计应合理，位置相对隐蔽，但要方便找到，标识醒目美观，不应破坏文物古迹、不影响主景点的游览观光效果，不影响自然与人文景观的整体性，图 6-9 中台州府城墙沿线的白云楼处的 3A 级厕所位于白云楼下方，位置隐蔽不影响整体景观且进出方便。厕所在布局时，宜"靠边"布置，靠墙边、山石边、假山边、树林边、路边等，隐蔽在绿荫丛中。

1. 旅游厕所设计与设施
2. 旅游厕所室内设计
3. 旅游厕所厕间设计
4. 旅游厕所家庭卫生间

图 6-9　台州府城 5A 级景区白云楼下方的 3A 级厕所

无环境污染。在保护水源地要慎重设置厕所。注意常年风向，以及小地形对气流方向的影响。

②旅游厕所建筑设计周到

建筑设计应考虑：第一，环保设计。建筑应考虑环境友好的设计，包括节能、节水、垃圾分类等方面。第二，美观大方。建筑应符合当地文化特色，兼顾实用性和美观性，可以使用本地特色建材和色彩，具有吸引力和辨识度（见图 6-10）。第三，舒适实用。设计应考虑到人体工程学和卫生要求，比如通风、采光、隔音、除臭、防滑等，保证使用者的安全和舒适。第四，智能化。厕所应该配置智能设备或为未来的智能化升级留有余地，如自动感应水龙头、感应马桶、烘手器等，提高使用体验感。第五，便利性。建筑应考虑到残障人士、老年人和儿童的需要，设计无障碍设施。

图 6-10　台州府城 5A 级景区城墙沿线旅游厕所

③内部设施完善

旅游厕所各类水冲、盥洗、通风等设备完善，厕位有隔板和门（见图 6-11）。有条件的景区应配备第三卫生间（或残疾人厕位、单独卫生间），并保持完好，方便游客使用。厕所设专人服务，洁具洁净、无污垢、无堵塞，室内整洁。主要游览场所的厕所应具备盥洗设施（水龙头）、挂衣钩、卫生纸、皂液、面镜、干手设备、烟缸等实用且有效的设备。

1. 旅游厕所配套设施
2. 旅游厕所标识图案

图 6-11　云南怒江大峡谷景区游客中心旅游厕所

④日常管理规范

旅游景区应加强厕所的日常管理，安排专门人员进行管理（见图 6-12），定期清理、维护厕所设施，及时补充日常消耗品，健全

1. 旅游厕所设施维护
2. 旅游厕所管理与服务

管理制度，不断完善岗位职责。旅游景区厕所在标准化、信息化管理的同时，应注重厕所内部文化氛围营造，根据旅游景区特点进行装饰与布置（见图 6-13）。

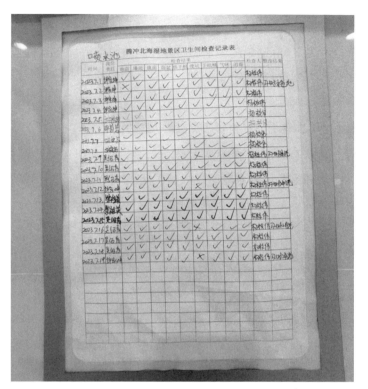

图 6-12　云南腾冲北海湿地景区厕所卫生清扫记录表

图 6-13　台州府城 5A 级景区旅游厕所内放置景区风景照提升文化氛围

6.2 认识景区卫生标准应用与实践

景区内公共厕所的标准要高，应达到旅游厕所Ⅱ类标准。外观设计要与周围环境协调，内部装修要富有地方文化气息。在自然类景区，生态厕所应是首选。厕所内各项服务设施应充分考虑老幼病残孕等特殊游客群体。目前许多景区内厕所在数量和质量上达不到标准要求，内部设施不完备。此外应定期专项检查整治餐饮食品、用品的安全和卫生防疫工作。

6.2.1 景区卫生服务质量与环境质量评定应用

景区卫生中，厕所是游客对旅游品质最为直观，也最容易留下深刻印象的地方，其他如垃圾桶、废弃物管理等往往也体现景区的运营状态和管理水平。

（1）旅游厕所提升

景区厕所是展示景区文化的最佳地点之一，也是人文关怀的场所之一，既是景区管理的难点，也是重点。

第一，完善景区内的厕所相应功能，倡导环保、实用，并增设Ⅱ类标准旅游厕所的数量，或区内所有旅游厕所应符合《旅游厕所质量要求与评定》（GB/T 18973—2022）规定的Ⅱ类质量要求，其中3A级以上旅游景区的Ⅰ类旅游厕所的比例不低于20%。

第二，厕所布局要合理，数量充足，围绕游客的游览路线，步行30分钟内需有设置。

第三，厕所建设位置需相对隐蔽，但易于寻找、方便到达，并适于通风、排污。位置通常以游览线路的交叉点、起点、终点这三种游客集中的活动区域附近为宜。

第四，男女厕位比例合理，所有厕所都具备水冲（或使用免水冲生态厕所）、盥洗、通风设备并保持完好。

第五，内部配有儿童护理台、残疾人厕所等人性化服务设施，能实现轮椅无障碍通行。

第六，厕所设备齐全，洁具洁净，无污垢，无堵塞，有盥洗设施、挂衣钩、卫生纸（大卷纸）、皂液、面镜、干手设备、烟缸等实用有效的设备。

第七，厕所内要有专人服务，管理制度上墙。

第八，厕所内部地面整洁，无异味。

第九，建筑造型宜景观化，厕所外观、色彩、造型与景观环境相协调，内部装修突出文化氛围。

第十，景区厕所内的标识标牌统一设计，标识醒目美观，禁止粘贴，公共图形符号规范标准。

（2）垃圾桶设计与提升

垃圾桶既是卫生设施，同时也是传承文化氛围的景观小品，为景区增添光彩。在不同主题的景区或街区，设计与主题相关的垃圾桶外形，将景区特色元素创意性地融入垃圾桶的设计中，既美观又大方，达到异曲同工之效。同时，垃圾桶数量要适中，且合理布局在各游客集散地、道路两侧和主要景点内。同一个景区或同一个区域应注意垃圾桶风格的统一。

（3）废弃物集中管理

第一，完善垃圾收集设施，垃圾箱应分类设置，布局合理，数量能满足需要，标识明显。

第二，景区应对游客和居民进行宣传教育，严禁污水垃圾的乱排、乱堆、乱放，保证空气清新，无异味。

第三，景区内增加垃圾中转站，解决景区内垃圾处理问题。

第四，设置封闭垃圾集中站，并配备专用垃圾车，按环保部门意见至指定地点消纳。

第五，在游客中心和各景区设立分类式垃圾桶，逐步取代铁质垃圾桶。

（4）餐饮服务提升

第一，提供更具特色的餐饮菜品：通过优化餐饮菜品的口味、品种和创新，提供更具特色的餐饮服务，以吸引更多的消费者，并提供高品质的餐具、餐巾、调味品等，让客人在用餐过程中感受到舒适和质感。

第二，通过培训和考核，提高服务人员的服务水平，使他们更加专业、热情和周到，从而提升服务质量。

第三，优化服务流程、提高服务效率、减少等待时间，提供更顺畅、快捷和贴心的餐饮服务。

第四，制定景区餐饮服务卫生管理制度和防疫工作流程，对景区服务人员进行卫生和食品安全知识的培训，并建立服务人员卫生档案。

第五，统一规范和管理景区餐馆和旅游接待点的餐饮卫生，严格遵守食品安全卫生标准，确保餐饮服务的卫生安全和品质保障。

第六，制定景区旅游卫生标准，对景区接待点的住宿卫生和内部环境情况进行检查评定，对卫生不合格者要求限时整改。

6.2.2　景区卫生明察暗访工作实践重点

根据《旅游景区质量等级管理办法》，旅游景区创建阶段，各级旅游景区质量等级评定委员会通过明察、暗访等方式对对应景区进行检查；创建后的管理与监督阶段，各级旅游景区质量等级评定机构对所评旅游景区要进行监督检查和复核，采取重点抽查、定期明察和不定期暗访，以及社会调查、听取游客意见反馈等方式进行。明察的现场检查主要通过提问和交谈、现场观察对标准文本以及三项评分细则进行检查；暗访主要对景区的基础设施、服务设施、管理及服务水平、环境质量、景观价值等方面进行实地检查。

（1）旅游卫生暗访工作重点

景区卫生暗访的工作重点应该包括以下 6 个方面。

①景区环境

检查景区内道路、公共区域、草坪、灯光、垃圾桶等地方的清洁程度和卫生状况，特别是公共区域是否有异味，环境是否整洁有序，地面、水体和绿地中是否有垃圾；空气是否有异味，特别是厕所、垃圾桶、水体和下水道的周边环境。

②废弃物及垃圾桶管理

垃圾桶是否风格统一，外观是否干净整洁；是否有流动或固定的清扫人员；如果是清早去暗访，要注意检查垃圾桶内是否有隔夜垃圾，是否做到日产日清；垃圾桶是否出现满溢情况。

③食品安全

检查景区内餐厅、餐馆、食品摊位的卫生状况，包括食品原材料的储存和防护、食材加工卫生、厨房卫生、餐桌卫生等，并检查有无卫生安全许可证和营业执照。

④旅游设施

检查景区内各项建筑、旅游设施的卫生状况，比如建筑物表面是否有剥落，游乐设施、电影院、博物馆等是否满足基本的环境卫生要求。

⑤旅游厕所

确认旅游厕所等级和数量、分布，检查景区内旅游厕所的卫生状况，包括马桶、地面、墙壁、肥皂、纸巾等的清洁程度和设施的使用方便性，并检查有无保洁人员公示牌、厕所管理制度，以及定期清洁记录表。

⑥人员素质

检查景区内工作人员的卫生、着装、服务态度，以及对游客提供咨询服务是否尽责等。

（2）某古镇 4A 级旅游景区暗访案例

①环境卫生

在景区内多处地方发现路面损坏，建筑杂物堆积和乱摆乱放的现象，游客中心广场也有建筑用品堆积；部分景点游览场地有垃圾，戏台处还有居民晾晒的衣物阻挡道路（见图 6-14 和图 6-15）。

②废物管理

景区内地面垃圾未做到及时清扫，垃圾未做到日产日清；垃圾清扫器具乱堆乱放现象严重；景区垃圾桶外观不统一，且流动垃圾桶存在破损现象；水面浑浊，部分河段有污染（见图6-16和图6-17）。

③餐饮卫生

景区内有特色餐饮服务，但餐饮场所内的环境需要严格的管理和有效的整治（见图6-18）。

图6-14　景区环境卫生问题

图6-15　景区建筑物及设施设备维护问题

图 6-16　景区垃圾废物管理问题

图 6-17　景区卫生清扫设备乱放

图 6-18　景区餐饮环境卫生欠缺

④厕所

景区除游客中心边的厕所达星级厕所外，其余多个厕所男女比例未达标准，且坑数不足，在旅游旺季时无法满足游客的需要；部分厕所外观简陋，内部无任何文化宣传的设置；厕所异味和地面积水严重，洗手台上有垃圾，厕所位内也存有垃圾；清洁用具随意摆放，厕所门上挂有蜘蛛网；厕所没有设置无障碍通道；部分厕所内设备残缺，简陋，无挂衣钩、卫生纸、皂液等，烘干器电线断裂无法使用；没有工作人员的清扫记录（见图 6-19 和图 6-20）。

图 6-19　景区厕所无清扫记录

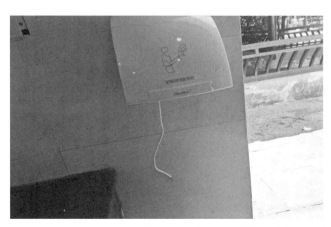

图 6-20　景区厕所设备无法使用、洗手设备简陋

🔖 任务小结

《旅游景区质量等级的划分与评定》（GB/T 17775—2003）在环境整洁、场所达标、厕所建设、垃圾箱和食品卫生 5 个方面对不同等级的旅游景区卫生做了不同的要求。细则一：服务质量与环境质量评分细则中卫生占 140 分，具体包括："4.1 环境卫生"（20 分）、"4.2 废弃物管理"（40 分）、"4.3 吸烟区管理"（5 分）、"4.4 餐饮服务"（10 分）和"4.5 厕所"（65 分）。

任务测验

任务7 旅游景区邮电

情景案例

学习导引

高颜值电话亭惊艳厦门

近日，生活在海边的人们，忽然间成为备受瞩目的对象！一批高颜值的蔚蓝电话亭亮相厦门，立刻引来众多热心市民、网红博主、时尚达人前往打卡，一时间成为新晋的网红打卡点，与此同时，一系列与滨海生活有关的话题热议不断（见图7-1）。

图7-1 位于厦门环岛路"九八"金钥匙海岸线的蔚蓝电话亭

蔚蓝电话亭带给前来打卡的市民游客不小的惊喜。位于厦门园博苑月光环的蔚蓝电话亭，配有蔚蓝色的邮筒、座椅及路标。正好天气放晴，吸引不少市民游客前往，与蔚蓝电话亭来几张同框合影，并在工作人员的引导下踏入蔚蓝电话亭体验。踏入蔚蓝电话亭里，可以看到电话亭没有设置电话，而是安放着一个被称作海洋心声传达使者——海螺，把海螺放在耳边，便可以聆听来自蔚蓝色大海的深情告白。在厦门环岛路"九八"金钥匙海岸线自然也少不了这抹蔚蓝！聆听着来自海洋最为真实最为舒缓的声音，看着不远处无垠的海面，海浪携卷着白色的泡沫扑腾向岸，和着海风，徐徐而来，为人们的新一天注入美好的自然生机。市民徐女士兴奋地表示，一见到这座蔚蓝电话亭就很想拍照、录视频，拉上一同出游的闺蜜来打卡，准备在朋友圈和短视频中"晒"起来，听到海螺里传出海浪的声音就特别心动。这一幕让人不禁联想起，儿时在海边捡起海螺放在耳畔聆听大海声音的美好回忆。而那些藏在我们记忆深处的声音，也是厦门这座"海上花园"令人熟悉又美妙的城市心声。与海为邻，春暖花开。2022年末，蔚蓝电话亭的亮相，给城市一片蓝，让我们迎着海风、乘着海浪、细数与海有关的美好生活。

资料来源：高颜值电话亭惊艳厦门，call你来打卡[EB/OL].（2022-12-30）[2023-06-10]. https://mbd.baidu.com/newspage/data/landingsuper?rs=2055405011&ruk=DFpcpl4z2umHmxL2pwrlYw&urlext=%7B%22cuid%22%3A%22gaB_i_8X2ughaStLgivqfYumvajSaB8O_u2-aguYvaKs0qqSB%22%7D&isBdboxFrom=1&pageType=1&sid_for_share=&context=%7B%22nid%22%3A%22news_9586441775712211212%22%7D. 有删改。

❓ 想一想：景区电话亭未来的发展趋势是什么呢？

☑学习目标

素质目标
● 践行社会主义核心价值观，能体会旅游景区邮电服务中蕴含的中国文化特色；
● 具有较好的旅游景区邮电服务意识，具备旅游景区主要邮电服务的管理能力；
● 能遵守客观规律与科学精神，履行道德准则和行为规范，对景区邮电服务内容和服务质量认真反思与总结。

知识目标
● 了解旅游景区邮电服务的概念、类型与要求；
● 了解旅游景区邮电服务岗位相关知识；
● 了解旅游景区邮电服务的管理制度与规范。

技能目标
● 能有效辨析邮电服务的类型、内涵及服务要求；
● 能判断旅游景区邮电发展现状，分析诊断邮电服务存在的表面问题及其深层次原因；
● 能根据景区邮电服务情况，提出景区邮电服务整改要求。

7.1 认识景区邮电评定标准

景区邮电评定标准

7.1.1 景区邮电标准组成

（1）评定项目

《旅游景区质量等级的划分与评定》（GB/T 17775—2003）细则一：服务质量与环境质量评分细则中邮电占20分，具体包括"5.1 邮政纪念服务"（8分）和"5.2 电讯服务"（12分）（见表7-1）。

表7-1　旅游交通评定项目与分值

评定大项与分值	评定中项与分值
5.邮电（20分）	5.1 邮政纪念服务（8分）
	5.2 电讯服务（12分）

（2）邮电质量等级划分条件

《旅游景区质量等级的划分与评定》（GB/T 17775—2003）在邮政纪念服务、通信设施、公用电话、通信质量和通信服务5个方面对不同等级的旅游景区做了不同的要求（见表7-2）。

表7-2　旅游景区旅游交通质量等级划分条件

景区等级	邮政服务	通信设施	公用电话	通信质量	通信服务
5A级	提供邮政及邮政纪念服务	通信设施布局合理。出入口及游人集中场所设有公用电话，具备国际、国内直拨功能	公用电话亭与环境相协调，标志美观醒目	通信方便，线路畅通，服务亲切，收费合理	能接收手提电话信号
4A级	提供邮政及邮政纪念服务	通信设施布局合理。出入口及游人集中场所设有公用电话，具备国际、国内直拨功能	公用电话亭与环境相协调，标志美观醒目	通信方便，线路畅通，服务亲切，收费合理	能接收手提电话信号
3A级	提供邮政及邮政纪念服务	通信设施布局合理。游人集中场所设有公用电话，具备国际、国内直拨功能	公用电话亭与环境相协调，标志美观醒目	通信方便，线路畅通，服务亲切，收费合理	能接收手提电话信号
2A级	提供邮政或邮政纪念服务	通信设施布局合理。游人集中场所设有公用电话，具备国内直拨功能	公用电话亭与环境基本协调，标志醒目	通信方便，线路畅通，服务亲切，收费合理	能接收手提电话信号
A级	提供邮政及邮政纪念服务	通信设施布局较合理。游人集中场所设有公用电话，具备国内直拨功能	—	通信方便，线路畅通，收费合理	能接收手提电话信号

7.1.2 邮政纪念服务

细则一：服务质量与环境质量评分细则邮电分项"5.1 邮政纪念服务"包括2个次分项，即"5.1.1 邮政服务"和"5.1.2 纪念服务"。

（1）达标条件

以5A级旅游景区为例，要求旅游景区提供信函等基本邮政业务，且服务便捷；并提供纪念戳、本地纪念封、明信片、纪念邮票等。

（2）邮政纪念服务创建内容

①邮政服务

旅游景区应提供信函等基本邮政业务，且服务便捷。主要是从根本上解决旅游景区邮政服务业务滞后的局面，完善旅游景区服务功能和业态布局，为A级旅游景区创建和规范化服务奠定基础，同时为当地土特产品邮寄、快递寄送、电商商务等后续业务开展奠定良好基础，提供强力保障。一方面，要积极协调邮政部门在旅游景区设立邮政服务点，为游客提供寄送信函、包裹等基本邮政服务；另一方面，要积极鼓励快递进驻旅游景区，快递企业可通过自办或代理等多种形式为旅游景区提供快捷、便利的寄递服务，减轻游客旅程购物携带负担。能够达到以上要求的旅游景区得2分。

②纪念服务

旅游景区应提供纪念戳、本地纪念封、明信片、纪念邮票等，每种2分，最多6分。旅游景区品牌吸引力的不断增强，游客的不断增多，一定程度上带动了旅游景区邮局包括纪念服务在内的各类业务的不断拓展。应积极推动当地邮政部门在旅游景区开展纪念戳、本地纪念封、明信片、纪念邮票等邮政纪念服务，同时大力发展"邮政+旅游"，打造邮旅产业链。

7.1.3 电讯服务

细则一：服务质量与环境质量评分细则邮电分项"5.2 电讯服务"包括3个次分项，即"5.2.1 公用电话设置""5.2.2 公用电话亭及标志"和"5.2.3 能接收移动电话信号"。

（1）达标条件

以5A级旅游景区为例，要求旅游景区能接收手提电话信号，通信方便，线路畅通，服务亲切，收费合理，同时设置与环境相协调的公用电话亭，标志美观醒目。

（2）电讯服务创建内容

①公用电话设置、公用电话亭及标志

旅游景区公用电话数量充足，设置合理得4分；数量基本满足需要，设置基本合理得2分；旅游景区公用电话亭及标志与环境相协调，标志美观、醒目得4分，与环境基本协调，标志醒目得2分。随着移动通信技术的发展，目前移动通话已经成为最主要的通信方式，公用电话使用量减少，使用率普遍不高，但是旅游景区公用电话的设置仍然必不可少。旅游景区的公用电话承担着提供免费应急通信服务的重要功能（如报警、消防、无手机信号应急通信等），需保留一定数量的公用电话，主要是优化公用电话点位，保持与需求相适应的规模，应注意加强日常管理和维护，达到持续提供通话服务的功能。

②能接收移动电话信号

旅游景区能做到全部区域都能接收移动信号得4分，部分地方能接收移动信号得2分；最主要的是实现旅游景区无线网络全覆盖，努力做到成本更低、效率更高的通信综合覆盖建设，让游客通过无线网络，快速便捷地与他人分享游玩过程中的所见、所闻。

7.2　认识景区邮电标准应用与实践

7.2.1　创建A级旅游景区邮电应用

（1）邮政服务提升

一是推动旅游景区邮政网点的设立。根据大部分地区现行邮政管理条例，旅游景区邮局并不属于邮政普遍服务的网点，以至于一些地方的旅游景区存在未开设邮政服务，或旅游景区设有邮局但仍存在开门时间不固定、服务不到位等问题，应积极通过修改当地邮政管理条例，在邮政建设、服务和管理中把邮政网络覆盖到旅游景区。例如，2016年修订的《广州市邮政管理条例》就明确规定了较大的车站、机场、港口、高等院校、宾馆和重点旅游景区应当设置提供邮政普遍服务的邮政营业场所或者邮政服务点，相关单位应当在场地、设备和人员等方面提供便利和必要的支持。

二是强化旅游景区邮政营业场所基础设施建设。旅游景区邮政服务要开展标准化建设、认真对照《邮政普遍服务标准》（YZ/T 0129—2016）中有关邮政普遍服务的业务范围、邮政设施、服务环节等要求，应对邮政人员着装、戳记、邮筒（箱）、便民服务设施配备等不断规范完善，传统邮务业务服务要充分保证。因地制宜地开展包括快递在内的各项邮政代理业务，努力实现寄递服务旅游景区全覆盖，发挥邮政在旅游业中的串联引导作用，打造"游客—旅游景区服务业—邮政—产品供应商"的产业链条。

（2）纪念服务提升

一是提供邮政特色化服务。应在旅游景区内、外专门设立明信片门票收寄点或信箱、信筒，并制作纪念邮戳，重点旅游景区应积极配置邮政流动服务车，为游客邮寄、收藏提供基本配套服务（见图7-2）。针对游客的现实需求，利用邮政纪念服务功能打造地方文化名片，推出多种具有地方特色的文化创意的邮政产品，如纪念封、邮册、书签、许愿瓶、邮政主题工艺品、旅游景区专属明信片、DIY（do it yourself，自己动手制作）个人专属明信片、手绘明信片、微信打印明信片、加盖特色邮戳等系列个性化服务，最大限度地满足集邮者盖戳、普通游客旅游纪念等业务需求。同时积极推动旅游景区使用邮资明信片门票也是邮政个性化服务的一个重要展示方式，邮资明信片门票既保持了原先的门票功能，又节约了能源和成本，兼具环保、宣传功能，同时大大增强了其收藏价值。为满足旅游景区对门票智能化管理的要求，可以在传统邮资明信片门票上加载电子门禁功能，将邮资明信片与电子门禁系统紧密结合，使旅游景区在售票、验票、票务管理、票务审计等方面做到信息化管理。

图 7-2　宽窄巷子的明信片

　　二是积极打造主题邮局。把邮局打造成集独特性、文化性与体验性于一体，将旅游景区的特色文化和邮政的书信、函件、集邮文化相结合，主题鲜明、内涵丰富、外延广阔，给客户以别致、良好的服务体验，实现社会效益与经济效益双丰收的主题邮局。例如，山西省积极引导旅游景区企业打造五台山"祈福邮局"、雁门关"长城邮局"等旅游主题邮局，甘肃省张掖市邮政管理局和丹霞股份公司合作设立张掖七彩丹霞旅游景区主题邮局，湖南省张家界市邮政公司与张家界天门山旅游股份有限公司合作设立天门山主题邮局（见图 7-3 和图 7-4）。

图 7-3　祈福邮局　　　　　　　　　　　　　　图 7-4　长城邮局

（3）公用电话设施提升

　　旅游景区公用电话一般采用固定式电话座机模式，可以在保留其应急等功能的基础上，积极探索并丰富其使用功能，拓展成为游客在旅游景区的另一种服务、获得咨询的另一种方式。例如，2018年浙江省舟山市定海区旅游行政部门与有关部门联合对公用电话系统进行了改造，将公用电话亭改造为"心愿亭"，市民、游客可以写下自己的心愿和祝福，贴在心愿板上，同时还具有爱心捐款、拨打电话、手机充电、享受免费Wi-Fi及查询旅游导览等功能，极大地方便了市民和游客（见图7-5）。

图 7-5 舟山心愿亭

对于部分旅游景区未设置电信、移动、联通专用光纤，且每处布点Wi-Fi覆盖范围有限、没有信号感应，不能安装固定式电话座机的情形，可安装无线座机作为公用电话使用。

（4）移动电话信号提升

一是做好旅游景区的通信覆盖建设。特别是在地貌多样、层次丰富、高度落差巨大的旅游景区，针对无稳定电力保障、基站成本太高的状况，积极通过当地中国铁塔股份有限公司联合三家电信运营企业（移动、联通、电信）出台通信综合覆盖解决方案，整合现有资源，改变传统建站模式，有效利用旅游景区现有管道、监控杆、景区商铺木房等，通过建设方案的优化，采用微站、室内分布系统及机房相结合的多种建设方式，解决旅游景区的通信覆盖问题。

二是实现旅游景区免费Wi-Fi全覆盖。免费Wi-Fi能让游客更加方便快捷地使用网络，同时旅游景区可以利用网络为游客提供各种服务。应根据实际的环境、旅游景区面积、客流量、气候等因素合理制定Wi-Fi覆盖解决方案。Wi-Fi除了覆盖旅游景区主要浏览区域外，还包括所有旅游大巴、旅游船和主要人流集中区、环境敏感区、旅游危险设施和地带。如旅游景区无法实现Wi-Fi全覆盖，也应在主要景点或休息区设置免费Wi-Fi点并悬挂标示。通过Wi-Fi平台，旅游景区可以收集和分析大数据，及时了解旅游景区客流信息、运行状况，有效整合各类旅游信息，为旅游景区智慧化决策辅助服务，与各类监控措施同时进行，可以有效实现视频监控、人流监控、位置监控、环境监测等设施的合理设置。

（5）景区智慧化提升

景区的智慧化提升主要通过智慧化设施、智慧化服务、智慧化管理，以及智慧化营销4个方面的提升来实现。

①智慧化设施

第一，宽带网络应满足景区办公和对客服务需要，移动通信信号和免费无线局域网应覆盖游客可游览区域，能及时将新一代信息技术应用到景区服务和运营管理中。

第二，景区出入口、主要景点或游客集聚区应布设信息发布设施，资讯信息应包含景区基本信息、景区内实时动态感知信息（温湿度、光照、紫外线、空气质量、水温水质等）、景区内智能参考信息（游客服务设施供给信息、景区内游客流量、车辆拥挤程度等）、应急信息（游客流量、拥挤程度、灾情险情、疏散渠道等）和诚信信息（景区内服务企业经营人员基本信息、游客评价等）。

第三，游客游览的重要节点和主要区域应安装监控设备，支持客流数据采集和环境、安全等相关监测，应采用高清视频监控全面覆盖景区，重点监控重要景点、客流集中地段、事故多发地段。主要区域应选择数字高清摄像头，固定IP地址，进行全天24小时视频监控，通过安装高清人脸抓拍设备，实时采集出入景区人员信息，支持监视界面图像在各种显示设备上显示，具备闯入告警等功能，支持控制画面缩放和镜头转动，实现图像的实时远程观看和远程视频监控，支持录像的检索和调看，可自定义录像条件。实时监控园内游客流量及热力分布，建立客流统计模型，分析并预测入园的车辆及游客数量、预测假期客流量、客源地、游客移动轨迹、假日期间的旅游收入等多个指标，建立拥堵危机预警及处理机制，实现客流预测预警，实现入口、出口人流计数管理，在园游客总量实时统计，游客滞留热点地区人口密度监控，游客超限自动报警。

第四，应具有智能化的电子门禁系统或验证设施及信息查询、智慧停车、导览导航等服务设施，宜提供智慧厕所、智慧急救、智能化场景体验等设施与服务。其中目前应用较广的智慧票务与门禁应支持电子门票，实现景区门票的网上预订和销售。支持第三方、景区窗口、自助机、移动电商、电商网站等多种售票方式；支持银联卡、微信、支付宝等多种支付方式；应支持游客实名制与人脸识别购票；支持移动终端或电子门禁自动识别验票；售、验票信息可通过网络查询；应具有分销商产品价格集中管控、多票类多价格管控、财务统计分析等功能。智慧停车场应实现车牌识别、停车导航、车位预订、自助缴费、车辆分流、客源分析等功能；车位信息应实时接入景区大屏显示系统、门户网站、景区APP、综合管理平台等系统；设置充电桩停车位、无障碍停车位。

②智慧化服务

第一，应及时准确发布旅游信息，内容包括但不限于景区天气、空气质量、停车寻车、门票价格、景区介绍、服务设施、活动动态、客流状况、应急管理、诚信服务等相关信息。

第二，应通过门户网站、社交平台或移动应用软件等提供旅游产品查询、景点介绍、票务预订、资讯查询、游览线路、景区交通查询等服务；应提供景区文化宣传、活动宣传、娱乐营销、形象塑造和线路推广等宣传服务。

第三，应提供自助导览服务，能为游客提供基于电子地图的精准景点导航、讲解和内容体验服务，提供景区智能化讲解服务，通过智能讲解、翻译、线路引导向游客提供个性化的定制服务。智慧导游导览应提供基于GPS（全球定位系统）、北斗卫星导航系统、RFID（射频识别定位）、IR（红外感应）等技术的中外文现代自助导游系统；应提供景区导览，交通、服务设施等信息的中外文查询、游览线路规划和选择、景点自助讲解、对游客动态定位等服务；提供景区介绍、旅游咨询、景区交通、信息发布、智能互动等智能机器人服务；提供厕所引导服务，具备扫码、刷脸取纸，以及购买商品等拓展服务功能；在重要路段、交通枢纽和路口处，设有旅游智能化的指示牌、警示牌、导引牌等路标设施。

第四，宜利用新一代信息技术提供景区虚拟旅游或沉浸式场景体验服务，运用虚拟现实（VR）、增强现实（AR）、混合现实（MR）等多种技术手段，建设数字虚拟景区，通过数字虚拟景区，为老人、残疾人、儿童等特殊人群提供虚拟旅游体验。

第五，对客服务系统能快速查询救援电话，通信终端支持游客在线寻求安全救援与应急疏散服务及相关信息。

第六，景区能通过信息化渠道受理游客投诉并方便查询受理状态。应通过门户网站、微信公众号、移动APP、触摸屏等多种方式提供游客满意度在线评价服务；应建立电话、邮件、门户网站、微信公众号、移动APP、触摸屏等多种投诉、建议受理通道。同时可实现后台的信息快速录入、自动分发与分级处理；可通过门户网站、微信公众号、移动APP、触摸屏等多种方式在线查询投诉的受理状态和处理结果。

③智慧化管理

第一，景区资源管理，包括对气象、空气质量、水质、生物等自然资源环境进行监测或监控；对景区内的景观资源进行信息化与数字化监测、监控、记录、记载、保护、保存、修缮、维护等。

第二，经营资源管理，通过建立以商业资源部署、商铺经营、交通运输车辆管理调度、经营监管、合同管理、物业规范等为主要内容的一套规范体系，实现智慧化管理。

第三，行政管理，包括：财务管理、项目管理系统、事务协同办公系统、客户关系管理、供应商管理和决策管理。其中，财务管理，建设以资产管理、筹资管理、投资管理、营业收入管理、税金管理、利润管理、成本费用管理等为主要内容的财务管理软件。项目管理系统，通过建设景区项目管理系统，对项目的全生命周期进行管理，包括对景区项目的可行性论证、对景区已进行和正在进行的项目进行分类管理、对正在进行的项目进行流程管理操作、项目验收、项目维护等。事务协同办公系统，建设以流程管理、电子邮件、文档管理、公文流转、审批管理、工作日历、人员动态展示、财务结算管理、公告、新闻、通知、个人信息维护、会议管理、考勤管理等为主要内容的事务协同办公系统。客户关系管理，建设以客户资料管理、客户联系人管理、市场活动信息管理、商业机会管理、销售分析系统为主要内容的客户关系管理系统。供应商管理，对供应商基本信息、组织架构信息、联系信息、法律信息、财务信息和资质信息等进行分析，实现对景区供应商的供货能力、交易记录、绩效等信息综合管理。决策管理，通过对景区数据进行收集、组织、存储、加工与传播，实现问题架构、数据收集、信息整理、决策分析的功能。

第四，设施设备管理，包括：观光车船管理、景区摆渡车管理、景区车辆和工作人员监控及电子巡更。其中，观光车船管理，在旅游观光车船行进时应准确识别景点方位，智能播放对应的音视频文件，为游客提供车船内外景色同步的精准导播，在无景点的区域自动播放观光车船乘用安全宣传和区域形象宣传，安装卫星定位设备，建设一套满足景区车船智能排班、实时定位、根据人流车流数据进行管理的智能化综合调度系统。景区摆渡车管理，通过GPS、北斗卫星导航系统、GIS（地理信息系统）、无线电通信网络、多媒体、遥测遥控等技术，及时掌握车辆的运行状况，实现对车辆的指挥调度，为驾驶员提供交通、公安和服务信息。景区车辆和工作人员监控，支持景区运营车辆和景区工作人员监控管理，包括车辆和人员空间定位、轨迹查询和回访、即时通信、呼叫等。电子巡更，通过对景区的防火、治安等定时、定路线、定点位的巡查工作，实现景区防火、治安等巡视的数字化管理。

第五，景区安全管理，包括：景区综合管控平台、应急预案、危险源监控、应急广播和应急救援。应建设景区综合管控平台，实现景区内视频监控、信息发布、热点标注、应急预案、应急演练、应急点定位、预案调取、一键报警、区域通知、广播分流、大屏提示、救援队伍安排、线上调度、现场视频会议、接警上报等功能。应建设包括火灾事故专项应急预案、踩踏事故专项应急预案、自然灾害专项应急预案、特种设备事故应急专项预案、车辆伤害事故应急预案等内容的应急预案。危险源监控，具有有效的火灾防范和自动报警机制。对于拥有大面积林区的景区，应建设有专门的森林火灾监控系统，利用视频监控技术对林区进行实时监控，及时发现险情并同时指挥调度。系统具备最高温自动追踪、自动设定温度报警值等功能。对于悬崖等危险地段应设置电子感应器，一旦有人进入危险地段就能提示游客退回安全区域，同时景区管理中心警报器响起。景区应具有有效的自然灾害（洪水、泥石流、滑坡、地震、异常恶劣气候等不可预测的自然灾害）防范和自动报警机制。利用视频监控技术对景区进行实时监控，及时发现险情并同时指挥调度。应急广播应覆盖全景区，并且声音清晰。广播应由景区控制中心和指挥调度中心统一控制，遇灾害或紧急情况时，可立刻转换为应急广播，其供电方式应配备备用电源。针对景区的主要危险因素及事故类型，成立旅游景区应急救援组织体系，建立应急救援运行机制，配备相应的救援人员、营救设备和急救物品。可随时准确定位游客位置，通过综合管控平台，通知附近管理者快速到达现场并进行紧急状况处理。加强营救设备、急救物品的存放和管理，对救援人员定期进行专业培训，定期进行应急演练。

第六，舆情监测，通过舆情监测技术，针对各种类型的危机事件，确定好监测的目标网站和关键词，制定详尽的判断标准和预警方案，景区舆情监测范围应覆盖论坛类、新闻类、博客、SNS（社交网络服务）、视频，以及旅游行业媒体等各种媒体平台舆情信息。

④智慧化营销

第一，品牌建设。通过制定发展规划、基础设施建设、智慧化建设，打造景观资源独特、设施设备先进、功能完备、服务优质的特色品牌，在充分做好市场调研的基础上，通过景区智慧化建设和智慧营销手段，扩大景区品牌的市场影响力和游客认知度，应依托媒体渠道，宣传景区资源和品牌形象，全年分时段、分主题进行网络营销。

第二，整合营销。利用网络媒体频道、短信平台、互联网门户与论坛、博客、微博、微信、SNS、短视频等网络渠道，开展旅游营销。与国际知名旅游网站、本省（区、市）及周边省（区、市）的旅游网站、会议会展采购方、国内外旅行社等建立信息交流机制。利用自媒体、微营销等手段，开展旅游营销信息发布和营销互动活动。

第三，精准营销。通过建立游客行为分析系统，实现针对游客偏好和特征的直接营销、数据库营销等精准营销。通过对线上、线下等媒体旅游宣传信息和游客评价信息进行收集与管理，实现基于事件、媒体等多种维度的报表分析与查询，对景区营销活动各个方面进行有序梳理、评估与优化。将游客群体按照多种属性分类，针对每个游客细化游客需求，推荐相应产品。

第四，电子商务。应通过景区微博账号、微信公众号、景区APP、短视频等新媒体营销渠道，开展移动电子商务营销，应提供景区内交通、酒店、餐饮、特色商品、个性化定制产品、特色商品等一站式电商服务，应提供景区旅游产品、旅游纪念品网上预订和网上交易服务，应具备在线分销功能，对订单、服务设施、财务实行统一管理。

7.2.2 景区邮电明察暗访工作实践重点

(1) 实践重点

公用电话已不是考核重点，可适当放宽此条款。随着时代的发展，景区移动信号应基本实现全面覆盖。Wi-Fi覆盖、手机充电桩等项目可为景区增加印象分。

（2）某4A级国际教育旅游体验区暗访案例

①邮政服务

景区内设有邮箱，能够给游客提供信函等基本邮政业务，服务便捷，但邮箱老旧且缺乏必要的维护（见图7-6）。

图7-6　景区内邮箱存在老化问题

②纪念服务

景区设计、制作有凸显景区个性特征的纪念戳、本地纪念封、明信片等，为游客提供类型多样的纪念服务（见图7-7）。

图 7-7　景区提供凸显自身特色的明信片

③公用电话设置

景区在游客中心和保卫处设置有公用电话，数量充足，设置合理，能够为游客提供公用电话服务。

④公用电话亭及标志

国际教育旅游体验区未设有公用电话亭与公用电话标志，未来景区会积极整改增设。

⑤能接收移动电话信号

景区全部实现移动信号全覆盖，且信号稳定（见图 7-8）。

图 7-8　景区提供免费无线信号

📍 任务小结

　　《旅游景区质量等级的划分与评定》（GB/T 17775—2003）在邮政纪念服务和电讯服务两个方面对不同等级的旅游景区做了不同的要求。细则一：服务质量与环境质量评分细则中邮电占 20 分，具体包括"5.1 邮政纪念服务"（8 分）和"5.2 电讯服务"（12 分）。

任务测验

任务8 旅游景区旅游购物

情景案例

学习导引

首家"贵州好物"创意旅游商品形象店落地黄果树景区

2021年9月17日，贵州省首家"贵州好物"创意旅游商品形象店在贵州黄果树景区正式面向游客开放。在这里，游客们可一站式领略独具匠心的"杏叶"茶壶、古色古香的青釉金杯、印有"梅兰竹菊"的银筷礼盒、创意满满的"祥云"礼盒套装、小巧精致的蜡染团扇、卓尔不群的文化首饰、绚丽多彩的彩绘花瓶，"天下第一苗寨"西江千户美轮美奂的苗绣、图案精美的苗银、绘声绘色的苗族布偶，贵州旅游伴手礼——惠群贵礼，"中国凉都六盘水"的冷泡栗香绿茶、冰点刺梨气泡水、维C之王刺梨汁，"银杏古韵盘州市"的盘县火腿，"西部之秀"安顺市的波波糖等。

"贵州好物"是贵州旅游投资控股（集团）有限责任公司贯彻落实贵州省旅游产业化推进大会精神，按照贵州省委、省政府"旅游商品进景区"要求，推出的线上购物与线下体验相结合的全渠道文旅商贸标准化平台，旨在把贵州旅游品牌推出去，把贵州特色商品分享出去，推动"旅游+商贸"深度融合发展。

"产品种类丰富，样式精美。"来自贵阳的游客张松告诉记者，这次带家人来黄果树景区游玩，不仅饱览了风景，还带回了刺梨汁、波波糖等很多特色产品。

贵州旅游投资控股（集团）有限责任公司相关负责人介绍，"贵州好物"将持续深入挖掘旅游购物、娱乐消费潜力，支持贵州特色商品及品牌做大做强，在旅游景区、集散中心、高速公路服务区等场所加大贵州特色旅游商品推广力度，为游客提供全链条产品和全方位服务。

资料来源：石小杰.首家"贵州好物"创意旅游商品形象店落地黄果树景区[EB/OL].（2021-09-17）[2023-06-10]. http://www.gz.chinanews.com.cn/yjzy/dt/2021-09-17/doc-iharasiw7767145.shtml.有删减。

❓ 想一想：好的旅游商品能给景区和所在地区带来什么影响？

☑学习目标

素质目标

● 能搜集并学习领会有关自然保护、文化传承等方面的国家法律法规、政策文件，严格按照《旅游景区质量等级的划分与评定》（GB/T 17775—2003）等相关规范与标准知识，开展旅游标准学习；

● 具备良好的旅游业可持续发展的思维模式，能够团结合作，实现特定区域的旅游标准知识的运用，如 A 级旅游景区创建；

● 培养学生树立旅游标准知识运用中的沟通协作意识、奉献意识；

● 培养学生热爱祖国，奉献精神，为家乡旅游业发展奉献自身力量。

知识目标

● 理解影响景区旅游购物场所选址的因素；

● 掌握旅游景区旅游购物管理的基本知识；

● 掌握旅游景区旅游购物的评分细则。

技能目标

● 能有效辨析旅游景区旅游购物问题；

● 能够在景区暗访、景区创建、景区管理、旅游规划设计等工作中运用所学旅游标准知识；

● 具备旅游标准知识的分析能力和处理能力。

8.1　认识景区旅游购物评定标准

旅游购物已经成为旅游行业不可或缺的一部分，购物设施和旅游商品的不同组合可以给游客带来不同的心理感受，增加旅游的魅力和经历，同时也可以促进商品的销售。现代市场经济的发展告诉我们，购物已经不再是简单的商品交换活动，而是一种注重购物环境和体验的休闲消费方式。购物设施的现代化、特色化、人性化已经成为吸引消费者的关键，因此景区购物商家应该注重购物环境和服务的提升，为消费者提供更好的购物体验和服务质量。

景区购物是景区服务的一个重要组成部分，购物环境、服务水平、商品质量等因素直接影响景区形象的好坏，通过有效的旅游购物管理可以提高景区的整体形象和声誉，促进当地商业的发展，提高景区周边的经济效益和增加就业机会，推动旅游产业的发展，进一步带动当地经济发展和社会进步。

8.1.1　旅游购物标准组成

（1）评定项目

《旅游景区质量等级的划分与评定》（GB/T 17775—2003）细则一：服务质量与环境质量评分细则中旅游购物占 50 分，具体包括："6.1 购物场所建设"（15 分）、"6.2 购物场所管理"（10 分）、"6.3 商品经营从业人员管理"（10 分）和"6.4 旅游商品"（15 分）（见表 8–1）。

旅游购物评定标准

表8-1　旅游购物评定项目与分值

评定大项与分值	评定中项与分值
6. 旅游购物（50 分）	6.1 购物场所建设（15 分）
	6.2 购物场所管理（10 分）
	6.3 商品经营从业人员管理（10 分）
	6.4 旅游商品（15 分）

（2）旅游购物质量等级划分条件

《旅游景区质量等级的划分与评定》（GB/T 17775—2003）在旅游购物的购物场所布局、购物场所管理、从业人员管理规范和旅游商品种类四方面根据评定等级不同做出了明确要求（见表 8–2）。

表8-2　旅游景区旅游购物质量等级划分条件

景区等级	购物场所布局	购物场所管理	从业人员管理规范	旅游商品种类
5A 级	购物场所布局合理，建筑造型、色彩、材质有特色，与环境协调	对购物场所进行集中管理，环境整洁，秩序良好，无围追兜售、强买强卖现象	对商品从业人员有统一管理措施和手段	旅游商品种类丰富，本地区及本旅游区特色突出
4A 级	购物场所布局合理，建筑造型、色彩、材质有特色，与环境协调	对购物场所进行集中管理，环境整洁，秩序良好，无围追兜售、强买强卖现象	对商品从业人员有统一管理措施和手段	旅游商品种类丰富，具有本地区特色
3A 级	购物场所布局基本合理，建筑造型、色彩、材质与环境基本协调	对购物场所进行集中管理，环境整洁，秩序良好，无围追兜售、强买强卖现象	对商品从业人员有统一管理措施和手段	旅游商品种类较多，具有本地区特色
2A 级	购物场所布局基本合理，建筑造型、色彩、材质与环境基本协调	对购物场所进行集中管理，环境整洁，秩序良好，无围追兜售、强买强卖现象	对商品从业人员有统一管理措施和手段	旅游商品种类较多，具有本地区特色
A 级	购物场所布局基本合理，建筑造型、色彩、材质与环境较协调	对购物场所进行集中管理，环境整洁，秩序良好，无围追兜售、强买强卖现象	对商品从业人员有统一管理措施和手段	旅游商品有本地区特色

8.1.2 购物场所建设

《旅游景区质量等级的划分与评定》（GB/T 17775—2003）细则一：服务质量与环境质量评分细则规定旅游购物分项"6.1 购物场所建设"，下无次分项。

（1）达标条件

购物场所建设应不破坏主要景观和游览空间，不与游客抢占道路和观景空间；购物场所建筑的造型、色彩和材质也需要与景区环境相匹配，在外观设计上与景区的风格相一致；布局合理，外部广告标志不应过于张扬，以避免影响观景效果。外部广告标志不过分影响观景效果。购物已经成为游客在旅游景区消费的重要方式之一，购物场所建设的核心在于游客服务。良好的购物场所不仅可以为游客提供舒适的购物环境，还可以延长游客的停留时间，为游客提供更好的体验，促进二次消费和地方相关产业链的发展。

（2）购物场所建设创建内容

旅游景区购物场所主要包括旅游商品销售商店点、特色集市和街头商贩、主题商场、旅游购物广场、美食街、旅游购物中心、专卖店等，购物场所以各种形态进行组合，形成景区的商业街、综合服务区和特色购物点。依据《旅游购物场所服务质量要求》（GB/T 26356—2010），旅游景区购物场所创建内容的基本要求可概括为：设施齐备、服务规范、安全有序、卫生良好、特色鲜明。

①购物场所的定位和特色

景区购物场所应该有清晰的定位和特色，以满足游客的消费需求和购物兴趣。景区购物场所的定位要考虑到旅游景区的特点、游客群体、游客需求和市场需求等诸多因素。在定位时，可以从以下 4 个方面入手。

第一，文化定位。根据景区的文化特色和主题，选取与景区文化和主题相关的商品和服务作为定位方向，通过文化营销宣传和吸引游客的兴趣，提升购物场所的知名度和品牌价值（见图 8-1）。

图 8-1　台州府城 5A 级景区中紫阳老街的非遗好物市集

第二，消费层次。根据游客消费层次、消费意愿和消费需求，定位购物场所的档次和品质，提供不同档次、不同价位的商品和服务，以满足游客不同的消费需求（见图 8-2 和图 8-3）。如地方特色的商业街区、特色商品购物区的规划、建设必须考虑游客旅游特点和习惯，充分体现出对游客的吸引力、购物的方便性。

图 8-2　杭州艺创小镇 3A 级景区商店　　　　　　图 8-3　杭州艺创小镇 3A 级景区书店
　　　　　　　　　　　　　　　　　　　　　　　　　（原水泥厂生产建筑改建为书店）

第三，产品特色。购物场所可以通过产品的特色和差异化来进行定位，提供独具特色和有吸引力的商品和服务，吸引游客前来购买。

第四，品牌形象。购物场所的品牌形象和营销策略也是定位的一个重要方面，可以通过精心设计的店铺风格、专业的销售技巧和满意度调查，提升购物场所的品牌形象和消费体验，增强游客的购物信心和忠诚度。

②购物场所的合理选址

景区在规划中，需要充分考虑购物场所与景区景点的地理位置、游客流量和游客的行走路线，合理配置和布局购物场所，不破坏主要景观，不妨碍游客游览，不与游客抢占道路和观景空间，为游客提供舒适便捷的购物地理位置。购物场所的选址可参考以下原则。

跟随景区的发展规划。购物场所应该根据景区的发展规划来合理选址，特别是要考虑到未来的发展前景和景区的扩建计划，以确保购物场所的可持续经营。

选择高人流量区域。购物场所应该位于高人流量的区域和游客游览的必经之路上，如景区出口处（或其两侧）、主要景点周围、停车场附近等，这些区域可以保证购物场所吸引更多的游客和消费者，也能方便游客购买。如大型购物场所设置在景区出入口和人流集中的开敞空间，满足游客停留、休憩、购物的综合需求；特色购物点主要是在旅游景区主要游览通道上做插点式布局，针对游客在旅游景区游览过程中需要补充饮料、食品或购买小型特色商品等需求而设置的。

考虑周边商业环境。购物场所的选址需要考虑业态组合的整体消费环境，如景区配套的餐饮、娱乐等场所，以及周边居民和游客的消费能力与消费偏好等因素，以保证购物场所经营的可持续性。

考虑选址场地的布局和面积。购物场所的选址还需要考虑场所的布局和面积，如是否充分利用场地、是否有足够的展示和储藏空间等，以确保场所的最大利用价值和效益。

③购物场所建设风格与景区一致，主题协调

在旅游景区的统一规划中，需要将旅游购物建设作为一项重要内容进行统筹规划。购物场所建设应与旅游景区的整体风格相一致，与旅游景区的主题相互协调，这不仅有助于提升游客对景区的整体印象和感受，也有助于增强景区的品牌形象和吸引力。购物场所的建设风格要从以下 3 个方面考虑。

建筑外观。购物场所的建筑外观应该与景区整体建筑风格相一致，如采用相似的建筑元素、材料、颜色等，以增加购物场所与景区的融合度和协调性，使得购物场所建筑本身成为景区景观的一部分。如商业街的建筑格局应充分体现集中、集密、高低错落有致，外立面应根据经营者的经营特色进行装修设计，统一审定。

装修风格。购物场所的装修风格应该与景区整体装修风格相呼应，如运用相似的装修材料、色彩、风格等，以营造出与景区相似的氛围和感觉，增加购物场所的文化内涵和特色。同时在装修过程中外部广告标志不过分影响观景效果。

陈列布置。购物场所的陈列布置应该与景区的主题相契合，如运用相似的陈列方式、主题元素等，体现出独特的文化、艺术和风格，为游客带来视觉上的享受，以营造出与景区一致的文化氛围和主题感。陈列布局合理，给游客有序的感觉，把最有吸引力的商品和服务放置在最显眼的位置，方便游客购买。

④景区对大型购物场所的要求

景区大型购物场所建设可参考《旅游购物场所服务质量要求》（GB/T 26356—2010）中关于"旅游购物推荐点"的总体布局和服务设施要求开展建设。在总体布局上：旅游购物场所具有一定的面积，功能分区比较合理，为游客提供购物、休闲的空间；建筑、内部装修具有地方特色；在建筑物明显部位应有中外文店名；旅游购物场所应保持整洁干净，周边生态环境优良。在服务设施上，内外部交通可进入性较好；交通标志规范、醒目、美观；具有面积大于 600 平方米的停车场；设有问询接待处；有内容明确的导购信息材料；公共信息图形标志符合 GB/T 10001.1—2023、GB/T 10001.2—2021 和 GB/T 10001.5—2021 的要求；各种引导标识（包括导购图、引导牌、指示牌等）内容明确，设置合理；旅游购物场所内柜台、货架工整、规范；开辟与接待游客容量相适应的公共休憩场地，设置足够的休息座椅；公共卫生间、垃圾桶等在数量上能满足要求，分布合理；设有公共电话，公共通信设施完善；设有残疾人无障碍通道；设有小件物品寄存柜；提供银行卡结算服务，结账区域应张贴银联受理标识。

购物场所建设，不破坏主要景观，不妨碍游客游览，不与游客抢占道路和观景空间；购物场所建筑造型、色彩、材质与景观环境相协调；布局合理，外部广告标志不过分影响观景效果，计 15 分，发现一处不得当扣 2 分。

8.1.3　购物场所管理

《旅游景区质量等级的划分与评定》（GB/T 17775—2003）细则一：服务质量与环境质量评分细则规定旅游购物分项"6.2 购物场所管理"，下无次分项。

（1）达标条件

景区应对购物场所进行集中管理，环境整洁，秩序良好，无围追兜售、强买强卖现象。购物环境对游客游览、购买具有显著的影响，购物场所的管理在充分体现旅游购物、旅游商品一般规律的同时，应注重以提高游客在旅游景区购物场所舒适度为核心，不断提升对购物场所的规范管理水平，更符合现代游客的消费习惯（如增加休息区、饮水机等设施）。

（2）购物场所管理创建内容

①确立景区旅游购物场所经营模式

旅游购物场所经营模式是指旅游购物场所为了达到盈利和消费者满意度的目标而采取的营利方式，它主要包括以下 4 种模式。

第一，租赁经营模式。租赁经营模式是指景区购物场所向商家出租商铺，然后由商家自行经营。景区购物场所从商家获得租金作为收益。这种经营模式往往在景区统一管理方面对购物场所的要求相对较低，有时会存在商家经营管理不到位、商品质量无保障等风险。需要特别注意建立商家的准入要求和退出机制。

第二，自营经营模式。自营经营模式是指景区自己直接经营购物场所的商铺和商品。景区需要承担更多的责任，包括采购、库存管理、销售和售后服务等，这对景区的经营能力提出更高的专业性要求，但收益也更高，并且更有利于景区控制商品质量和经营效率。

第三，品牌合作经营模式。品牌合作经营模式是指景区购物场所和品牌商家合作，共同经营商铺和商品，双方共享收益。这种模式适合于景区购物场所在品牌建设和营销方面有需求，但需要更多的资金和资源投入。

第四，代销经营模式。代销经营模式是指景区购物场所与商家合作，景区提供销售渠道和场地，商家提供商品和经营管理模式。购物场所获得一定比例的佣金作为收益，商家则负责商品销售和售后服务。这种模式需要景区具备较强的管理能力和市场研究能力，以确保代销商品的质量和竞争力。另外也有很多景区通过代销当地农民土特产来增加农民收入和突出地域产品特色。

旅游景区应根据自身实际，考虑旅游消费不同的规律、不同的特点，选择不同的旅游购物模式。必须重视的是购物是旅游景区产品的重要组成部分，应以为游客提供良好的旅游体验为核心开展经营。

②完善管理秩序

许多旅游景区购物场所都存在管理混乱、服务质量低下、不良竞争行为等问题。采用统一运营管理模式，可以更好地协调各个方面，提高管理效率和服务质量，为顾客提供更好的旅游购物体验。建议在以下3个方面完善购物场所的管理。

第一，强化管理。景区应采用现代化的管理手段，建立完善的管理体系，对商家实行严格的入驻审核和管理，杜绝不良商家入驻。对商家采用统一运营管理模式，注重塑造有竞争力的"商业管理"模式，以取代过去只收场地费的"物业管理"模式。这种统一运营模式应该包括统一的招商管理、营销、服务监督和物业管理，其中统一招商管理是其他3个方面的基础。

第二，加强监管。景区应建立完善的监管体系，加强对商家的实时监管，及时发现和处理围追兜售、强制消费等不良现象，杜绝不正当竞争行为，如"包厢式、封闭式"旅游购物、强迫服务、变相强迫购物和欺诈营销等。

第三，加强宣传。景区购物场所要加强宣传，向游客传递正确的消费理念，提高消费者的消费意识，减少不必要的消费，并畅通消费投诉渠道，确保能够合理合法处理购物消费投诉。

8.1.4 商品经营从业人员管理

《旅游景区质量等级的划分与评定》（GB/T 17775—2003）细则一：服务质量与环境质量评分细则规定旅游购物分项"6.3 商品经营从业人员管理"，下无次分项。

（1）达标条件

景区应对商品经营从业人员有统一的管理措施和手段。具体而言，对旅游景区商品经营从业人员管理可以依据《旅游购物场所服务质量要求》（GB/T 26356—2010）中对"服务"的规定标准开展：对所有客人，不分种族、民族、国别、一视同仁；尊重客人的道德信仰与风俗习惯，不损害民族尊严；在基本达到规范化服务的基础上，提倡特色化服务；应制定健全的服务流程、工作标准及岗位责任制度；应按旅游业质量管理的要求，制定旅游购物场所服务质量管理细则。

（2）商品经营从业人员管理创建内容

旅游景区对商品经营从业人员的管理非常重要，因为他们直接面对顾客，直接影响景区购物的体验和信誉。商品经营从业人员管理可以参考《旅游购物场所服务质量要求》（GB/T 26356—2010）、《旅游购物商店管理规范》（DB34/T 1307—2010，安徽省地方标准）、《旅游购物商店等级划分与评定》（DB37/T 1242—2017，山东省地方标准）、旅游购物场所等级划分与评定（DB 53/T309—2016，云南省地方标准）等国家、地方标准中有关服务要求、服务质量要求的相关内容开展。

在具体服务人员服务质量方面，应从服务理念、仪表仪容、行为举止、业务能力等方面进行督导，使其努力做到礼貌待客、服务规范。景区管理可从以下 4 个方面进行相应从业人员的管理。

①设立培训课程

景区可以通过培训、学习和指导等方式培训商品从业人员，提高其文化素养，并具有相应的业务知识和技能，熟悉所售商品的特性，确保其能够胜任各种工作任务。并明确其在具体服务过程中应着工装、佩戴工牌上岗、仪容仪表端庄、大方、整洁，并能使用规范服务用语。

②建立健全管理制度

景区应注重管理体系建设和投诉的应急处理工作。建立健全质量管理制度，设置质量管理机构，配备质量管理人员，对于服务质量要有预防、检查、督导和改进措施，商品应明码标价。在落实受理投诉制度的同时，要明确受理投诉负责人，并在购物场所显著位置公布当地旅游部门、本单位的投诉电话，对游客提出的投诉及时处理，迅速纠正存在的问题，对难以协调解决的投诉及时向上级主管部门反映。建立人员考核机制，对购物场所从业人员的表现和服务质量进行评估，对不合格者进行及时处理。

③安排轮换

景区可以将购物从业人员安排到不同的场所、岗位和职务，让他们锻炼多方面的能力，提高综合素质和管理水平。

④加强监管

景区可以加强对从业人员的监管，管理人员应对购物场所进行巡逻，对其行为、语言和形象进行监督，杜绝不良行为的发生。

商品经营从业人员管理，应有统一的管理措施和手段，包括质量管理、价格管理（需明码标价）、计量管理、位置管理、售后服务管理等，每项 2 分，共计 10 分。

8.1.5　旅游商品

（1）达标条件

旅游商品要具有本旅游景区的特色。旅游商品是游客在旅游活动中所购买的、具有一定特色的实物性商品，作为旅游景区的旅游商品应该是被游客喜欢、具有地方特色鲜明和具有纪念性等特点的商品，应当具有地域性、品牌性、实用性、创新性、市场性、工艺性等特点。

（2）旅游商品创建内容

①规范化生产与销售

旅游景区的旅游商品要做到规范化生产和销售，旅游商品生产要充分体现本地特色和地域文化特点，同时要具有收藏、纪念、欣赏、馈赠意义和实用价值，并方便游客携带和运输。在旅游商品生产中既要注重品牌运作，又要具有有效的注册商标；旅游食品必须是加工的、有包装的、即食的，口味要符合现代消费特点，特别是包装不宜过度；旅游工艺品切勿大规模机械化生产，容易形成低端纪念品，旅游商品应注重以精美为核心的手工制作工艺的创作。

②旅游商品特色化创新与发展

旅游商品创新是旅游行业发展的一个重要方面，应注重多层次旅游商品组合。高档次旅游商品开发要注重文化性和艺术性，开发中低档次的旅游商品应考虑价格、性能、实用性和美观性。另外，随着旅游消费的不断升级，游客对旅游商品的需求也在不断变化和提高，传统的旅游纪念品已经不能满足游客的需求。因此，旅游商品创新成为景区发展的一个重要方向。旅游商品的创新包括以下几种方法。

设计新颖独特的商品：旅游商品的设计应该尽可能地突出景区特色，包括文化、历史、建筑、风景等元素，与市场上其他商品有所区别（见图8-4至图8-6），突出独特性和卖点，让游客买到令人满意的商品。

图8-4　宁波天一阁依据景区内的石狮子创作的狮子镇纸

图8-5　太原东湖醋园醋灸贴

图 8-6　台州府城 5A 级景区依据景区内城墙设计的冰箱贴

加强创意和品质：旅游商品不仅要有独特的设计，还要注重创意和质量，以满足消费者的需求。个性化的手工艺品、设计良好的纪念品、"萌"味十足的艺术品，以及生活用品、学习用品和体育用品等兼具艺术性和实用性的商品，成为旅游商品创新的趋势（见图 8-7）。

图 8-7　宁波天一阁 5A 级景区学习用品型旅游商品

注重体验性，可以出售由旅游者自己参与制作的旅游纪念品。将旅游纪念品制成半成品，留下容易完成的工序由旅游者参与制作，有意识地让游客留下自己的制作印迹后再出售（见图 8-8 至图 8-10）。

图 8-8 景区通过打麻糍体验带动麻糍的销售　　　　图 8-9 景区内的油画体验

图 8-10 西安兵马俑制作体验并能够烧制后邮寄给游客

运用新技术：虚拟现实、人工智能、智慧化等技术的应用，可以为旅游商品带来新的功能和体验，如AR虚拟游览、智慧导览、智能化购物等，为旅游商品提供更加多元化的选择（图 8-11）。

图 8-11 景区智能化购物

加强品牌价值：旅游商品的品牌和价值也是创新的关键。景区可以注重旅游商品品牌的塑造和推广，让游客能够更好地认识和认可它们的价值，从而增加消费者的忠诚度。

在丰富旅游产品供给的同时，要注重优化旅游要素结构，促进旅游商品向产业化、特色化、聚集化发展。旅游景区在积极开展自身文创产品开发的同时，也要积极通过参与各类旅游商品创新、比赛、评比，通过搭建平台，促进旅游商品设计者、生产者和销售者之间的交流与合作，壮大和丰富旅游商品，推动旅游商品市场繁荣和发展。近年来各地通过文创大赛的举办选出了优秀的特色旅游商品，推动了特色旅游商品的创新发展。

8.2 认识景区旅游购物标准应用与实践

8.2.1 创建A级旅游景区旅游购物应用

（1）景区按照规划和场地条件宜设置多种类型的购物场所

如在综合服务区，在游客中心内设置综合服务区，出售地方特产、旅游纪念品，同时出售食品、饮料等生活用品；设置主题商业街，展示销售具有景区当地特色的手工艺品、农副产品、土特产，以及文化创意旅游产品；在景区大门附近及旅游区内主要游览节点内设置特色购物区，为游客提供多元化、个性化的购物空间，增添游客对文化产品的创意体验。景区应不断提升和创新购物体验，提高购物管理效率。

建设电商平台：鉴于现在大多数人都喜欢在网上购物，景区应该建设自己的电商平台，方便游客在景区内外进行购物，同时也可以提高景区的知名度。

推行无现金支付：景区应该推行无现金支付，引入移动支付、扫码支付等支付方式，方便游客购物。

引入互联网思维：通过大数据分析游客的购物行为，优化商品配置，提高销售效率。

（2）拓展旅游商品品类和商品质量

景区应该不断拓展旅游商品品类，包括文创产品、生活用品、特色手工艺品，以及当地商品等，以满足不同游客的购物需求。景区可以通过与文创设计公司合作，推出旅游纪念品、艺术品等文创产品，如文创图书、文创衍生品等；将本地特色食品、土特产、手工艺品等纳入商品品类（见图 8-12），并定期进行更新和推广；根据游客的需求，提供个性化的旅游商品定制服务，如定制 T 恤、定制手绘明信片等。

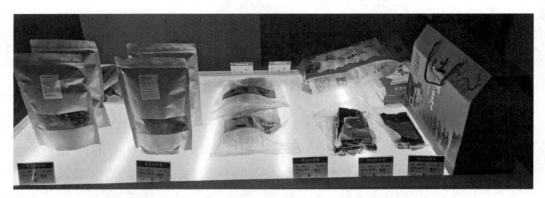

图 8-12 杭州萧山进化镇欢潭村 3A 级景区游客中心代销土特产

景区应注重商品的质量和品牌价值，采用高品质的材料和技术制作商品，提供更好的购物体验。通过加强原料选择、提高生产工艺和技术、建立完善的商品质量检测机制，对旅游商品进行质量控制和管理等，确保符合国家相关标准。

（3）提升购物场所的质量管理

景区可制定景区旅游购物场所管理制度，加强对购物散点的布置，防止恶性竞争。制定景区旅游商品投诉管理制度，发放统一标价签，对价格进行公示。对各主要景点的购物场所进行检查、整改，要求造型、色彩、材质与景观环境相协调（见图 8-13）；布局合理，不破坏主要景观，不妨碍游客游览，不与游客抢占道路和观景空间；外部广告标志不影响观景效果；购物场所集中管理，环境整洁，秩序良好，无围追兜售、强买强卖现象。强化售后服务管理，对诚实守信的从业人员给予奖励，对违规经营者予以通报批评和经济处罚。此外，对商品投诉建立档案，规范经营者行为；建立旅游购物管理档案；确保各项规章制度贯彻得力，确保有一年以上的完整执行记录。

图 8-13　云南腾冲和顺古镇 5A 级景区乡村图书馆内的书画购物体验场所

8.2.2　景区旅游购物明察暗访工作实践重点

根据《旅游景区质量等级管理办法》，旅游景区创建阶段，各级旅游景区质量等级评定委员会通过明察、暗访等方式对对应景区进行检查；创建后的管理与监督阶段，各级旅游景区质量等级评定机构对所评旅游景区要进行监督检查和复核，采取重点抽查、定期明察和不定期暗访以及社会调查、听取游客意见反馈等方式进行。明察的现场检查主要通过提问和交谈、现场观察对标准文本以及三项评分细则进行检查；暗访主要对景区的基础设施、服务设施、管理及服务水平、环境质量、景观价值等方面进行实地检查。

（1）旅游购物暗访工作重点

旅游购物暗访工作是旅游行业重要的监管工作，以下是旅游购物暗访工作的 6 个重点。

①购物场所及环境

暗访人员应关注购物场所的位置是否合理，是否对主要景观有影响，或对游客游览造成影响，是否有抢占道路情况和影响观景的情况；购物场所的建筑设施是否与景区协调，店招、店铺是否影响环境景观；购物环境，是否宽敞明亮、通风良好；购物店面的环境卫生，是否整洁干净、是否没有异味等。

②商品标签、价格

暗访人员应关注商品价格标签的合理性和公开性，是否标注明码实价、是否公示优惠政策和促销信息；应关注价格的公平性和合理性，是否存在价格欺诈、价格虚高等不良现象。

③销售人员服务态度

暗访人员可以扮演顾客，关注销售人员的服务态度和专业程度，是否热情、主动、礼貌，有没有不耐烦、无礼等不良表现；是否具备产品知识、销售技巧、解决问题的能力；是否能够与游客建立良好的沟通、交流和互动，是否倾听游客意见和建议。

④商品质量

暗访人员应注意商品质量，是否符合产品描述和承诺，是否存在瑕疵、缺陷，是否符合国家相关标准和承诺，是否存在质量问题。

⑤消费者权益保护

暗访人员应关注消费者权益是否得到保护，是否存在虚假宣传、欺诈行为，是否提供无理由退换等服务。

⑥支付方式与发票问题

暗访人员应关注支付方式和发票问题，是否提供多种支付方式、是否开具发票等。

（2）某古镇4A级旅游景区暗访案例

①购物场所建设

景区游览路线较为狭窄，存在旅游购物场所占道的情况（见图8-14）。

图8-14 游览路线狭窄，购物场所占道

②购物场所管理

景区内部分商家在售卖商品时未明码标价（见图8-15）。

图8-15 旅游商品未明码标价

（3）其他景区常见旅游购物问题

①商品经营从业人员管理

景区中部分商铺和部分商户的商品未进行明码标价（见图 8-16）；商铺员工未统一着装或未佩戴工牌；部分商户商品堆放随意，影响美观。

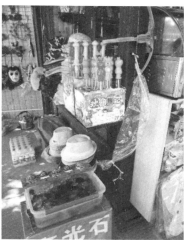

图 8-16　某景区商品未明码标价且商品堆积

②旅游商品缺乏特色

景区内的旅游商品多为卡通形象的玩偶，缺乏特色文化性（见图 8-17），暗访小组未见到拥有本景区特色或本地区特色的旅游商品。

图 8-17　某景区商品缺乏特色

📍 任务小结

　　《旅游景区质量等级的划分与评定》（GB/T 17775—2003）在购物场所布局、购物场所管理、从业人员管理规范及旅游商品种类 4 个方面对不同等级的旅游景区安全做了不同的要求。细则一：服务质量与环境质量评分细则中旅游购物占 50 分，具体包括："6.1购物场所建设"（15 分）、"6.2 购物场所管理"（10 分）、"6.3 商品经营从业人员管理"（10 分）和"6.4 旅游商品"（15 分）。

任务测验

任务9　旅游景区综合管理

情景案例

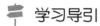 学习导引

网红景点成夺命险地　平台推荐担责吗

据彭州市应急管理局的消息，2022年8月13日，龙门山镇龙漕沟突发山洪，河道中未撤离游客被卷入山洪，造成7人死亡。

事发时，有游客正在龙漕沟附近露营，河道旁边搭建好的天幕都没有来得及收起，就被突如其来的洪水冲倒，游客们来不及撤离，被困在洪水中，有的直接被冲走。

实际上，龙漕沟是一段未开发景区。由于易发生泥石流、山洪等自然灾害，按照当地政府要求，禁止一切人员进入河道内。

但是，在众多社交平台上，有大量网友发布的"攻略""游记"等内容，晒出自己前往龙漕沟游玩的经历，配上风景优美的图片和视频等内容，推荐和吸引其他游客前往。

事故发生后，不少网友质疑事发地并非景区，存在安全隐患。北青报记者检索发现，确实在不少APP上将龙漕沟称作"玩水圣地"，还有网友发布在河水中戏水的视频。其他目击者回忆说，当日下午当地只下了一点小雨，因此没想到会发生如此严重的山洪。

的确，龙漕沟风景优美，但实际上属于三级地质灾害点位，易发生泥石流、山洪灾害。据事发地所在的龙门山镇政府2021年发布的文章介绍，汛期沟内容易暴发"齐头水"。文中介绍，"齐头水"是指后山下雨，前山发生山洪的自然灾害。往往刚听到河道里传来轰鸣声，水头即刻就到达眼前。如果有人碰巧就在河道里，往往会来不及逃脱，瞬间就被洪流卷走。

彭州市应急管理局的工作人员也向北青报记者证实，事发地并非景区，13日工作人员已通过工作群给各个镇发通知，要求禁止人员进入河道玩耍。

事件发生后，北青报记者在某平台搜索龙漕沟，会出现危险提示"旅游出行，安全第一，请勿在危险地方逗留、游玩"，相关推荐内容也已被大幅下架。但是在多个其他平台，相关内容仍存在。

这些平台应当有监管、审核相应视频、博文的义务，并应当对包含危险行为或不安全

因素的内容添加明显的安全提示，对明显不符合安全要求的内容及时删除。若平台发现相关安全隐患或虚假信息，但未及时履行上述义务的，除可能将受到相关部门的行政处罚以外，还应当承担民事侵权责任。对于一味追求流量、博取眼球而忽视安全警示或故意虚假宣传、恶意引导的博主，可能将承担侵权责任，情节恶劣的可能会受到行政或刑事处罚。

此外，四川省应急管理厅 8 月 14 日通报称，8 月 13 日晚，省防办印发《关于深刻汲取教训扎实做好局地短时强降雨防范应对工作的紧急通知》（以下简称《通知》），要求各地紧急排查辖区内易发多发险情的涉水景区以及滩涂、峡谷等野外风景区域，组织多部门联合开展动态巡护，落实专人在重要点位盯守巡查，做好警示提示，极端天气情况下严禁任何户外探险、涉水活动，及时劝阻山间溪谷、浅滩水域内野游、露营等行为，坚决确保人员安全。

《通知》强调，要加强重点地区灾害风险提醒提示，加大防汛避险知识宣传力度，引导消夏避暑游客和户外探险者理性出游，遇到险情保持冷静，正确避险和撤离。

资料来源：温婧，屈畅.网红景点成夺命险地 平台推荐担责吗[N].北京青年报，2022-08-15（A4）.

想一想：

1.面对可能突发的应急事件，旅游景区应该做好哪些管理工作？

2.为更好地进行旅游景区管理，旅游景区应设置哪些管理制度？

学习目标

素质目标

- 培养学生对旅游景区管理的综合性认知；
- 树立"游客至上"的旅游服务管理理念与意识；
- 树立数字化管理、智慧化管理理念，对旅游景区进行智慧化管理。

知识目标

- 掌握旅游景区综合管理的内容；
- 掌握旅游景区综合管理体制与机制的建设内容；
- 掌握旅游景区综合管理的相关制度及内容。

技能目标

- 构建旅游景区综合管理的体制与机制；
- 构建旅游景区智慧化管理的体系；
- 能够对特定旅游景区进行智慧化管理；
- 能够对特定旅游景区的综合管理进行现状诊断；
- 能够对特定旅游景区的综合管理问题进行整改提升；

● 能够熟练掌握游客投诉和意见处理工作流程。

9.1　认识景区综合管理评定标准

　　根据《旅游景区质量等级的划分与评定》（GB/T 17775—2003），旅游景区综合管理涉及机构与制度、企业形象、规划、培训、游客投诉及意见处理、旅游景区宣传、电子商务和社会效益等 8 个方面的内容。

综合管理

9.1.1　综合管理组成

（1）评定项目和分值

　　《旅游景区质量等级的划分与评定》（GB/T 17775—2003）细则一：服务质量与环境质量评分细则中综合管理占 200 分，具体包括"7.1 机构与制度"（20 分）、"7.2 企业形象"（32 分）、"7.3 规划"（25 分）、"7.4 培训"（20 分）、"7.5 游客投诉及意见处理"（20 分）、"7.6 旅游景区宣传"（37 分）、"7.7 电子商务"（30 分）和"7.8 社会效益"（16 分），详见表 9-1。

表9-1　综合管理评定项目与分值一览

评定大项与分值	评定中项与分值
7. 旅游综合管理（200 分）	7.1 机构与制度（20 分）
	7.2 企业形象（32 分）
	7.3 规划（25 分）
	7.4 培训（20 分）
	7.5 游客投诉及意见处理（20 分）
	7.6 旅游景区宣传（37 分）
	7.7 电子商务（30 分）
	7.8 社会效益（16 分）

（2）综合管理质量等级划分条件

　　《旅游景区质量等级的划分与评定》（GB/T 17775—2003）在机构与制度、各项管理制度及实施、管理人员、企业形象、规划、培训、游客投诉及意见处理、特殊人群服务等方面对不同等级的旅游景区做了不同的要求，详见表 9-2。

表9-2 旅游景区综合管理质量等级划分条件

旅游景区等级	机构与制度	各项管理制度及实施	管理人员	企业形象	规划	培训	游客投诉及意见处理	特殊人群服务
5A级	管理体制健全，经营机制有效	旅游质量、旅游安全、旅游统计等各项经营管理制度健全有效，贯彻措施得力，定期监督检查，有完整的书面记录和总结	管理人员配备合理，中高级以上管理人员均备大学以上文化程度	具有独特的产品形象、良好的质量形象、鲜明的视觉形象和文明的员工形象，确立自身的品牌标志，并全面、恰当地使用	有正式批准的旅游总体规划，开发建设项目符合规划要求	培训机构、制度明确，人员、经费落实，业务培训全面，效果良好，上岗人员培训合格率达100%	投诉制度健全，人员落实，设备专用，投诉处理及时、妥善，档案记录完整	为特定人群（老年人、儿童、残疾人等）配备旅游工具、用品，提供特殊服务
4A级	管理体制健全，经营机制有效	旅游质量、旅游安全、旅游统计等各项经营管理制度健全有效，贯彻措施得力，定期监督检查，有完整的书面记录和总结	管理人员配备合理，高级管理人员均应具备大学以上文化程度	具有独特的产品形象、良好的质量形象、鲜明的视觉形象和文明的员工形象，确立自身的品牌标志，并全面、恰当地使用	有正式批准的旅游总体规划，开发建设项目符合规划要求	培训机构、制度明确，人员、经费落实，业务培训全面，效果良好，上岗人员培训合格率达100%	投诉制度健全，人员、设备落实，投诉处理及时、妥善，档案记录完整	为特定人群（老年人、儿童、残疾人等）配备旅游工具、用品，提供特殊服务
3A级	管理体制健全、经营机制有效	旅游质量、旅游安全、旅游统计等各项经营管理制度健全有效，贯彻措施得力，定期监督检查，有完整的书面记录和总结	管理人员配备合理，80%以上中高级管理人员具备大专以上文化程度	具有独特的产品形象、良好的质量形象、鲜明的视觉形象和文明的员工形象，确立自身的品牌标志，并全面、恰当地使用	有正式批准的总体规划，开发建设项目符合规划要求	培训机构、制度明确，人员、经费落实，业务培训全面，效果良好，上岗人员培训合格率达100%	投诉制度健全，人员、设备落实，投诉处理及时、妥善，档案记录完整	能为特定人群（老年人、儿童、残疾人等）提供特殊服务
2A级	管理体制健全、经营机制有效	旅游质量、旅游安全、旅游统计等各项经营管理制度健全有效，贯彻措施得力，定期监督检查，有完整的书面记录和总结	管理人员配备合理，70%以上中高级管理人员具备大专以上文化程度	具有独特的产品形象、良好的质量形象、鲜明的视觉形象和文明的员工形象	有正式批准的总体规划，开发建设项目符合规划要求	培训机构、制度明确，人员、经费落实，业务培训全面，效果良好，上岗人员培训合格率达100%	投诉制度健全，人员、设备落实，投诉处理及时、妥善，档案记录基本完整	能为特定人群（老年人、儿童、残疾人等）提供特殊服务

续表

旅游景区等级	机构与制度	各项管理制度及实施	管理人员	企业形象	规划	培训	游客投诉及意见处理	特殊人群服务
A级	管理体制健全、经营机制有效	旅游质量、旅游安全、旅游统计等各项经营管理制度健全有效，贯彻措施得力，定期监督检查，有比较完整的书面记录和总结	管理人员配备合理，60%以上中高级管理人员具备大专以上文化程度	具有一定的产品形象、质量形象和文明的员工形象	有正式批准的总体规划，开发建设项目符合规划要求	培训机构、制度明确，人员、经费落实，业务培训全面，效果良好，上岗人员培训合格率达100%	投诉制度健全，人员、设备落实，投诉处理及时，档案记录基本完整	能为特定人群（老年人、儿童、残疾人等）提供特殊服务

9.1.2 机构与制度

细则一：服务质量与环境质量评分细则综合管理分项"7.1 机构与制度"包括 3 个次分项，即"7.1.1 管理机构健全，职责分明""7.1.2规章制度健全"和"7.1.3 规章制度贯彻得力"。

1. 机构与制度 PPT
2. 机构与制度视频

（1）达标条件

以 5A 级旅游景区为例，要求旅游景区管理体制健全，经营机制有效；旅游质量、旅游安全、旅游统计等各项经营管理制度健全有效，贯彻措施得力，定期监督检查，有完整的书面记录和总结。

（2）机构与制度创建内容

①管理机构健全，职责分明

管理体制与机制是旅游景区综合管理的重要组成部分。在我国，旅游景区多头管理现象明显，如杭州西湖景区，管理部门曾达 10 余个，这在一定程度上造成了旅游景区的管理不顺畅。因此，要提升旅游景区的综合管理，最好的办法应该是旅游景区所有者、旅游景区经营者、旅游景区监管者三者的权力分离，然后进一步明确各自的权责利关系，这样才能构建比较好的旅游景区综合管理体制与机制。

一般来说，旅游景区应建立健全管理机构，且职责明确；管理人员配备合理，中高级以上管理人员均具备大学以上文化程度。旅游景区管理机构健全，能够提供相关资料，现场抽查管理人员，各人员职责掌握率不足 50% 的，不得分；掌握率在 50% 以上的，可以得 1～2 分；全部掌握的，可以得 3 分（见图 9-1 和图 9-2）。

1. 全面完善景区机构与制度

一是创建 3A 级景区创建领导小组。

组建由 e 游小镇管委会牵头，企业代表、业主代表等小镇景区相关利益主体代表共同组成的 3A 级景区创建领导小组，管委会主任任领导小组组长，企业代表、业主代表为副组长，成员由各企业负责人组成，全面负责、协调小镇景区创建等各项工作。下设创 3A 创建办公室，由管委会办公室主任任创建办主任，办公室成员由各部门相关人员组成，全面负责 3A 级景区创建的各项协调与沟通工作。

二是成立 e 游小镇旅游发展有限公司。

公司下设办公室、开发建设部、设备部、市场部、宣传部、运营部等部门，全面负责小镇景区旅游开发建设、运营管理、宣传营销等各项工作。

三是梳理并完善景区各项规章制度、执行记录。

梳理并补充完善景区各项管理制度和岗位职责。游客中心、厕所、停车场、购物场所、餐饮场所等对应制度应在墙上予以公示。应对各项管理制度的实施情况作详细记录，增强贯彻执行力，做好台账整理工作。

图 9-1　上虞区 e 游小镇景区管理机构架构

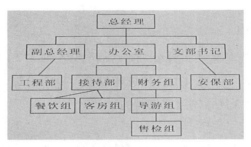

图 9-2　浦江县神丽峡景区组织机构

②规章制度健全

为更好地开发建设、运营管理旅游景区，旅游景区应该建立健全各项规章制度，如旅游质量、旅游安全、旅游统计、环境卫生等规章制度（见图 9-3）。旅游景区市场营销、质量、导游、卫生、环保、统计等规章制度应健全，每缺一项扣 2 分。

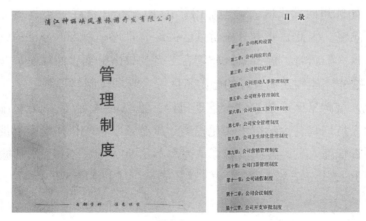

图 9-3　浦江县神丽峡景区管理制度汇编材料

③规章制度贯彻得力

旅游景区在建立健全各项规章制度的同时，还应做好各项规章制度的实施。旅游景区应确保各项规章制度认真执行，在各项规章制度的执行过程中，应做好记录，记录应保持清晰、易于识别和检索；确定记录处理章程（见图9-4和图9-5）。按照国际通行标准，旅游景区的市场营销、质量、导游、卫生、环保、统计等各项规章制度应形成完整的执行记录，并保存一年以上。如果记录不完整，此项不得分。

浦江 3D 罗源景区安保人员管理制度

为确保浦江 3D 罗源景区的各项安全保卫工作顺利开展，保证景区领导、职工、游客的生命财产的安全，严格遵照景区安全措施及保安规范化班组建设精神，特例如下条例：

1、文明执勤，礼貌待人，热情服务，行为规范，着装整洁。

2、做到三勤，勤换衣服，勤剪指甲、勤理发，自觉遵守景区的各项规章制度。

3、准时交接班，不迟到、早退，上夜班不许打瞌睡，执勤时不许闲聊、会客、看小书书刊、玩游戏机等与工作无关的事，并做好日常执勤记录、交接班签名手续，谁当班，谁负责，保管好保安配用警备 器材。

4、严格管好景区的车辆停放工作，熟悉景区的车辆号码，未经许可的车辆，一律不得进入，把保安安全工作落到实处。遇见领导车辆进出，必须立正敬礼，仪表敬意。

5、严格做好四防工作，防火、防盗、防破坏防自然灾害。

6、执勤时做到五勤：嘴勤、眼勤、手勤、脑勤、脚勤。发现问题及时处理，看问题要沉着、冷静、严肃，分清是非，妥善处理。

7、尽快熟悉消防技术操作，做到三懂，懂本岗位的火灾危害性、懂消防知识、懂灭火方法：三会，会报火警，会使用消防器材，会扑火救险，火警电话"119"，治安报警电话"110"。

8、提高保安政治素质、职业道德，树立良好的思想品德，加强政治、业务、文化、消防学习，时政，提高综合性知识，每月召开班组会议一次。

9、做好请假制度，保安员外出要请假，一天之内向班长请假，超出一天向中队长、大队长请假，班长外出向中队长、大队长及保卫部门领导请假。

浦江 3D 罗源景区安保人员岗位职责

1、对发生在执勤区内的案件、事故要及时采取相应措施，并立即报告当地公安机关和景区管理办公室，保护现场、协助公安机关维护现场秩序。

2、把现行违法犯罪嫌疑人扭送到公安机关。

3、落实防火、防盗、防爆炸、防破坏等治安防范措施，紧急情况下应立即采取措施排除。

4、落实执行有关法律、法规规定的其它职责。

5、查验出入执勤区域人员的证件和车辆、物品的出入手续，对拒绝或不能出示相关证明的人员可以依法加以控制并立即报告公安机关处理。

6、纠正、制止危及安全的行为。

7、依照规定携带和使用必要的防卫器材。

8、从事重要岗位守护，押送的保安员，符合国家有关规定的，可以配置保安械。

9、保安员在履行职责过程中，遇到保护目标及本人和他人的生命财产安全遭到不法侵害时，可以按照有关规定使用保安器材。

图9-4　浦江县 3D 罗源景区相关制度

图9-5　浦江县神丽峡景区讲解记录表

9.1.3 企业形象

细则一：服务质量与环境质量评分细则综合管理分项"7.2 企业形象"包括 6 个次分项，即"7.2.1 产品形象""7.2.2 质量目标、质量方针或口号""7.2.3 企业标志运用""7.2.4 企业标志注册""7.2.5 员工服饰"和"7.2.6 员工服务"。

1. 企业形象与规划 PPT
2. 企业形象与规划视频

（1）达标条件

以 5A 级旅游景区为例，旅游景区具有独特的产品形象、良好的质量形象、鲜明的视觉形象和文明的员工形象，应确立自身的品牌标志，并全面、恰当地使用。

（2）企业形象创建内容

①产品形象

旅游景区的形象是促使游客对旅游景区产生良好印象的重要信息源和兴趣点。文化形象、景观形象和建筑形象等的叠加，构成旅游景区的综合形象，并对游客感知旅游景区形象形成"晕轮效应"。旅游景区形象在游客感知旅游景区特色、感受环境氛围、认同旅游景区文化、激发游览兴趣等方面发挥重要的作用。企业形象是旅游者用以识别旅游景区产品与服务，并形成顾客忠诚度的基础，通过塑造可以帮助旅游景区形成与其他竞争者不同的旅游形象，并将旅游形象传达给旅游者，引导旅游者进行旅游决策。

旅游景区具有独特的产品形象并形成外在的企业标志，可以得 5 分。

②质量目标、质量方针或口号

旅游景区的质量形象是旅游景区为游客提供服务质量的一种象征和标志，景区的视觉形象则是旅游景区形象和管理机构形象的结合体，可以将旅游景区的产品形象视为企业识别系统（CIS），包括理念识别、行为识别和视觉识别。

旅游景区应有明确的质量目标，有鲜明的质量方针或口号，为全体员工所熟知（见图 9-6）。在明察暗访过程中，应对员工进行抽查，员工掌

关于公布大瀑布（琼台仙谷）景区
质量目标、质量方针的通知

大瀑布（琼台仙谷）景区下属各部门：

为进一步加强景区质量目标管理，提高景区管理的目标要求，更好的服务游客，提升景区知名度和美誉度，我们制定了质量目标、质量方针，做到景区从业人员人人知晓。

景区质量目标：游客满意是我们永远的追求。

景区质量方针：优美环境，优良秩序，优质服务，让游客满意。

在景区管理和服务的各个环节，全体管理和服务人员要遵循游客至上的宗旨，实施标准化管理，提供优质文明服务，确保环境优美，设施完好，投诉率低，满意度高，管理和服务过程有效监控。

天台县水电综合开发有限公司
浙江天台山琼台仙谷旅游发展有限公司
2019 年 5 月 20 日

图 9-6　天台县琼台仙谷景区质量目标、质量方针或口号

握率不足 50% 的，此项不得分；员工掌握率在 50% 以上的，酌情给 1～3 分；员工全部掌握的，可得 5 分。

③企业标志运用

旅游景区企业标志应在名片、信封、信笺、购物袋、席位卡、服装、雨伞、交通工具、包装、吉祥物等上使用（见图 9-7）。

旅游景区能够在旅游景区入口、导览系统（全景图、导览图、指示牌、景物介绍牌等）、宣传品、门票、工牌等上均有企业标志的，可以得 4 分。

图 9-7　浦江县神丽峡景区企业标志及应用

④企业标志注册

旅游景区应有意识地对旅游景区企业标志及时注册商标，包括旅游景区名称、标识，以防被抢注带来不可估量的损失（见图 9-8）。旅游景区企业品牌标志进行商标注册的，可以得 3 分。

图 9-8　天台县琼台仙谷景区企业标志注册材料

⑤员工服饰

在某种程度上，旅游景区的员工服饰也是旅游景区的形象。旅游景区员工着岗位服饰，佩戴工牌，共计5分，其中，岗位服饰项3分，服饰美观有特色项1分，佩戴工牌项1分（见图9-9）。

图9-9　天台县琼台仙谷景区员工服饰

⑥员工服务

旅游景区员工服务应规范，举止文明，热情大方，服务态度、效果及质量好。能够针对不同客源群体，提供个性化定制服务，此项得10分。

9.1.4 规划

细则一：服务质量与环境质量评分细则综合管理分项"7.3规划"包括3个次分项，即"7.3.1规划制定""7.3.2规划审批"和"7.3.3规划实施"。

（1）达标条件

以5A级旅游景区为例，旅游景区应有正式批准的旅游总体规划，开发建设项目应符合规划要求。

（2）规划创建内容

旅游景区应该有经过审批、实施的旅游总体规划，开发建设项目应符合相关规划要求。正式审批的旅游规划是旅游景区开发、建设和管理的指导性文件，是旅游景区应对旅游市场需求而进行旅游开发的基础和前提。

①规划制订

旅游景区的整改提升规划是按照《旅游景区质量等级的划分与评定》（GB/T 17775—2003）及细则制定的专项规划，通常可以界定为***景区*A创建整改提升规划，内容应该按照标准及细则相关条款逐一对照提出具有针对性的规划。根据旅游景区的实际情况可以包括旅游景区提升方案、旅游景区总体规划、旅游景区控制性详细规划，以及一些需要建设和改造的单体的修建性详细规划。成果一般包括规划设计文本、说明书和图件（见图 9-10 和图 9-11）。

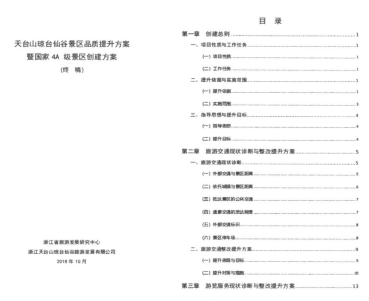

图 9-10　天台县琼台仙谷景区国家 4A 级旅游景区创建方案资料

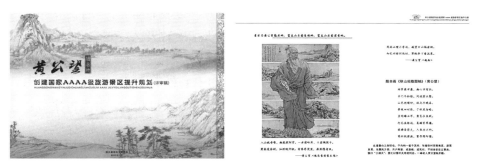

图 9-11　富阳区黄公望隐居地创建国家 4A 级旅游景区提升规划资料

旅游景区规划制定项目分为两个层次：有按照《旅游景区质量等级的划分与评定》（GB/T 17775—2003）及细则制定的相关规划，可以得 10 分；有其他相关规划的，可以得 5 分。

②**规划审批**

旅游景区规划编制完成后，应完成审批工作，这样才能更好地实施（见图 9-12）。旅游景区规划审批项目分为两个层次：旅游部门或当地政府审批的，可以得 5 分；旅游部门参与审批的，可以得 2 分。

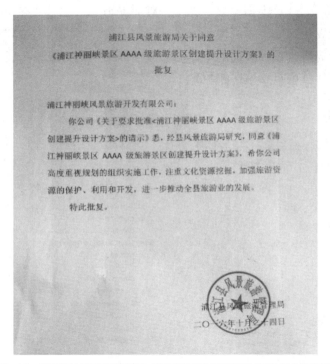

图 9-12　浦江县神丽峡景区 4A 级旅游景区创建提升设计方案批复文件

③**规划实施**

旅游景区规划实施是指将规划的思路、目标，以及旅游景区项目、功能、布局、结构等有关内容付诸实践的过程。需要注意的是：旅游景区规划实施包括土地利用、功能布局、游览项目与设施安排等，严重违规的此项不得分。

旅游景区规划实施项目分为两个层次：规划中的各项建设项目和市场开发方案得到全面实施的，此项得 10 分；如果规划中的主要建设项目和市场开发方案得到基本实施的，可以得 5 分。

9.1.5 培训

细则一：服务质量与环境质量评分细则综合管理分项"7.4 培训"
包括 4 个次分项，即"7.4.1 培训制度、机构、人员、经费明确，落
实""7.4.2 年度培训范围""7.4.3 质量、营销、安全、导游、卫生、
环保、统计等业务培训全面"和"7.4.4 培训效果"。

1. 培训与游客投诉及
意见处理 PPT
2. 培训与游客投诉及
意见处理视频

（1）达标条件

以 5A 级旅游景区为例，旅游景区应有培训机构、制度明确，人员、经费落实，
业务培训全面，效果良好，上岗人员培训合格率达 100%。

（2）培训创建内容

①培训制度、机构、人员、经费明确，落实

定期或不定期地对旅游景区员工进行培训是提高旅游景区服务与管理水平的重要
途径和方法，也是旅游景区服务标准化建设的重要一环。通过行之有效的员工培训能
够提高旅游景区员工的服务意识和服务技能，从而更好地为旅游者提供个性化、优质
的旅游服务，也提高了旅游者对旅游景区的满意度（见图 9-13 和图 9-14）。

旅游景区培训制度、机构、人员、经费明确，落实，共 4 分，如有一项不落实，
扣 1 分，可扣 4 分。

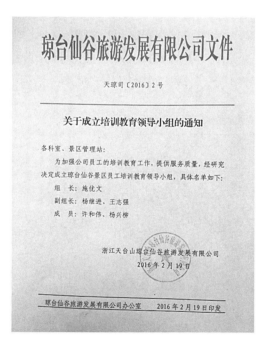

图 9-13　天台县琼台仙谷景区培训教育领导小组文件

景区员工培训管理制度

为加强景区员工的培训工作，切实提高全体员工的业务、服务和管理水平，特制订员工培训管理制度。

一、培训内容：

1. 员工培训应根据其所从事的工作，以专业培训和岗位培训为主。

2. 管理人员应充分掌握旅游工作的方针、政策和法规，学习和掌握现代管理理论和技术，提高市场预测能力、决策能力、控制能力。通过培训充实知识，提高实际工作能力。

3. 专业技术人员如工程技术人员、导游、规划、财会人员等，应接受各自的专业技术培训，努力掌握本专业的理论知识和业务操作方法，从而提高专业技能。

4. 全体工作人员须学习景区及本部门各项规章制度，掌握各自岗位责任制和要求，提高业务水平和操作技能。

二、培训方法：

1. 由专业教师讲课，系统地讲授专业基础理论知识、业务知识、操作技能，提高专业人员的理论水平和实践能力。

2. 本单位业务骨干介绍工作经验，做好传帮带。

3. 组织员工到优秀景区参观学习，实地观摩。

三、培训形式：

1. 长期脱产培训，主要培养有发展前途的业务骨干，使之成为合格的管理人员。

2. 短期脱产培训，主要适用于上岗培训，某些专业性强的技术培训。

3. 举办专题、专项学习培训，讲座，业务技术经验交流。

4. 业余培训，鼓励员工积极参加各种与本职工作相关的培训、函授、资格学历教育，并承认相应的资格学历。

四、培训管理：

1. 由办公室全面负责员工培训工作，制订培训相关制度、年度培训计划，落实培训人员，培训经费。建立员工培训档案，将员工的培训内容、培训方式、考核成绩及时记录在档。

2. 按计划、分批分阶段结合实际对质量、营销、安全、导游、卫生环保、统计等业务进行全面培训，逐步提高员工队伍素质。

3. 全体员工都要参加相关专业和管理的培训，培训结束成绩合格者，发给培训合格证书。

4. 员工培训的考核成绩与工资晋升、年终考评和奖金、提拔任用相结合，对于取得优异成绩者给予相应的奖励。

天台县水电综合开发有限公司
浙江天台山琼台仙谷旅游发展有限公司
2020 年 1 月 3 日

图 9-14　天台县琼台仙谷景区培训制度

②年度培训范围

旅游景区应有年度培训范围相关资料，可以根据年度计划及实施记录，对每一位正式员工建立培训档案（见图 9-15 和图 9-16）。此项目分为两个层次：管理人员及服务人员全面培训，可以得 4 分；管理人员及服务人员部分培训，可以得 2 分。

2018年度培训预算安排表

序号	培训内容	参加对象	拟培训课时	培训人数	预算经费
1	导游知识	讲解员	20	9	5000
2	服务规范、礼仪	全体人员	16	46	5000
3	安全	管理和安保人员	8	15	1500
4	环境保护	管理和保洁人员	4	12	1000
5	卫生	管理和保洁	4	12	1000
6	营销	管理和营销人员	4	8	1000
7	统计	管理和财务	4	4	1000
8	财务	财务	8	3	1500
9	继续教育	相关人员		5	15000
	合计				32000

图 9-15　天台县琼台仙谷景区
2018 年培训预算安排表

景区2019年度员工培训计划表

类别	参加对象	学习内容	目标要求	备注
游客礼仪培训	全体员工	游客服务礼仪	增强景区工作人员服务意识	参加集团培训
景区常规知识培训	全体员工	各岗位工作人员职责	提升服务技能	参加集团培训
景区优惠政策解读	全体员工	各景区相关优惠政策	了解免费和年票对象及优惠政策	参加集团培训
景区生产安全常识讲解	全体员工	安全生产知识	提升员工安全意识	参加集团培训
景区救护应急培训	全体安保人员	景区常见的突发疾病及相应的救护措施	提升景区突发应急救护意识及急救能力	邀请专业医生授课
景区保安员岗后培训	全体安保人员	景区保安员日后培训	强化专业服务意识，提升开门业务能力	邀请保安公司培训专员授课

图 9-16　天台县琼台仙谷景区
2019 年度员工培训计划表

③质量、营销、安全、导游、安全、环保、统计等业务培训全面

旅游景区员工培训的内容涉及面广泛。一般来说，旅游景区培训部门应该做好统

计、环境保护、旅游安全、导游导览等方面的业务培训工作，以提高员工的服务质量与服务水平（见图 9-17）。旅游景区应做好质量、营销、安全、导游、安全、环保、统计等业务培训，缺一项培训扣 1 分。

图 9-17　天台县琼台仙谷景区培训现场照片

④培训效果

通过培训计划和实施记录可以看出旅游景区的培训工作开展得是否全面，有关岗位的工作人员是否接受了与其岗位工作有关的必要培训（见图 9-18）。获得良好的效果是培训的最终目的。旅游景区培训效果以抽查员工，考察其业务为主，如果效果很好，即回答流利、正确、全面，可以得 5 分；回答基本正确，可以得 3 分。

2018年度琼台仙谷景区员工培训考核表（景区管理组）

姓名	考核情况	姓名	考核情况
王志强	合格	余洁	合格
许和伟	合格	袁薇	合格
杨兴柳	合格	陈燕舞	合格
余申	合格	陈爱平	优秀
叶旭东	优秀	徐梦雅	合格
田朝辉	优秀	范秀芽	合格
朱瑾肖	合格	杨晓秀	优秀
陈云伟	合格	车赛茜	合格
胡文伟	合格	陈锦婷	合格
范斌	合格	葛敏群	合格
陈玮建	合格	陈静	合格
陈闻	合格	徐丹丹	合格
陈洁刚	优秀	洪丹丹	合格

2019年度琼台仙谷景区员工培训考核表（景区管理组）

姓名	考核情况	姓名	考核情况
王志强	合格	葛敏群	合格
许和伟	合格	洪丹丹	优秀
许斌	合格	陈锦婷	优秀
陈永辉	合格	陈玮健	合格
陈云伟	合格	范斌	合格
胡文伟	合格	王嫒	合格
余申	合格	徐亦俱	合格
陈洁钢	合格	朱瑾肖	合格
杨晓秀	合格	袁相地	合格
范秀芽	优秀	许林井	合格
陈燕舞	优秀	梅明住	合格
陈静	合格	王富云	优秀
余洁	合格	王钦高	合格
陈爱平	合格	金洪寿	优秀
徐梦雅	合格	屁斌亮	合格
徐丹丹	合格	魏斯吴	合格
车赛茜	合格	王传富	合格
陈闻	合格	杨兴柳	合格
袁薇	合格		

图 9-18　天台县琼台仙谷景区培训效果资料

9.1.6 游客投诉及意见处理

细则一：服务质量与环境质量评分细则综合管理分项"7.5 游客投诉及意见处理"包括 3 个次分项，即"7.5.1 投诉数量及性质""7.5.2 投诉处理"和"7.5.3 征询游客意见"。

（1）达标条件

以 5A 级旅游景区为例，旅游景区应投诉制度健全，人员落实、设备专用，投诉处理及时、妥善，档案记录完整。

（2）游客投诉及意见处理创建内容

旅游景区应该制定详细的旅游投诉处理制度，向旅游者公示受理电话、机构和经办人员。游客投诉电话要单独设立，投诉办公室可以设在游客中心，以方便旅游者反映问题。

①投诉数量及性质

游客投诉可以分为显性投诉与隐性投诉两种。前者是旅游者产生不满后主动表现出来，进行投诉，从而为在第一时间进行处理提供了可能；后者则是转化成为"不良口碑"或"负面效应"，从而影响旅游景区的形象。旅游景区应对这两种情况进行分类处理。

旅游景区游客投诉数量及性质，应查询有关行政管理部门和旅游景区自身的记录，共 4 分，酌情给分。但值得注意的是，近两年内发生重大质量投诉（涉及对旅游者人身侵犯和健康损害的旅游投诉，均视为重大质量投诉），此项不得分。

②投诉处理

投诉处理是旅游景区服务中非常重要的一环。投诉的游客通常是遇到了难以解决的问题，甚至遭受到了伤害或损失。

旅游景区投诉处理标准包括投诉处理制度健全、投诉服务设施齐备（有明确的投诉电话、有明确的投诉办公室标志、有投诉信箱、意见本等）、投诉处理过程（受理投诉迅速、服务态度好、记录完整细致）、投诉处理效果好等内容，其分值分别为 2 分、3 分、4 分、1 分。其中，投诉处理效果好是指应仔细检查投诉处理记录，对于重大投诉可向投诉人了解反馈意见（见图 9-19 至图 9-21）。

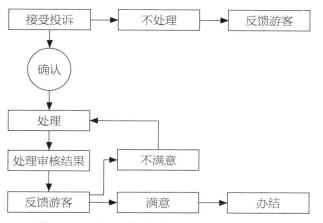

图 9-19 富阳区黄公望隐居地景区投诉处理流程

图 9-20 天台县琼台仙谷景
区投诉处理室

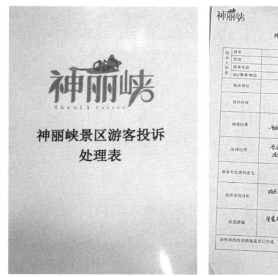

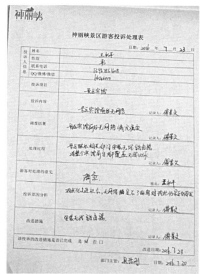

图 9-21 浦江县神丽峡景区游客投诉处理材料

③征询游客意见

游客满意是旅游景区健康、可持续发展的基础。旅游景区游客意见抽样调查要充分考虑意见征询对象不同的性别、年龄、职业、地域、社会阶层等，应在面向重点目标游客的前提下，兼顾样本的代表性和普遍性。游客意见抽样调查可以针对整个旅游景区，也可以仅仅针对旅游景区的某个服务项目。

旅游景区征询游客意见共计 6 分，包含 3 个方面的内容：第一，定期征询，一年不少于 3 次，计 2 分；第二，征询数量，旅游景区征询样本数量符合接待规模（总量达到全年接待量的 1/1000），计 2 分；第三，意见处理，征询意见有分析、有通报、有改进措施，计 2 分（见图 9-22）。

图 9-22 浦江县神丽峡景区游客意见调查表材料

9.1.7 旅游景区宣传

细则一：服务质量与环境质量评分细则综合管理分项"7.6 旅游景区宣传"包括 3 个次分项，即"7.6.1 通过国际互联网宣传""7.6.2 通过电视宣传"和"7.6.3 通过报刊宣传"。

1. 旅游景区宣传 PPT
2. 旅游景区宣传视频

（1）达标条件

以 5A 级旅游景区为例，旅游景区宣传要求宣传方式多样，宣传效果明显，宣传内容丰富，旅游景区整体旅游形象知名度高。

（2）旅游景区宣传创建内容

旅游景区的对外宣传是最直接、最快捷的宣传方式。例如有些旅游景区在游客主要客源地高速公路的两侧投放高炮广告、在大中城市的公交车上做车身广告、在城市的地铁站做广告等；参加各种类型的旅游宣传推介会；与地方旅行社合作进行宣传推广等。

①通过国际互联网宣传

一般来说，旅游景区都会利用国际互联网进行宣传。可以通过查询与网络服务商的合同，并结合上网查询，来检查旅游景区通过国际互联网宣传的情况，此项计 21 分（见图 9-23 和图 9-24）。

图 9-23　杭州西溪湿地景区官网截图

图 9-24　北京故宫博物院官网截图

通过国际互联网宣传包括域名及中文网址、依托网站、内容、建成数字虚拟景区、支持语种 5 个方面的内容。其中，域名及中文网址，计 2 分，如果旅游景区有独立域名且有中文网址的，计 2 分；只有独立域名的，计 1 分。

依托网站项目，计 4 分。如果旅游景区有依托知名综合网站或权威旅游专业网站，计 4 分；如果依托其他网站，计 2 分。

网站内容项目，计 4 分。如果旅游景区内容丰富，全面说明景区情况，计 4 分；如果旅游景区内容一般，基本说明景区情况，计 2 分。

建成数字虚拟景区，计 7 分。旅游景区可以实现网上游览［所谓"数字虚拟景区"是指利用现代计算机数字技术，模拟真实旅游景区，实现在计算机和互联网上再现旅游景区真实场景）。根据技术和模拟程度的不同，"数字虚拟景区"可以分为 2D 虚拟景区（二维）和 3D 虚拟景区（三维）两种］。

支持语种项目，计 4 分。如果旅游景区有英文的网站，计 2 分，如果旅游景区有其他语种的网站，计 2 分。

②通过电视宣传

在中央电视台、地方卫视等强势媒体上和主要客源地市场的主要媒体中投放旅游景区的旅游形象广告片，通过阶段性密集式的宣传强化，把旅游景区的整体旅游形象传达给广大受众。

旅游景区通过电视宣传包括节目形式和播放级别两个方面的内容，共计10分。节目形式，计5分：如果旅游景区有介绍本景区的电视专题片，计5分；如果旅游景区在其他旅游电视宣传片中对景区有重点介绍的，计3分。播放级别，计5分：如果旅游景区的宣传片在中央电视台播放的，计5分；旅游景区的宣传片在地方卫视播放的，计3分；旅游景区的宣传片在地方台播放的，计1分。

③通过报刊宣传

旅游景区应该在发行量大的报刊上刊登旅游景区的宣传广告和照片。旅游景区通过报刊宣传，计6分，包括文章介绍形式和报刊级别两个方面的内容。

文章介绍形式，计3分：如果旅游景区有专题介绍的，计3分；如果旅游景区在综合报道中有重点介绍的，计1分。报刊级别，计3分：如果旅游景区有中央级报刊宣传的，计3分；旅游景区有省级报刊宣传的，计1分（见图9-25）。

图9-25 《富阳日报》宣传报道富阳区黄公望隐居地景区

9.1.8 电子商务

细则一：服务质量与环境质量评分细则综合管理分项"7.7 电子商务"包括3个次分项，即"7.7.1 查询""7.7.2 预订"和"7.7.3 支付"。

（1）达标条件

以5A级旅游景区为例，旅游景区电子商务要求方便快捷、系统全面。

1. 电子商务与社会效益PPT
2. 电子商务与社会效益视频

（2）电子商务创建内容

旅游景区电子商务主要能够为旅游者实现网上预订、住宿管理、出行管理、餐饮管理、景区 POS 系统、旅游景区信息管理等功能。人性化与个性化的信息查询功能支持用户在任何情况下都可以轻松、迅速地查找最终信息。旅游景区电子商务系统可以按照多种条件，方便快捷、高效查询相关信息。

①查询

旅游景区查询功能，计 5 分。游客可以动态查询未来特定时间段预计游客接待量（见图 9-26）。

图 9-26　天台县琼台仙谷景区官网查询功能

②预订

旅游景区的预订功能，计 20 分，包括预订门票、预订住宿、预订商品，以及预订其他功能，分别计 7 分、3 分、2 分、8 分（见图 9-27）。其中，预订其他功能，包括娱乐、餐饮或其他个性化服务的定制。

图 9-27　浦江县神丽峡景区通过合作旅游 OTA 平台实现预订功能

③支付功能

旅游景区的支付功能，计5分。一般来说，旅游景区都能够提供网上支付功能（见图9-28）。网上支付是电子支付的一种形式，它是通过第三方提供的与银行之间的支付接口进行的即时支付方式，这种方式的好处在于可以直接把资金从用户的银行卡中转账到网站账户中，汇款马上到账，不需要人工确认。客户和商家之间可采用信用卡、电子钱包、电子支票和电子现金等多种电子支付方式进行网上支付，采用在网上支付的方式节省了交易的开销。

图9-28　浦江县神丽峡景区通过旅游 OTA 平台实现支付功能

9.1.9 社会效益

细则一：服务质量与环境质量评分细则：综合管理分项"7.8 社会效益"包括 2 个次分项，即"7.8.1 带动当地社会就业"和"7.8.2 对当地经济带动作用"。

（1）达标条件

以 5A 级旅游景区为例，旅游景区社会效益要求对当地社会经济发展起到一定的带动作用，成效明显。

（2）社会效益创建内容

旅游景区发展应给旅游景区及旅游地带来促进居民就业，增加当地居民收入，提高当地旅游经济发展水平等积极的作用。

①带动当地社会就业

旅游景区发展可以带动当地社会就业，计 8 分：如果旅游景区的员工有 80% 为当地居民的，计 8 分；如果旅游景区的员工有 50% 为当地居民的，计 5 分；如果旅游景区的员工有 30% 为当地居民的，计 3 分（见图 9-29）。

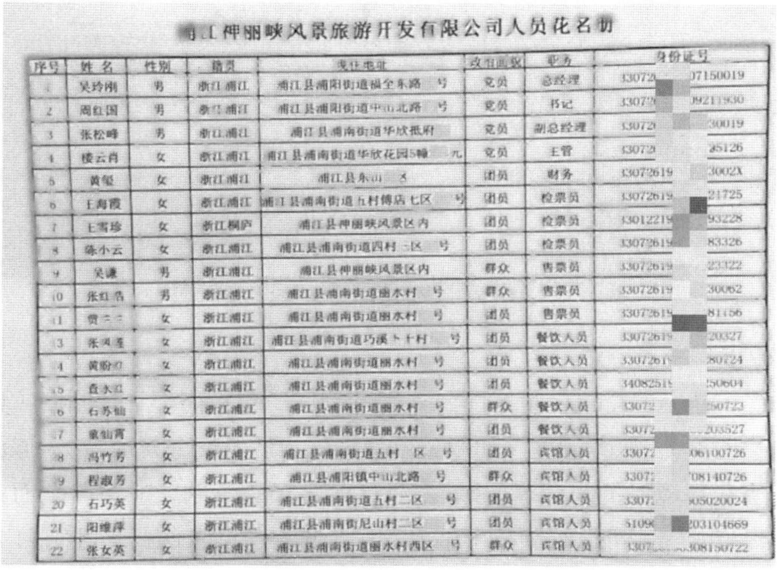

图 9-29 浦江县神丽峡景区推动当地居民就业信息一览表（部分）

②对当地经济的带动作用

旅游景区发展可以带动当地经济发展，计 8 分，可以通过查阅旅游景区产值、税收等财务档案获得相关信息。如果旅游景区对当地经济带动作用显著，计 8 分；如果旅游景区对当地经济带动作用一般，计 3 分。

9.2 认识景区综合管理标准应用与实践

9.2.1 旅游景区创建过程中的综合管理应用

（1）机构与制度

①管理机构健全，职责分明

旅游景区应根据自身实际情况，构建旅游景区管理机构，建立健全旅游景区管理制度，明确各管理部门、管理人员的工作流程与员工职责，实现旅游景区所有者、旅游景区经营者、旅游景区监管者三者权力分离（见图 9-30）。

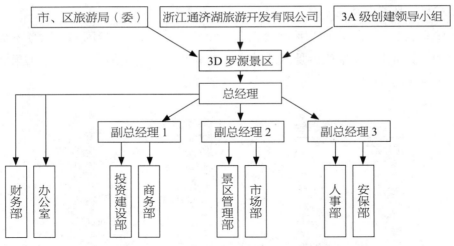

图 9-30　金华市浦江县 3D 罗源景区管理机构

②规章制度健全

旅游景区应建立健全旅游景区的各项管理制度，包括内部管理制度（如人力资源管理、财务管理等）、服务制度（如服务质量管理、现场安全管理等）、旅游资源管理制度（如资源和环境保护制度等）。旅游景区的各项规章制度应覆盖全面完整，不留死角。此外，旅游景区可以编制员工手册，作为每一位员工的行为准则和工作依据。

同时，旅游景区应制定健全的旅游质量、旅游安全、旅游统计等方面的各项经营管理制度，同时建立有效的监管机构和考核机制（见图 9-31）。

③规章制度贯彻得力

旅游景区在建立健全各项规章制度的同时，应该强化各项规章制度的实施与落实，做到"有章必循""有循必严"等原则，确保各项管理制度得到有效的贯彻执行。同时，各项管理制度在实施过程中，应做好记录，记录应保持清晰、易于识别和检索；确保记录处理章程，规定记录的标识、贮存、保护、检索、保存期限和处置所需的控制。按照国际通行标准，旅游景区的市场营销、质量、导游、卫生、环保、统计等各项规章制度应形成完整的执行记录，并保存一年以上（见图 9-32）。

图 9-31　金华市浦江县 3D 罗源景区规章制度

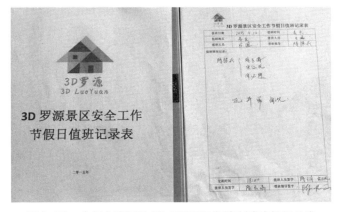

图 9-32　金华市浦江县 3D 罗源景区规章制度实施记录表

（2）企业形象

①产品形象

旅游景区应根据其提供的有形产品与无形产品，如景观特色、展示展陈内容、导游讲解等的体验，形成自己的产品形象。构建旅游景区的质量形象，体现旅游景区的服务目标和宗旨、服务特点、服务水平。构建旅游景区的视觉形象，包括理念识别、行为识别和视觉识别，共同构建旅游景区的产品形象。

②质量目标、质量方针或口号

旅游景区应根据自身特征，构建自己的质量目标、质量方针或口号。如金华市浦江县 3D 罗源景区构建了自己的质量目标、质量方针或口号为：服务第一、游客至上，以凸显旅游景区自身的个性特征（见图 9-33）。同时，质量目标、质量方针或口号应在游客中心等显著位置予以明示。

图 9-33 金华市浦江县 3D 罗源景区质量方针与应用

③企业标志运用

旅游景区应设计、制作和运用旅游景区的企业标志，并应用在旅游景区入口、导览系统（如全景图、指示牌、景物介绍牌等）、宣传品、门票、工牌等上（见图 9-34）。

图 9-34 金华市浦江县 3D 罗源景区企业标志与运用

④企业标志注册

旅游景区企业标志设计、制作完成之后，应尽快进行工商注册，包括旅游景区名称、标识等，以免被其他旅游企业抢注（见图9-35）。

图 9-35　杭州市淳安县千岛湖龙川湾标志注册

（图片来源：http://www.tmkoo.com/detail/27cbe4380b79f80d96754/ee3bb/3223/431）

⑤员工服饰

旅游景区应设计与地域文化和旅游景区文化相适应的工作服，针对不同岗位选择不同颜色和款式。同时，要求员工在上班期间统一着装，佩戴景区标识和工牌，工作服要保持整洁。有条件的旅游景区还可以开展员工礼仪培训，强化微笑服务，让员工良好的仪表仪容成为旅游景区的一道亮丽风景线（见图9-36）。

图 9-36　江苏常熟沙家浜·虞山尚湖旅游区员工服饰

⑥员工服务

旅游景区应根据自身个性特征，结合接待旅游者属性特征，积极探索，实施个性化、人性化的服务，并通过培训等手段提升员工服务的质量和水平，提高旅游景区的游客满意度和回访率。

（3）规划

①规划制订

旅游景区应按照《旅游景区质量等级的划分与评定》（GB/T 17775—2003）及细则，编制完成旅游景区创建整改提升方案，用于指导旅游景区创建工作（见图9-37）。也可利用旅游景区已有的相关规划，如《＊＊＊旅游景区总体规划》《＊＊＊旅游景区发展战略规划》等，编制相关提升方案。

图9-37　金华市浦江县3D罗源景区创建方案

②规划审批

旅游景区的旅游规划编制完成后，应邀请当地文化和旅游主管部门或者政府其他相关职能部门进行联合审批，以便更好地实施规划（见图9-38）。

③规划实施

旅游景区规划经过审批后，应尽量严格按照旅游景区规划进行开发建设，确保旅游景区健康、可持续发展。因此，旅游景区应制定具体的措施确保旅游规划实施：第一，制订实施计划的政策法规和保障措施；第二，规划实施管理机构；第三，制订实施目标与计划；第四，制订旅游产品的实施与促销计划；第五，利用融资策略；第六，制订人才培养计划，分步实施等。

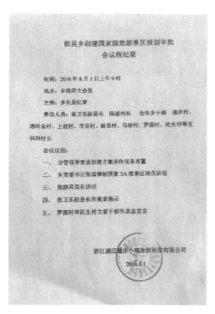

图 9-38　金华市浦江县 3D 罗源景区规划审批

（4）培训

①培训制度、机构、人员、经费要明确落实

培训制度是旅游景区管理机构基于对培训工作重要性认识而对培训工作所做的规范性安排。在培训制度中需要明确为何要培训，培训内容有哪些，培训需求的识别程序，培训过程的一般性要求，以及如何将培训成果应用于日常管理的安排中（见图9-39）。在旅游景区的管理机构架构中，都会设置一个部门专职负责旅游景区的培训工作和职能，一般情况下，会设置在旅游景区人力资源管理部门或行政部门，也可以设立专门的旅游景区培训部，配备培训专员具体负责各项培训工作的安排与实施，并且应对每个财务年度用于培训的经费开支情况进行预算和最终的落实。

工作人员培训制度

为使3D罗源景区的员工培训工作长期稳定统一和规范地进行，使员工培训管理有所遵循，特制定本制度。

一、培训的目的在于开发3D罗源景区人力资源，提高景区员工素质，激发员工潜能提高工作绩效，使员工获得景区发展所需要的知识和技能，从而与景区共同成长。

二、本制度中的培训是指3D罗源景区员工在特定的场合就某一主题进行的学习、讨论、演练等各种旨在提高员工工作技能和素质的活动。

三、培训机构与职责

1.3D罗源景区的培训工作实行人力资源部归口管理，各部门配合实施的原则。

2.人力资源部为景区的培训主管机构。人力资源部应依据3D罗源景区的人力资源状况、各部门的培训需求及景区的全年工作安排制定出景区总体的年度和月度培训计划，经批准后组织实施并考核。

3.人力资源部在培训中的主要职责：

（1）景区培训体系的建立，培训制度的制订与修订；

（2）景区培训计划的制订与组织实施；

（3）对各部门培训计划实施督导、检查和考核；

（4）培训教材、教具的购置、保管；

（5）对培训师的选聘，确定及协助教学；

（6）外派培训相关事项的管理及外派参训员工的管理；

（7）年度、月度培训报告的撰写、呈报，培训报表、资料的收集、汇总、整理与归档。

4.培训方式与内容：

（1）景区对员工的培训方式分为内训（内部培训和外聘培训）和外训（外派培训）两种。

（2）参加外训员工必须在本景区工作满一年（含）以上。

（3）外派参加培训的人员在培训结束以后，必须及时将培训期间的学习笔记和培训资料上交到人力资源部进行归档，作为培训素材供景区内训时使用。否则对外训员工予以记过处分，并且不予报销相关费用。

图9-39　金华市浦江县3D罗源景区培训制度

②年度培训范围

旅游景区应于岁末年初制订下一年度对全体管理人员和服务人员的培训计划。计划的制订来源于培训需求分析，在培训计划中应明确全年培训的重点内容、预计开展的时间、培训方式、师资来源、项目预算、评价方式、结果反馈等。年度培训计划是总体性的，就单项培训内容还需制定更为详细的培训方案。旅游景区管理机构对所有员工，无论其身份、性质如何，都应建立独立的培训档案，记录该名员工从入职以来所接受的相关培训的信息，培训要求与员工的职业发展相挂钩（见图9-40）。

3D 罗源景区 2015 年度培训计划

一、培训宗旨

根据景区的发展战略，将培训的目标与景区发展的目标紧密结合，围绕景区发展开展全员培训，不断探索创新培训形式：实行全员培训，建立培训效果与激励挂钩机制，搭建起学习型、知识型企业的平台。

二、培训目的

1.掌握景区规章制度、岗位职责、工作要领，使员工更好地胜任本职工作；

2.改进员工工作表现，强化责任意识，提升员工履行职责的能力和主人翁的责任感，端正工作态度；

3.提高工作热情，培养团队合作精神，形成良好的工作习惯；

4.提高景区整体素质，增强景区的竞争能力及持续发展能力。

三、培训要求

1.培训工作要准备充分，注重过程，讲求效果，防止形式主义。

2.授课方法要理论联系实际，通俗易懂，深入浅出。

3.参加培训的员工要严格遵守培训纪律，准时参加培训，认真听课，细作笔记。实习时要尊重老员工，严格按规程操作。

4.培训的员工未经批准不得无故缺席培训课程

四、培训方式

1.以自办为主，外请为辅，采取培训中心讲师授课与各部门的专项培训相结合，相对集中的办法进行。

2.授课人以培训中心讲师为主，亦可通过聘请方式从景区优秀员工、专业能力强的资深老员工中出任兼职讲师。

五、培训对象

培训对象：景区管委会各部门职工。

六、培训内容

1.员工岗位职责的培训内容。

①本岗位的职能、重要性及其在景区中所处的位置。

②本岗位的工作对象、具体任务、工作标准、效率要求、质量要求、服务态度及其应当承担的责任、职责范围。

③本岗位的工作流程、工作规定、奖惩措施、安全制度及国家行政机关对相应行业的管理规定。

④掌握景区软管理措施如相关票据、账单、表格的填写方法、填写要求和填写规定。

2.员工职业素质的培训内容。

①基本礼仪的学习。

②培养团队合作精神，强化主人翁责任意识。

③企业文化及发展目标，增强凝聚力。

3.基层管理人员的管理方法及管理水平的提高。

图 9-40　金华市浦江县 3D 罗源景区培训计划

③质量、营销、安全、导游、卫生、环保、统计等业务培训应全面

旅游景区应根据旅游景区自身发展需要，进行质量、营销、安全、导游、卫生、环保、统计等方面的业务培训工作（见图 9-41 和图 9-42）。

| 图 9-41 | 金华市浦江县 3D 罗源景区培训 | 图 9-42 | 金华市浦江县 3D 罗源景区培训档案 |

④培训效果

旅游景区可以通过工作文件、工作记录、考试和现场考核等方式验证培训是否达到了预期目的，还有哪些地方需要改进，以及更进一步的培训需求等。

（5）游客投诉及意见处理

①投诉数量及性质

旅游景区应该对自身显性与隐性投诉进行分类处理。对显性投诉要进行及时处理，并将处理结果反馈给投诉者，对隐性投诉则需要通过游客意见调查来获得，将游客意见与游客投诉放在同等重要的地位予以处理。

②投诉处理

旅游景区工作人员应耐心做好游客的情感抚慰工作，仔细了解投诉缘由，想游客之所想，急游客之所急，把游客当成"亲人"来看待，设身处地地去为游客解决实际问题，让游客开心而来，满意而归（见图 9-43）。

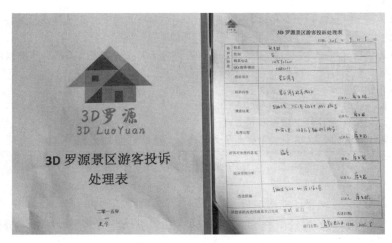

图 9-43　金华市浦江县 3D 罗源景区游客投诉处理

③征询游客意见

旅游景区应做好游客意见征集及其处理工作（见图 9-44）。游客意见征询大致可以分为主动和被动两种方式。主动方式是指抽样调查，包括派出调查人员面对面主动接触游客，发放调查表征询意见；旅游景区营销工作人员电话或拜访旅行社经理、导游，以邮件等方式联系顾客，举办座谈会等。被动方式是指通过公开的渠道，获取顾客反馈的信息与意见。

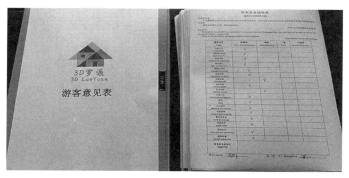

图 9-44 金华市浦江县 3D 罗源景区游客意见征询

（6）旅游景区宣传

①通过国际互联网宣传

旅游景区应建立自己的宣传网站，开展网络宣传，内容包括旅游景区基本情况、旅游景区新闻宣传等内容。旅游景区可以利用互联网来宣传展示旅游景区的整体形象，有条件的还可以开发建设旅游景区的虚拟景区，让旅客体验数字化游览（见图 9-45）。

图 9-45 金华市浦江县 3D 罗源景区官网

②通过电视宣传

旅游景区可以在中央电视台、地方卫视、地方台等电视媒体上进行专题宣传、旅游形象片宣传等，通过多渠道、多方式强化宣传，强化旅游景区的旅游品牌形象（见图9-46）。

图 9-46　金华市浦江县 3D 罗源景区电视宣传

③通过报刊宣传

旅游景区应通过中央级报刊、省级报刊，以及地市、县市区报刊进行全面宣传，以提升旅游景区的知名度和美誉度（见图9-47）。

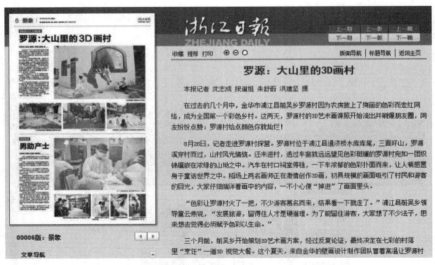

图 9-47　金华市浦江县 3D 罗源景区报刊宣传

（7）电子商务

①查询

旅游景区应充分利用旅游景区官网或第三方旅游OTA网站进行旅游景区信息、门票、住宿等信息的查询工作（见图9-48）。

图 9-48　杭州市西溪国家湿地公园官网

②预订

旅游景区应充分利用旅游景区官网或第三方旅游OTA网站进行旅游景区门票、住宿等的预订工作（见图9-49和图9-50）。

图 9-49　携程网杭州市西溪国家湿地公园查询、预订功能

图 9-50　杭州市西溪国家湿地公园官网的预订功能

③支付

旅游景区应充分利用旅游景区官网或第三方旅游 OTA 网站进行旅游景区门票、住宿等的支付工作（见图 9-51）。

图 9-51　杭州市西溪国家湿地公园官网的支付功能

（8）社会效益

①带动当地社会就业

旅游景区的发展可以带动旅游景区及当地区域居民就业，并增加当地居民收入（见图 9-52）。

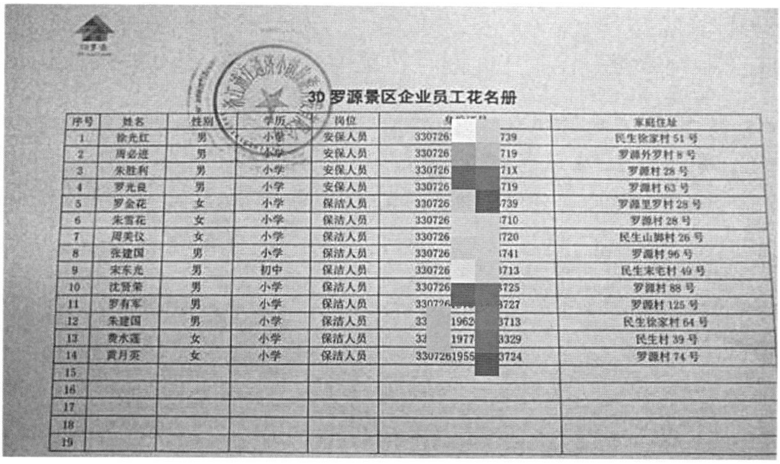

图 9-52　金华市浦江县 3D 罗源景区部分当地员工名册

②带动当地经济

旅游景区的发展可以带动当地经济发展。

9.2.2　景区综合管理明察暗访工作实践重点

根据《旅游景区质量等级管理办法》，旅游景区创建阶段，旅游景区质量等级评定委员会通过明察、暗访等方式对旅游景区进行检查；创建后的管理与监督阶段，各级旅游景区质量等级评定机构对所评旅游景区要进行监督检查和复核，采取重点抽查、定期明察和不定期暗访，以及社会调查、听取游客意见反馈等方式进行。明察的现场检查主要通过提问和交谈、现场观察对标准文本以及综合管理评分细则进行检查；暗访主要对旅游景区的机构与制度、企业形象、游客投诉及意见处理、旅游景区宣传、电子商务等方面内容的全部或部分进行实地检查。

（1）综合管理暗访工作重点

旅游景区综合管理部分暗访的内容相对较少，主要涉及机构与制度、企业形象、游客投诉及意见处理、旅游景区宣传、电子商务等方面内容的全部或部分进行暗访，具体包括：旅游景区部分场所管理制度健全与否，企业标志运用，质量目标、质量方针或口号及使用，员工服饰与服务，游客投诉及其处理，旅游景区宣传（国际互联网宣传、电视宣传、报刊宣传），电子商务（查询、预订、支付）等方面。

（2）某古镇 4A 级旅游景区暗访案例

①机构与制度

景区内的管理机构与制度暂未公示。

②企业形象

景区内员工服饰未统一，工作时间存在玩手机的现象（见图9-53）。

图9-53　某古镇的员工服饰不统一

③投诉处理

景区内未设有专用的景区投诉办公室和投诉处理人员。

（3）某4A级旅游景区暗访案例

①企业标识运用

目前景区企业标识无应用，仅部分标识导览系统中存在某旅游度假区标识（见图9-54）。

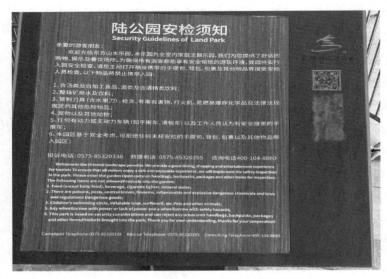

图9-54　安检须知上的某旅游度假区标识

②投诉电话、投诉办公室、投诉箱和意见本

景区公布了投诉电话，但并未见投诉办公室及意见本等（见图9-55）。

图9-55　景区在游玩指南上公布的投诉电话等信息

③旅游景区宣传

景区建有自己的域名及网址，内容丰富能全面说明景区情况，目前仅支持中英双语，不支持其他语言（见图9-56和图9-57）。景区有自己拍摄的宣传片，且在地方卫视播放。

图9-56　某4A级旅游景区官网首页截图

图9-57　景区官网语言调换系统

📍 任务小结

　　《旅游景区质量等级的划分与评定》（GB/T 17775—2003）综合管理部分包括机构与制度、企业形象、规划、培训、游客投诉及意见处理、旅游景区宣传、电子商务、社会效益等 8 个方面，针对不同等级的旅游景区做出了不同的规定要求。细则一：服务质量与环境质量评分细则中综合管理占 200 分，具体包括"7.1 机构与制度"（20分）、"7.2 企业形象"（32 分）、"7.3 规划"（25 分）、"7.4 培训"（20 分）、"7.5 游客投诉及意见处理"（20 分）、"7.6 旅游景区宣传"（37 分）、"7.7 电子商务"（30 分）和"7.8 社会效益"（16 分）。

任务测验

任务10 旅游景区资源和环境的保护

学习导引

杭州西湖 7 棵柳树的"柳暗花明"：一座城市的民意对话

柳，在中华传统文化中是"留"的意象，自汉代起，便有折柳送别、折柳寄远的习俗。杭州西湖断桥边的 7 棵柳树牵动了整座杭城，一场让柳树留下来的心愿在城市中蔓延开来……

2022 年 5 月 11 日下午 3 点，杭州西湖管委会对"柳树换月季"第一次做出回应：北山街（断桥东侧至保俶路口）约 100 米路段处种植的这 7 棵柳树生长在高大的悬铃木下，长期得不到充足的光照，已经出现老化、空洞、"驼背"和严重倾斜的情况，部分柳树存在安全隐患，所以将其移植，并改种花期时间长、色彩多样的月季后，引发了广大市民的热议和质疑，并建议留下柳树。3 个小时后，杭州西湖风景名胜区管委会在官方微博发表声明，将对 7 棵柳树进行补植。5 月 13 日，西湖风景名胜区管委会从零点到 5 点连夜补植新的柳树，并在早上 10 点公开向市民发表歉意，并深刻反省。

这次杭州市政府听取民意，迅速做出反应补植柳树，类似这样的过程，并不是第一次，有心梳理者可以发现，它大体遵循了"冲突—对话—和解"的传播学过程。比如 2017 年 3 月底，北山街保留的一处清末至民国时期的代表性建筑秋水山庄，被使用单位——杭州新新饭店在修缮过程中涂上了颜色过于鲜艳的黄色，引发了热议。杭州市园文局立刻做出补救措施，面对无法考证建筑门头原貌，提出："不论采用哪种方案，都会先报市文物部门审核，文物部门请专家审核后，将方案在园文局官网或媒体上公示，听取民意后，再请有文物保护资质的施工单位来施工。"如今的秋水山庄庄重静逸，依旧伫立在西湖边，在它的一砖一瓦中记录下了杭州人民对它的爱护。

资料来源：徐文杰. 杭州西湖 7 棵柳树的"柳暗花明"：一座城市的民意对话[EB/OL].（2022-05-14）[2023-09-15].https://ori.hangzhou.com.cn/ornews/content/2022-05-14/content_8254332.htm. 有删改。

想一想：对待这种"不合规"的旅游资源，我们应该如何展开资源保护和开发？

学习目标

素质目标

● 践行社会主义核心价值观，能够认识到旅游资源本身的价值；

● 具有环境和资源保护意识，能够从保护出发展开资源的开发和利用；

● 能遵循客观规律与科学精神，履行道德准则和行为规范，对景区内资源展开合理开发工作；

● 具有较好的团队合作意识，能够与各部门以及团队内成员展开顺畅沟通。

知识目标

● 掌握景区创建过程中资源与环境保护模块的概念、内容和要求；

● 了解资源与环境保护模块对接的岗位及其具体职能；

● 掌握对应岗位的管理制度和日常规范。

技能目标

● 能够梳理资源与环境保护工作中的具体任务和细节；

● 能够辨识资源与环境保护工作中的问题，分析诊断资源与环境保护存在的表面问题及其深层次原因；

● 根据资源与环境保护情况，提出具体整改要求。

10.1　认识景区资源和环境的保护评定标准

10.1.1　资源和环境的保护组成

（1）评定项目

《旅游景区质量等级的划分与评定》（GB/T 17775—2003）细则一：服务质量与环境质量评分细则中资源与环境的保护占 145 分，具体包括"8.1 空气质量"（10 分）、"8.2 噪声指标"（5 分）、"8.3 地表水质量达国标规定"（10 分）、"8.4 景观、生态、文物、古建筑保护"（45 分）、"8.5 环境氛围"（69 分）、"8.6 采用清洁能源的设施、设备"（3 分）和"8.7 采用环保型材料"（3 分）（见表 10-1）。

1. 资源和环境的保护 PPT
2. 资源和环境的保护视频

表10-1　资源和环境的保护评定项目与分值

评定大项与分值	评定中项与分值
8. 资源与环境的保护（145 分）	8.1 空气质量（10 分）
	8.2 噪声指标（5 分）
	8.3 地表水质量达国标规定（10 分）
	8.4 景观、生态、文物、古建筑保护（45 分）
	8.5 环境氛围（69 分）
	8.6 采用清洁能源的设施、设备（3 分）
	8.7 采用环保型材料（3 分）

（2）旅游交通质量等级划分条件

《旅游景区质量等级的划分与评定》（GB/T 17775—2003）在空气质量、噪声质量、地面水环境质量、污水排放、自然景观和文物古迹保护、科学管理游客容量、出入口建筑、环境氛围、各项设施设备等九方面对不同等级的旅游景区做了不同的要求（见表 10-2）。

表10-2 旅游景区资源和环境保护等级划分条件

景区等级	空气质量	噪声质量	地面水环境质量	污水排放	自然景观和文物古迹保护	科学管理 游客容量	出入口建筑	环境氛围	各项设施设备
5A级	空气质量达到GB 3096—1993的一级标准	噪声质量达到GB 3096—1993的一类标准	地面水环境质量达到GB 3838的规定	污水排放达到GB 8978的规定	自然景观和文物古迹保护手段科学、措施先进，能有效预防自然和人为破坏，保持自然景观和文物古迹的真实性和完整性	科学管理 游客容量	建筑布局合理，建筑物体量、高度、色彩、造型与景观相协调。出入口建筑突出，并烘托主体建筑及环境。周边建筑物与景观格调协调，或具有一定的缓冲区域	环境氛围优良。绿化覆盖率高，植物与景观配置得当，景观与环境美化措施多样，效果好	区内各项设施设备符合国家关于环境保护的要求，不造成环境污染和其他公害，不破坏环境资源和游览气氛
4A级	空气质量达到GB 3096—1993的一级标准	噪声质量达到GB 3096—1993的一类标准	地面水环境质量达到GB 3838的规定	污水排放达到GB 8978的规定	自然景观和文物古迹保护手段科学，措施先进，能有效预防自然和人为破坏，保持自然景观和文物古迹的真实性和完整性	科学管理 游客容量	建筑布局合理，建筑物体量、高度、色彩、造型与景观相协调。出入口主体建筑有格调，与景观环境相协调，边建筑物与景观格调协调，或具有一定的缓冲区域和隔离带	环境氛围良好。绿化覆盖率高，植物与景观配置得当，景观与环境美化措施多样，效果良好	区内各项设施设备符合国家关于环境保护的要求，不造成环境污染和其他公害，不破坏环境资源和游览气氛
3A级	空气质量达到GB 3096—1993的一级标准	噪声质量达到GB 3096—1993的一类标准	地面水环境质量达到GB 3838的规定	污水排放达到GB 8978的规定	自然景观和文物古迹保护手段科学，措施得力，能有效预防自然和人为破坏，保持自然景观和文物古迹的真实性和完整性	科学管理 游客容量	建筑布局合理，建筑物体量、高度、色彩、造型与景观相协调。出入口主体建筑有格调，与景观环境相协调，边建筑物与景观格调协调，或具有一定的缓冲区域和隔离带	环境氛围良好。绿化覆盖率较高，植物与景观配置得当，景观与环境美化效果良好	区内各项设施设备符合国家关于环境保护的要求，不造成环境污染和其他公害，不破坏环境资源和游览气氛

续表

景区等级	空气质量	噪声质量	地面水环境质量	污水排放	自然景观和文物古迹保护	科学管理游客容量	出入口建筑	环境氛围	各项设施设备
2A级	空气质量 GB 3096—1993 的一级标准	噪声质量达到 GB 3096—1993 的一级标准	地面水环境质量达到 GB 3838 的规定	污水排放达到 GB 8978 的规定	自然景观和文物古迹保护手段科学，措施得力，能有效预防自然和人为破坏，基本保持自然景观和文物古迹的真实性和完整性	科学管理游客容量	建筑布局基本合理，建筑物体量、高度、色彩、造型与景观基本协调。出入口主体建筑有格调，与景观环境相协调。周边建筑物与景观环境基本协调，或具有一定的缓冲区或隔离带	环境氛围良好。绿化覆盖率较高，植物与景观配置得当，景观与环境美化效果较好	区内各项设施设备符合国家关于环境保护的要求，不造成环境污染和其他公害，不破坏环境和旅游资源和游览气氛
A级	空气质量达到 GB 3096—1993 的一级标准	噪声质量达到 GB 3096—1993 的一类标准	地面水环境质量达到 GB 3838 的规定	污水排放达到 GB 8978 的规定	自然景观和文物古迹保护手段科学，措施得力，能有效预防自然人为破坏，基本保持自然景观和文物古迹的真实性和完整性	科学管理游客容量	建筑布局合理，建筑物造型与景观环境基本协调。出入口主体建筑与景观环境基本协调	环境氛围较好。绿化覆盖率较高，景观与环境美好效果较好	区内各项设施设备符合国家关于环境保护的要求，不造成环境污染和其他公害，不破坏环境和旅游资源和游览气氛

10.1.2 空气质量

细则一：服务质量与环境质量评分细则空气质量没有下设分项，包含两个等级，即"达到国标一级标准"（10分）和"达到国标二级标准"（5分）。

（1）达标条件

在当地旅游旺季时，空气质量应该达到国家标准，推荐达到国标一级标准，并提供环保检测部门的检测证明。

（2）创建内容

国家标准是指《环境空气质量标准》（GB 3095—2012），该标准首次发布于1982年，分别在1996年、2000年、2012年进行了三次修订，目前执行的版本为GB 3095—2012，自2016年1月1日起实施。

现行标准将环境空气功能区分为二类：一类为自然保护区、风景名胜区和其他需要特殊保护的区域；二类为居住区、商业交通居民混合区、文化区、工业区和农村地区。环境空气质量标准分为二级：一类区执行一级标准，二类区执行二级标准。一类、二类环境空气功能区质量要求如表10-3所示。

表10-3　污染物基本项目浓度限值

序号	污染物项目	平均时间	浓度限值	
			一级	二级
1	二氧化硫（SO_2）	年平均	20μg/m³	60μg/m³
		24 小时平均	50μg/m³	150μg/m³
		1 小时平均	150μg/m³	500μg/m³
2	二氧化氮（NO_2）	年平均	40μg/m³	40μg/m³
		24 小时平均	80μg/m³	80μg/m³
		1 小时平均	200μg/m³	200μg/m³
3	一氧化碳（CO）	24 小时平均	4mg/m³	4mg/m³
		1 小时平均	10mg/m³	10mg/m³
4	臭氧（O_3）	日最大 8 小时平均	100μg/m³	160μg/m³
		1 小时平均	160μg/m³	200μg/m³
5	颗粒物（PM10）	年平均	40μg/m³	70μg/m³
		24 小时平均	50μg/m³	150μg/m³
6	颗粒物（PM2.5）	年平均	15μg/m³	35μg/m³
		24 小时平均	35μg/m³	75μg/m³

注：一类区适用一级浓度限值，二类区适用二级浓度限值。

10.1.3 噪声指标

细则一：服务质量与环境质量评分细则噪声指标没有下设分项，包含两个等级，即"达到国标一级标准"（5分）和"达到国标二级标准"（3分）。

（1）达标条件

在当地旅游旺季时，噪声指标应该达到国家标准，推荐达到国标一级标准，并提供环保监测部门的监测证明。旅游景区中使用高音喇叭或电子设备进行商品叫卖的（用于安全公告等特殊情况除外），此项不得分。

（2）创建内容

国家标准应符合《声环境质量标准》（GB 3096—2008）的有关规定。该标准自2008 年 10 月 1 日起实施，原《城市区域环境噪声测量方法》（GB/T 14623—93）、《城市区域环境噪声标准》（GB 3098—93）废止。现行标准按区域的使用功能特点和环境质量要求，将声环境功能区分为 5 种类型的环境噪声，标准值见表10-4，旅游景区推荐达到国标一级标准。

表10-4　环境噪声限值

单位：dB（A）

类别		昼间	夜间
0 类		50	40
1 类		55	45
2 类		60	50
3 类		65	55
4 类	4a 类	70	55
	4b 类	70	60

注：0 类声环境功能区指康复疗养区等特别需要安静的区域；1 类声环境功能区指以居民住宅、医疗卫生、文化教育、科研设计、行政办公为主要功能，需要保持安静的区域；2 类声环境功能区指以商业金融、集市贸易为主要功能，或者居住、商业、工业混杂，需要维护住宅安静的区域。3 类声环境功能区指以工业生产、仓储物流为主要功能，需要防止工业噪声对周围环境产生严重影响的区域。4 类声环境功能区指交通干线两侧一定距离之内，需要防止交通噪声对周围环境产生严重影响的区域，包括 4a 类和 4b 类两种类型。4a 类为高速公路、一级公路、二级公路、城市快速路、城市主干路、城市次干路、城市轨道交通（地面段）、内河航道两侧区域；4b 类为铁路干线两侧区域。

10.1.4 地表水质量达国标规定

细则一：服务质量与环境质量评分细则噪声指标没有下设分项，也未包含等级。

安吉灵峰旅游
度假区宣传片

（1）达标条件

地表水环境质量应该达到国家标准，旅游景区应按照类型不同应执行较高档次的标准，并提供相关部门监测证明。污水排放达到《污水综合排放标准》（GB 8978—1996）的规定。

（2）创建内容

国家标准应符合《地表水环境质量标准》（GB3038—2002）的有关规定，该标准于2002年6月1日起实施。现行标准依据地表水水域环境功能和保护目标，按功能高低依次划分为五类：Ⅰ类主要适用于源头水、国家自然保护区；Ⅱ类主要适用于集中式生活饮用水、地表水源地一级保护区，珍稀水生生物栖息地、鱼虾类产卵场、仔稚幼鱼的索饵场等；Ⅲ类主要适用于集中式生活饮用水、地表水源地二级保护区，鱼虾类越冬场、洄游通道、水产养殖区等渔业水域及游泳区；Ⅳ类主要适用于一般工业用水区及人体非直接接触的娱乐用水区；Ⅴ类主要适用于农业用水区及一般景观要求水域。对应地表水上述五类水域功能，将地表水环境质量标准基本项目标准值分为五类，不同功能类别分别执行相应类别的标准值，旅游景区应按照类型不同执行较高档次的标准。污水排放达到《污水综合排放标准》（GB 8978—1996）的规定。

10.1.5 景观、生态、文物、古建筑保护

细则一：服务质量与环境质量评分细则中的"8.4 景观、生态、文物、古建筑保护"包括3个次分项，即"8.4.1 保护费用投入""8.4.2 保护措施（采取适合的保护措施，如防火、防盗、防捕杀、古建筑修缮、古树名木保护等）"和"8.4.3 保护效果"。

（1）达标条件

自然景观和文物古迹保护手段科学，措施先进，能有效预防自然和人为破坏，保持自然景观和文物古迹的真实性和完整性。

（2）景观、生态、文物、古建筑保护创建内容

①保护费用投入

在保护费用投入方面，要求提供相应财务支出证明。全年用于景观、文物、古建筑、生态系统、珍稀名贵动植物的保护费用相当于旅游区（点）全年门票收入的比例达到10%、6%、3%，依次计15分到5分。对于免门票景区，此项可直接得满分。

1. 国家公园资金保障制度
2. 资源保护制度

②保护措施创建内容

在保护措施方面，主要是指采取适合的保护措施，如防火、防盗、防捕杀、古建筑修缮、古树名木保护、生态栈道、古迹护栏等。一般来说，对于自然资源丰富的区域需要防火、防捕杀、预留生态廊道等；对于社会资源，一般需要防盗、古建筑修缮、

古树名木保护等。在保护措施创建内容下设"8.4.2.1 制度具体""8.4.2.2 设施设备完善"和"8.4.2.3 人员职责明确"3 个分项，分别根据制度具体程度、设施设备完善程度和人员职责划分情况进行打分。

制度具体。一般情况下景区需要制定相关的制度以确保保护措施的有效实施，常见的有景区保护管理条例、古树名木保护制度、古建保护条件、绿化管理制度等。制度内容涉及区域内所有需要保护的主体且制度内容详细具体，该项可获满分 5 分。

设施设备完善。一般情况下，保护措施需要借助设施设备完成，如灭火器、防护网、防护支架、护栏及各类警示牌等，景区在建设和运营管理过程中需要确保用到的上述设施设备数量充足，能够正常使用，并且进行日常的维护和管理且有维护记录（见图 10-1 和图 10-2）。正常情况下保护措施需要通过"日常巡逻"和"问题触发"两个渠道获得反馈，在日常巡逻中确保措施可以正常使用，问题触发是指设施损坏时可以提供有效的反馈渠道以解决问题，所以建议在保护措施硬件的周围提供相关部门电话。景区相关设施设备完善，该项可获 5 分。

图 10-1　安昌古镇消防船

图 10-2　无锡个园古树保护措施

人员职责明确。保护措施在执行过程中需要明确执行主体，一般需要制定内部岗位职责规范文件以明确人员职责。人员数量充足且有明确的职责分工，该项计 5 分。

③保护效果创建内容

在保护效果方面，以现场检查为主，要达到基本保持文物古迹和景观的真实性与完整性的目标，对文物古迹和景观有重大破坏的，此项不得分。在具体实践中，应采取有效措施阻止游客触摸、刻画、坐骑文物古迹等，重点保护文物应设警示标志，并有专人巡视,对已遭破坏的景观环境和文物古迹应及时维修(见图10-3)。全面保持文物古迹和景观的真实性与完整性,计15分;基本保持文物古迹和景观的真实性与完整性,计10分;对文物古迹和景观的真实性与完整性无明显破坏,计5分。

图10-3　北京圆明园通过护栏进行遗址保护

10.1.6　环境氛围

细则一:服务质量与环境质量评分细则中的"8.5 环境氛围"包括3个次分项,即"8.5.1 出入口"(20分)、"8.5.2 区内建筑及设施与景观的协调性"(36分)和"8.5.3 周边环境与景观的协调性"(13分)。

(1)达标条件

建筑布局合理,建筑物体量、高度、色彩、造型与景观相协调。出入口主体建筑格调突出,并烘托景观及环境。周边建筑物与景观格调协调,或具有一定的缓冲区域;环境氛围优良。绿化覆盖率高,植物与景观配置得当,景观与环境美化措施多样,效果好。

(2)环境氛围创建内容

①出入口

细则一:服务质量与环境质量评分细则环境氛围分项中的"8.5.1 出入口"包含3个次分项,即"8.5.1.1 出入口主体建筑格调"(10分)、"8.5.1.2 出入口环境"(5分)和"8.5.1.3 出入口有相应的游客集散场地"(5分)。对于无明显出入口的景区,需要对主要通道进行创建。

出入口主体建筑格调。格调指体量、材质、造型、色彩的综合效果。一般情况下,出入口主体建筑有门楼、牌坊、游客中心等,此项内容建设不能单看单体建筑,需要关注入口的建筑的整体风貌。对区内主体景观有烘托效果,并且能够运用能反映当地风情的本地特色建筑风格和材料,能很好反映和突出主体景观的,计10分;与区内主体景观相协调，无明显破坏之感的，计 5 分；建筑格调不佳，烘托效果差则不得分。

出入口环境。出入口环境一般涵盖景区主要及次要出入口，以主出入口为主，包括了出入口空间的绿化、建筑、地面、雕塑小品、城市家具、垃圾桶等内容，关注的是入口整体的环境状态（见图 10-4）。环境需要卫生整洁，要与景区氛围一致且具备美感，所有内容的设置和摆放秩序良好，营造的风格和氛围需要与景区氛围一致。上述所有内容满足计 5 分。

图 10-4　安昌古镇入口环境

出入口有相应的游客集散场地。一般来说，景区的出入口均需要设置一定的游客集散空间，这个空间是游客拍照、买票、等候、休息的区域，有部分景区会将其与停车场直接打通，方便游客到达。根据景区服务人群的游客量设置面积适宜的集散场地，并有专门人员进行管理，计 5 分。

②区内建筑及设施与景观的协调性

细则一：服务质量与环境质量评分细则环境氛围分项中的"8.5.2 区内建筑及设施与景观的协调性"包含 12 个次分项，即"8.5.2.1 区内建筑选址不破坏景观"（5 分）、"8.5.2.2 主体建筑风格有特色，效果突出"（3 分）、"8.5.2.3 区内各单体建筑风格一致，相互协调"（2 分）、"8.5.2.4 区内建筑外观（造型、色调、材料等）与景观相协调"（6 分）、"8.5.2.5 区内建筑体量适度"（2 分）、"8.5.2.6 建筑物周边形成相应缓冲区，观景效果良好"（2 分）、"8.5.2.7 功能性建筑选址隐蔽或外观美化"（3 分）、"8.5.2.8 管线设施"（5 分）、"8.5.2.9 区内标语口号及布置方式"（2 分）、"8.5.2.10 商品广告、商业服务设施招牌"（2 分）、"8.5.2.11 各种游乐设施及项目设置、布局和外观"（2分）和"8.5.2.12 建筑及设施选用材料"（2分）。

区内建筑选址不破坏景观（见图 10-5）。景区选址应该遵循因地制宜的生态建设原则，非必要避免大拆大建，所有项目需要依托场地资源展开合理布局和建设，考虑人工要素与自然要素之间的和谐共融。主体建筑选址对景观有破坏的，每个扣 3 分；非主体建筑选址对景观有破坏的，每个扣 1 分。

图 10-5　杭州良渚博物馆建筑因地制宜不破坏景观

主体建筑风格有特色，效果突出。建筑风格指建筑设计中在内容和外貌方面所反映的特征，主要在于建筑的平面布局、形态构成、艺术处理和手法运用等方面所显示的独创和完美的意境。建筑风格因受时代的政治、社会、经济、建筑材料和建筑技术等的制约，以及建筑设计思想、观点和艺术素养等的影响而有所不同。我国古代宫殿建筑，其平面严谨对称，主次分明，砖墙木梁架结构，飞檐、斗栱、藻井和雕梁画栋等形成中国特有的建筑风格。景区内的建筑风格在设计上讲究统一的原则，但主体建筑需要有一定的特色以突出其重要性，这个特色可以是通过结构、体量、布局、形态、艺术处理、手法运用等展现出来的地域特色、景区特色、建筑特色等，做到上述要求的，效果比较突出的计 3 分（见图 10-6）。

图 10-6　华孝德园主体建筑效果突出

　　区内各单体建筑风格一致，相互协调。一般情况下，景区内需要设置一定数量的单体建筑以满足旅游服务的需求，所有建筑的建设需要统一建筑风格，互相之间不能风格差异过大，后期建设的建筑也需要结合原有风格建设，与景区整体氛围协调一致。对于古建筑类的一般建议做到修旧如旧，最大限度地保留建筑历史风貌，以体现场地文脉和历史厚重感。在景区建设过程中，区内单体建筑的风格需要一致，互相之间需要有一定的统一性，统一于区域特色、景区特色，做到上述要求计2分。

1. 仙都景区新建厕所平面图（隐蔽工程）
2. 萧山某厕所外观
3. 园路边隔离带绿化造景

　　区内建筑外观（造型、色调、材料等）与景观相协调（见图10-7和图10-8）。景区内的建筑外观是建筑特色呈现的关键。建筑外观需要在建筑的造型上、建筑的色调上、建筑的材料选择上、建筑建设的工艺上等与周围景观获得协调统一，发现一处建筑外观与整体景观有不协调的，扣2分。

图 10-7　西溪湿地建筑风格统一

图 10-8　安昌古镇建筑互相协调

区内建筑体量适度。景区内的建筑体量从建筑的占地面积和建筑高度两个角度来看：景区内建筑的占地面积过大会挤压室外游览空间，整个环境会显得拥挤；建筑面积太小，游览服务内容没有足够的空间获得保障。高层的建筑能够提供"登高远眺"的观赏视角，但是过高的层高会挡住游客视线，游览过程会感觉过于压抑。合理的建筑面积和建筑层高是舒适游览的关键，建筑体量以足够满足游客服务需求为底线，上限需要结合景区类型考虑，如古镇类型景区的建筑体量必定大于资源类型的景区。区内建筑体量适宜可得 2 分。

建筑物周边形成相应缓冲区，观景效果良好。景区内建筑周围往往需要景观作为掩映和过渡，以体现人与自然融合的效果。建筑周围的景观可以设置缓坡草坪、植物树群、水体景观、花卉等作为缓冲，以缓和建筑带来的生硬感，实现建筑与景观的融合。

功能性建筑选址隐蔽或外观美化。功能性建筑包括锅炉房、配电室、水塔、烟囱、电力电信设施及其用房等，需要根据功能需求展开合理化的隐蔽和美化。例如通过植物、木头、绘画等形式对功能性建筑进行遮蔽或美化（见图 10-9 和图 10-10）。

图 10-9　孝德园景区建筑通过石块实现缓冲处理　　图 10-10　青山湖景区电力设施的遮蔽与美化

管线设施。景区区别于其他区域，需要重点关注观赏的美观（见图 10-11）。一般情况下，景区内的管线设施需要全部以隐蔽的方式设置。但是不排除一部分景区原有条件较差，无法实现地下隐蔽的，也可以通过架空线路的方式实现大部分隐蔽。不鼓励为了隐蔽线路对原有保护建筑进行大规模改建重建。区内输电、通信线路等全部采用地下隐蔽方式计 5 分；架空线路整齐，不破坏视觉效果计 3 分。

图 10-11　安昌古镇管线设施遮蔽处理

区内标语口号及布置方式。作为文化宣传的载体，景区内的标语和口号是必不可少的。景区内的口号设置需要注重文化性、艺术性、环保性，整体风格需要与景区相协调。标语通常有墙上绘制、墙体挂画、小品结合等形式，绘制内容需要符合景区主题（见图 10-12）。上述均满足计 2 分。

图 10-12　安昌古镇标语效果符合景区氛围

商品广告、商业服务设施招牌。景区内的商品广告、商业服务设施招牌需要有统一的规范，不乱贴、乱放、乱摆小广告，商业服务设施招牌不过分突出，不能破坏景区建筑的整体风格（见图 10-13）。一般商品广告最为常见的有牌匾、旗帜、宣传板等形式，其中牌匾作为建筑的固定装饰，建议统一色彩和风格。不乱贴、乱放、乱摆小广告，商业服务设施招牌不过分突出计 2 分。

迪士尼商业广告牌

图 10-13　安昌古镇广告标语符合氛围

　　各种游乐设施及项目设置、布局和外观。游客设施和项目设置需要合理，体现景区特色和主题，能够帮助景区资源内容的完善和提升。在设施和项目设置的布局上，一般情况下需要沿着游览的线路设置，实现区域全覆盖。在设施和项目外观上，需要做到与周围景观协调一致，不破坏景区的整体景观（见图 10-14）。上述全部符合计 2 分，发现一处不得当，扣 1 分。

1. 方特游乐设施
2. 康体旅游景区游乐设施

图 10-14　青山湖游客设施不破坏整体环境

　　建筑及设施选用材料。景区内建筑及设施选用的材料需要符合景区整体风格和主题，一般情况下建议选择环保材料，常见的有砖瓦、木头、石料等（见图 10-15）。有以下材料发现一处扣 1 分：玻璃幕墙、马赛克贴面、卷帘门窗、简易铁皮棚屋等。

图 10-15　青山湖景区建筑材料采用木质结构

③周边环境与景观的协调性

细则一：服务质量与环境质量评分细则环境氛围分项中的"8.5.3 周边环境与景观的协调性"包含 2 个次分项，即"8.5.3.1 旅游景区与周边环境设有隔离带或缓冲区"（8 分）和"8.5.3.2 旅游景区周边形成优美的天际轮廓线"（5 分）。

旅游景区与周边环境设有隔离带或缓冲区。旅游景观的创建需要关注景区与周边环境是否有合适的隔离或者缓冲设置，常见的隔离形式有水道、山体、绿化、围栏等。其中，具有水体、山体等缓冲区的最佳，可计 8 分；采用人工绿化、围栏等形式的隔离带计 4 分。对于周围没有水体、山体的市内景区，以水体配以绿化的形式进行隔离为最佳。

旅游景区周边形成优美的天际轮廓。景区与周边环境能够实现优美的天际轮廓可以从以下几个方面进行考虑：第一，景区选址需要因地制宜；第二，景区建筑高度和建筑风格需要严格控制；第三，景区边界需要柔和过渡；第四，景区内的整体风貌需要与周围区块风格统一（见图 10-16）。

图 10-16　北京颐和园景区内外形成优美天际线

10.1.7 采用清洁能源的设施、设备

细则一：服务质量与环境质量评分细则环境氛围分项"8.6采用清洁能源的设施、设备"没有下设分项目。

（1）达标条件

旅游景区内各项设施应符合国家关于环境保护的要求，不造成环境污染和其他公害，不破坏旅游资源和游览气氛。

（2）采用清洁能源的设施、设备创建内容

景区应以全面建设资源节约型、环境友好型旅游景区为核心，在确保"低碳、清洁、环保"的前提下，积极采取措施，推广使用清洁能源设施、设备，如太阳能路灯、电动接驳车、

图10-17 青山湖景区太阳能音箱

风能发电等（见图10-17）。在景区范围较小的情况下鼓励游客步行游览。发现区内使用造成严重破坏环境的设施、设备(包括产生高噪声或有害气体、漏油漏气的车辆、船舶等)的，酌情扣分。

10.1.8 采用环保型材料

细则一：服务质量与环境质量评分细则环境氛围分项"8.6采用清洁能源的设施、设备"没有下设分项目。

（1）达标条件

旅游景区内各项设施符合国家关于环境保护的要求，不造成环境污染和其他公害，不破坏旅游资源和游览气氛。

（2）采用环保型材料创建内容

景区应以全面建设资源节约型、环境友好型旅游景区为核心，在确保"低碳、清洁、环保"前提下，积极采取措施，推广使用环保型材料

图10-18 非一次性餐具使用

（见图10-18），如景区手提袋、一次性餐具等采用可降解材料。加大环保宣传力度，着力推广使用环保型材料。发现区内使用不可降解的一次性餐具等非环保型材料的，此项不得分。

10.2　认识景区资源和环境的保护标准应用与实践

10.2.1　景区资源和环境的保护服务质量与环境质量评定应用

（1）空气质量

在当地旅游旺季时，景区空气质量应该达到《环境空气质量标准》（GB 3095—2012）推荐达到的国家一级标准。

对于单个景区而言，选定区位后，其空气质量无法改变。建议景区选址之前了解该地区空气质量，在优质的空气质量环境下展开创建。当然景区设计和运营需要以生态为原则，自然资源类型的景区可以帮助区域空气质量的提升。景区应积极采取相关措施，提高空气质量，提倡使用清洁能源和环保材料。

（2）噪声指标

在当地旅游旺季时，景区噪声指标应该达到《声环境质量标准》（GB 3096—2008），推荐达到国家一级标准。

噪声指标指的是景区内的噪声监测情况，区域周围有高速路、飞机场的景区噪声问题会相对突出，景区选址建议尽量远离上述噪声无法避免的区域。如果设置在噪声区域，需要在景区和噪声源之间加设隔音板。对于不稳定出现的噪声，如警笛声、广场舞噪声等，可以查找噪声源，与噪声源头的负责人进行一定的沟通，并对噪声源进行处理。

（3）地表水质量达国标规定

地表水环境质量应该达到《地表水环境质量标准》（GB 3838—2002）的规定，并提供相关部门的监测证明。

地表水指景区内水体质量能够达到国家标准，以I类、II类为最佳。在景区选址创建之前，首先需要对景区水质情况做检测以确保水质符合国家标准。景区运营和建设中，积极采取相关措施，改善水质情况，积极提倡使用清洁能源和环保材料，确保不对当地水质产生破坏和影响。景区污水排放应该达到《污水综合排放标准》（GB 8978—1996）的规定。

（4）景观、生态、文物、古建筑保护

①保护费用投入

景区保护费用投入以必须投入为下限。

保护费用经费及频率是衡量景区保护工作重视程度的关键性指标。在景区创建的过程中景区已经投入一部分保护费用用于保护设施的建设和维护，后续每年均需要不断投入以确保保护效果。在景区创建标准中，如果景区门票收入为 0 元，则该项为满分。所以鼓励景区在有条件的情况下免费向公众开放，通过景区中的项目和业态获得收入。但是景区仍然需要重视景观、文物、古建筑、生态系统、珍稀名贵动植物的保护工作。因为良好的景观、生态、文物、古建筑保护工作是景区后续运营可持续展开的基础。此项目根据景区内需要保护要素的数量和等级，费用投入无上限。

②保护措施

景区需要设置完善的保护制度、建立完善的设备设施、建立完备的保护团队。

保护措施包括防火、防盗、防捕杀、古建修缮工程、古树保护等具体制度、具体设施、人员配置等内容（见图10-19和图10-20）。景区在创建之初，应对区内需要保护的资源进行梳理，明确各个资源所需要提供保护的方式，设立专职科室配备专门人员，制定相应的保护制度，配备保护设施设备，对资源进行保护。

具体的保护制度包括巡查制度、养护管理制度、安全保护制度等；具体的保护设施有灭火器、杀虫药、生态通道、各类警示牌，以及古建古树保护设施；具体的人员需要结合景区实际需求明确岗位职能。景区内所有措施需要定期巡查与调整，展开具体巡查和调整情况记录。

图 10-19　青山湖水上森林区域灭火器

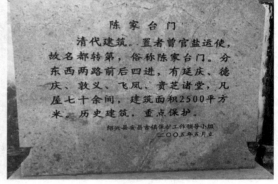
图 10-20　安昌古镇古建保护措施

③保护效果

保证景区内文物古迹和景观的真实性和完整性（见图10-21）。

景区建设以保护性建设为主，建设和运营过程中不能对文物古迹和景观有重大破坏。景区内文物古迹和景观可以作为品味历史的载体，对破坏的部分以"修旧如旧"的方式进行修缮，保证文物古迹和景观能够最大限度保留原状。景区可以结合自身主题，对文物古迹和景观展开合理开发，为文物古迹和景观注入新的内涵和活力。

图 10-21　青山湖水上森林设置栈道以保护资源完整性

（5）环境氛围

①出入口

出入口拥有一定的游客集散空间，主体建筑格调适宜，环境整洁美观、秩序良好。

出入口环境是景区的"门面"，在景区创建过程中需要重点关注出入口空间的环境设计（见图 10-22 和图 10-23）。整洁美观、整体协调、秩序良好是出入口首先需要满足的氛围要求。出入口环境内容大多数由建筑、广场以及绿化共同组成，三者的设计均需要符合景区整体风格及主题设定。景区出入口是游客聚集、停留、拍照、等候的空间，所以需要设置有一定体量的集散空间，空间中的功能区块和人群引导功能需要重点考虑，避免人群混乱。

图 10-22　北京颐和园入口主体建筑格调
与景区氛围一致

图 10-23　青山湖景区入口设有
广场集散场地

②区内建筑及设施与景观的协调性

景区内建筑及设施与景观协调一致。景区内所有的建筑设计需要整体考虑，选择合适的场地，遵循因地制宜的原则进行布置，体量适宜，风格合适，材料环保，将建筑与环境通过边界缓冲处理的方式进行融合，争取达到建筑美与自然美融合的效果（见图10-24和图10-25）。对于部分主题型建筑在统一中通过装饰、造型或体量的差异突出其效果。景区内不够美观的如功能性建筑、管线设施等需要采用生态的方式进行遮蔽；景区内标语口号可以通过主题融入的方式提升其表达效果；景区内商业设施、游客设施等需要结合主题进行优化、美化。

图10-24　西溪湿地景区内建筑与景观相协调

图10-25　东方文化园内建筑体量适宜

③周边环境与景观的协调性

景区应有水体或山体边界区域和优美天际线效果。景区与外围环境鼓励通过生态自然的方式隔离，自然资源景区可以以"上凸"或"下凹"的方式实现生态过渡（见图10-26）。"上凸"指的是山体缓冲，增加植被种植则更可以凸显生态感；"下凹"指的是水体缓冲，增设滨水绿地可以美化整体环境。在城市环境中的景区隔离以围栏、围墙为主，这类景区可以增加

图10-26　安昌古镇景区与周围环境缓冲设计

绿化以弱化生硬隔离的效果。当然，对于本身是古建类型的景区，主题风格突出的墙体本身就是一道特色的风景线，通过墙体隔离是比较合适的隔离方式。天际轮廓的效果需要通过建筑、植物、设施等所有要素的组合搭配获得，对每个要素的布局、高度和体量的把控是最后能够形成优美天际轮廓的关键。

（6）采用清洁能源的设施、设备

景区内使用清洁能源。景区内不能有对环境造成严重破坏的设施和设备，各类活动能源的来源以新能源或者无污染的方式为主（见图10-27）。例如游览鼓励以步行、人力车、脚踏车、划船、电瓶车为主；路灯以太阳能发电为主。

图 10-27　杭州湾海上花田景区采用电车作为主要交通工具

（7）采用环保型材料

景区内使用可降解的一次性材料和环保材料。景区建设的新增建筑材料以环保、低能耗材料为主，提供太阳能照明、无动力划船等环保低碳设施设备；游客游览提供可降解的一次性餐具、购物袋、垃圾袋、吸管等。

案例：屏门乡旅游总体规划中的资源和环境的保护

10.2.2　景区资源和环境的保护明察暗访工作实践重点

根据《旅游景区质量等级管理办法》，旅游景区创建阶段，各级旅游景区质量等级评定委员会通过明察、暗访等方式对对应景区进行检查；创建后的管理与监督阶段，各级旅游景区质量等级评定机构对所评旅游景区要进行监督检查和复核，采取重点抽查、定期明察和不定期暗访，以及社会调查、听取游客意见反馈等方式进行。明察的现场检查主要通过提问和交谈、现场观察对标准文本以及三项评分细则进行检查；暗访主要对景区的基础设施、服务设施、管理及服务水平、环境质量、景观价值等方面进行实地检查。

（1）资源和环境的保护暗访工作重点

暗访工作以"找问题"为主，暗访工作展开之前不能公布暗访人员身份，以游客身份进入展开工作。资源和环境的暗访以现场走访为主。

环境模块在走访之前需要先查阅相关资料对景区空气质量、地表水质量等进行初步了解；进入现场后整体感受景区的空气、噪声、地表水质量情况。保护情况模块在进入景区后应查看景区对景观、生态、文物、古建筑的保护情况，是否有完善的制度、设施和人员，最终的保护效果如何。

环境氛围模块首先需要重点查看景区出入口的环境空间和环境氛围；其次查看景区内设置的建筑体量、风格是否合适，是否影响游览效果；然后查看相关的功能性建筑、管线、标语广告、广告设施等是否设置合理，是否影响游览效果；最后查看各个游览项目的设置和布局是否符合景区的整体定位，是否出现"煞风景"的情况。

协调性模块查看景区边界设置是否生态、科学，观察景区天际线是否有突兀的情况。

清洁环保模块主要看景区内的能源供给和服务提供是否能够秉持低碳原则。

（2）某古镇4A级旅游景区暗访案例

①暗访现状

景区内发现多处电力电信设施裸露在外，还有损坏；发现卷帘门外露；电线裸露情况严重（见图10-28）。

图10-28　电力电信设施裸露、损坏及卷帘门外露

②整改建议

应做好景区内设备设施与建筑的整治工作，营造良好的旅游环境氛围。

（3）某5A级旅游景区暗访报告

①暗访现状

景区部分核心游览区域存在备用设备乱堆乱放的问题，如景区高峰期的排队设施等随意堆放在湖边，严重影响了游客的观景效果；此外，景区部分功能性设施遮挡不力也影响了景观的协调性，或存在安全隐患（见图 10-29 至图 10-32）。

图 10-29　设施胡乱堆放

图 10-30　临时排队设施放置不合理，影响景观

图 10-31　临时垃圾箱胡乱堆放

图 10-32　建筑施工材料乱堆乱放

②整改建议

景区应做好细节管理，对景区出入口环境、外围、游览场所和内部施工场地进行集中整治，杜绝违章停车和材料乱堆乱放现象。

旅游景区标准应用与实践

（4）某4A级旅游景区暗访报告

①暗访现状

景区出入口环境较为混乱，与景区整体环境不协调，存在各类车辆随意停放等现象，且景区现对路面进行改造，未进行遮挡，导致路面较为脏乱，影响游客视觉效果（见图10-33）。

图10-33　景区出入口路面现状照片

景区内部古建筑、景观及文物由于缺少日常维修和维护，存在一定的损毁现象，灰尘堆积，部分建筑物外墙残破不堪，需要适当维护，且在对文物周围环境进行改造时，应对文物进行适当保护（见图 10-34）。

图 10-34　景区文物现状照片

景区外主要游步道旁存在杂物堆放的现状，破坏景观；游客视野所及建筑物外杂物堆放，与景区整体氛围不协调（见图 10-35）。

图 10-35　景区游步道、道路两侧照片

　　景区内存在管线外露的现象，造成视觉污染的同时，也造成一定的安全隐患。暗访时，景区尚未采取任何生态化举措以保护景区环境，也未采用清洁能源的设施与设备（见图 10-36）。

图 10-36　景区管线外露

②整改建议

第一，景观与环境氛围方面，应做好景区出入口旅游环境氛围营造工作；做好景区内设备设施与建筑的整治工作，营造良好的旅游环境氛围。第二，保护方面，景区内应对古建筑及景区内文物进行日常维修和保护，使维修制度落实到位，职责落实到人，分工明确。

📍 任务小结

《旅游景区质量等级的划分与评定》（GB/T 17775—2003）在空气质量、噪声质量、地面水环境质量、污水排放、自然景观和文物古迹保护、科学管理游客容量、出入口建筑、环境氛围、各项设施设备等九方面对不同等级的旅游景区做了不同的要求。《旅游景区质量等级的划分与评定》（GB/T 17775—2003）细则一：服务质量与环境质量评分细则中资源与环境的保护占 145 分，具体包括："8.1 空气质量"（10 分）、"8.2 噪声指标"（5 分）、"8.3 地表水质量达国标规定"（10 分）、"8.4 景观、生态、文物、古建筑保护"（45 分）、"8.5 环境氛围"（69 分）、"8.6 采用清洁能源的设施、设备"（3 分）和"8.7 采用环保型材料"（3 分）。

任务测验

第三
部分

景观质量评定篇

任务11 旅游景区景观质量评定

情景案例

🚩 **学习导引**

期待 ing！兰溪风雅兰江景区通过国家 4A 级旅游景区景观质量评价

2020 年 6 月 25 日，浙江省旅游区（点）质量等级评定委员会发布《关于中国丝绸博物馆等 19 家景区（场馆）通过国家 4A 级旅游景区景观质量评价的公示》，其中兰溪风雅兰江景区榜上有名，拟被列入创建预备名单。

根据名单，兰溪风雅兰江景区与中国丝绸博物馆、西湖灵山景区、浙南（平阳）抗日根据地旧址、浙江自然博物院安吉馆等 19 家景区（场馆）已通过国家 4A 级旅游景区景观质量评价，拟列入创建预备名单，目前进行公示。

作为兰溪市最为核心的城市旅游品牌，风雅兰江景区东至南门湿地公园，西至横山景区，南至扬子江海绵生态公园，北至兰江大桥，总面积约为 3.3 平方公里。三路、三桥围合而成，三江汇集川流而过，冲积而成一座秀岛，岸有两山耸立，正所谓"三江汇流，两山对峙，一岛独秀"，这里就是景观独特的兰溪"三江六岸"。"聚利揽胜、笠翁寄情、扬江凝碧、三江汇流、南门寻芳、古巷迷踪、中洲帆影、漱纹漾月、西门怀古"等景色，组成十景绝美的"风雅兰江"。此前，该景区已通过国家 3A 级旅游景区景观质量评价。

资料来源：姜一峰.期待ing！兰溪风雅兰江景区通过国家 4A 级旅游景区景观质量评价[EB/OL].（2020-06-25）[2023-06-10]. https://www.sohu.com/a/404112827_99973802.有删减。

❓ **想一想**

以你熟悉的旅游景区为例，根据《旅游景区质量等级的划分与评定》（GB/T 17775—2003）细则二的要求，应如何完成该旅游景区的景观质量评价报告？

☑ **学习目标**

素质目标

● 践行社会主义核心价值观，能挖掘旅游景区中资源的中国特色与文化特色；

● 具有较强的集体意识和团队合作精神，合作完成旅游景区的景观质量评价报告；

● 能遵循客观规律与科学精神，履行道德准则和行为规范，完成旅游景区的景观质量评估报告。

知识目标

● 掌握旅游景区旅游资源、景观相关知识；

● 掌握特定旅游景区景观相关知识；

● 掌握特定旅游景区景观质量评价报告的内容体系；

● 能够熟练掌握中国旅游景区景观质量的评价体系及主要评价方法。

技能目标

● 能够识别特定旅游景区的旅游资源与景观；

● 能够有效组织、撰写特定旅游景区景观质量评价报告；

● 能够对特定旅游景区景观进行客观评价；

● 学会以特定旅游景区为案例，进行旅游景区景观质量评价及提出适宜的发展路径。

11.1 认识旅游景区景观质量的评定标准

11.1.1 景观质量的概念

（1）景观概念

景观（landscape），一般意义上，是指一定区域呈现的景象，即视觉效果。这种视觉效果反映了土地及土地上的空间和物质所构成的综合体，是复杂的自然过程和人类活动在大地上的烙印。关于景观的内涵有很多解释，但无论在东方还是在西方都是一个美丽而难以解释清楚的概念。如地理学家把景观作为一个科学名词，定义为一种地表景象，或综合自然地理区，或是一种类型单位的统称，如城市景观、森林景观等；艺术家把景观作为表现与再现的对象，等同于风景；建筑师把景观作为建筑物的配景或背景；生态学家把景观定义为生态系统或生态系统的系统；旅游学家把景观当作资源；而更常见的是景观被城市美化运动者和开发商等同于城市的街景立面、霓虹灯、园林绿化和小品。在本书中，景观主要是指旅游资源。

（2）景观质量

景观质量（landscape/scenic quality）是景观质量评价的概念，起源于 20 世纪 60 年代的美国，指景观视觉质量等景观各方面的评价。从客观意义上讲，景观视觉质量被认为是景观美的同义词，美国土地管理局则将景观美等同于景观质量，并定义为基于视知觉的景观的相对价值。结合本书相关概念，景观质量主要是指旅游景区中旅游资源的观赏游憩价值、历史文化科学价值、珍稀奇特程度、资源体规模及完整性等资源的吸引力及市场影响力。

11.1.2　景观质量的分类

根据《旅游资源分类、调查与评价》（GB/T 18972—2003）、《旅游景区质量等级的划分与评定》（GB/T 17775—2003）等相关标准，旅游资源主要包括地文景观、水域景观、生物景观、天象与气候景观、历史遗迹、建筑与设施、旅游购物、人文活动等八大类。因此，根据旅游景观资源性质，可以将景观质量划分为两大类：资源本身的吸引力价值和资源的市场影响力价值。其中，在景区质量评分细则中，资源要素价值为资源吸引力，主要包括观赏游憩价值、历史文化科学价值、珍稀或奇特程度、规模与丰度及完整性；景观市场价值为市场吸引力，主要包括知名度、美誉度、市场辐射力、主题强化度。

11.1.3　资源吸引力

依据细则二：景观质量评分细则，资源要素价值为资源吸引力，占 65 分，有五项评价因子，其中：观赏游憩价值占 25 分；历史文化科学价值占 15 分；珍稀或奇特程度占 10 分；规模与丰度占 10 分；完整性占 5 分，详见表 11–1。

表11–1　资源吸引力评分细则

评价项目	评价因子	评价依据和要求	等级赋值				本项得分
			I	II	III	IV	
资源吸引力（65分）	观赏游憩价值（25分）	1. 观赏游憩价值很高 2. 观赏游憩价值较高 3. 观赏游憩价值一般 4. 观赏游憩价值较小	20～25分	13～19分	6～12分	0～5分	
	历史文化科学价值（15分）	1. 同时具有极高历史价值、文化价值、科学价值，或其中一类价值具有世界意义 2. 同时具有很高历史价值、文化价值、科学价值，或其中一类价值具有全国意义 3. 同时具有较高历史价值、文化价值、科学价值，或其中一类价值具有省级意义 4. 同时具有一定历史价值，或文化价值，或科学价值，或其中一类价值具有地区意义	13～15分	9～12分	4～8分	0～3分	
	珍稀或奇特程度（10分）	1. 有大量珍稀物种，或景观异常奇特，或有世界级资源实体 2. 有较多珍稀物种，或景观奇特，或有国家级资源实体 3. 有少量珍稀物种，或景观突出，或有省级资源实体 4. 有个别珍稀物种，或景观比较突出，或有地区级资源实体	8～10分	5～7分	3～4分	0～2分	

续表

评价项目	评价因子	评价依据和要求	等级赋值				本项得分
			I	II	III	IV	
资源吸引力（65分）	规模与丰度（10分）	1. 资源实体体量巨大，或基本类型数量超过40种，或资源实体疏密度优良 2. 资源实体体量很大，或基本类型数量超过30种，或资源实体疏密度良好 3. 资源实体体量较大，或基本类型数量超过20种，或资源实体疏密度较好 4. 资源实体体量中等，或基本类型数量超过10种，或资源实体疏密度一般	8～10分	5～7分	3～4分	0～2分	
	完整性（5分）	1. 资源实体完整无缺，保持原来形态与结构 2. 资源实体完整，基本保持原来形态与结构 3. 资源实体基本完整，基本保持原有结构，形态发生少量变化 4. 原来形态与结构均发生少量变化	4～5分	3分	2分	0～1分	

（1）观赏游憩价值

观赏游憩价值具有较强的主观性。一般来说，观赏价值可从以下几个方面来进行分析：第一，形象美，泛指地象、天象之总体形态和空间形式的综合美，可概括为雄、奇、险、秀、幽、奥、旷、野等价值特征。第二，色彩美，这些色彩主要由树木花草、江河湖海、烟雾云霞及阳光构成，给人带来赏心悦目的美感。色彩美主要包括：山色、石色、天色、水色、植物色等。第三，听觉美，包括鸟语、风声、钟声、水声等。第四，嗅觉美，包括花的芳香、陈酿、丰美的肴馔、水果、清新的空气等。

（2）历史文化科学价值

历史文化科学价值具有两方面的含义：一方面是资源本身所具有的历史文化内涵，即具有或体现了某一历史时期的某种文化特征，往往还与一个民族或国家的历史文化传统有着密切联系。旅游资源在不同程度上体现着某种文化，如建筑、文学艺术、民族风情等。另一方面是与重大历史事件、文艺作品、传说故事等有关的历史文化。如果这些资源的艺术价值很高、影响很大，则会提升对其的评价。科学价值一般指是否具有地质、地理典型性，奇特性，生态系统代表性，珍稀物种等，从而能成为科学考察物件或能作为科学普及教育的基地。

（3）珍稀或奇特程度

珍稀或奇特程度主要是指珍稀奇特物种的丰度及景观的奇特程度。珍稀物种的丰富程度主要参考国家野生动物保护名录和野生植物保护名录来进行确定。

（4）规模与丰度

规模与丰度主要是指旅游资源实体体量，或旅游资源基本类型数量。一般而言，资源体量在全国同类资源体中可列入前 5% 的称为体量巨大；可列入前 15% 的称为体量很大；可列入前 40% 的称为体量较大；可列入前 60% 的称为体量中等。

（5）完整性

资源的完整性主要关注资源的原生性，以及受到各种自然和人文活动干扰的程度。

11.1.4 市场影响力

依据细则二：景观质量评分细则，景观市场价值为市场吸引力，占 35 分，有四项评价因子，其中：知名度占 10 分；美誉度占 10 分；市场辐射力占 10 分；主题强化度占 5 分，详见表 11-2。

表11-2　市场影响力评分细则

评价项目	评价因子	评价依据和要求	等级赋值				本项得分
			I	II	III	IV	
市场影响力（35分）	知名度（10分）	1. 世界知名 2. 全国知名 3. 省内知名 4. 地市知名	8～10分	5～7分	3～4分	0～2分	
	美誉度（10分）（此项得分可参考细则三游客意见调查表"总体印象"的得分值）	1. 有极好的声誉，受到 95% 以上游客和绝大多数专业人员的普遍赞美 2. 有很好的声誉，受到 85% 以上游客和大多数专业人员的普遍赞美 3. 有较好的声誉，受到 75% 以上游客和多数专业人员的赞美 4. 有一定声誉，受到 65% 以上游客和多数专业人员的赞美	8～10分	5～7分	3～4分	0～2分	
	市场辐射力（10分）	1. 有洲际远程游客，且占一定比例 2. 有洲内入境游客及洲际近程游客，且占一定比例 3. 国内远程游客占一定比例 4. 周边市场游客占一定比例	8～10分	5～7分	3～4分	0～2分	
	主题强化度（5分）	1. 主题鲜明，特色突出，独创性强 2. 形成特色主题，具有一定独创性 3. 有一定特色，并初步形成主题 4. 有一定特色	4～5分	3分	2分	0～1分	

11.1.5 国家 5A 级旅游景区景观质量评价要求

（1）旅游资源吸引力

①观赏游憩价值极高

观赏游憩价值是从美学的角度来评价旅游资源带给旅游者的审美价值，用于衡量其外在的形体之美和所蕴含的内在人文之美是否能够吸引旅游者。观赏游憩价值是评估其旅游开发潜力及吸引游客能力的关键因素之一。

在细则二：景观质量评分细则中，国家 5A 级旅游景区观赏游憩价值应归于第一档（20～25 分）：观赏游憩价值极高，说明景观整体或其中一项具有极高的观赏价值和游憩价值，即在对景观的观赏过程中，能对旅游者产生很强的吸引力，能够让旅游者获得最佳的审美感受，或极致的各种体验。

②具有极高历史价值、文化价值、科学价值，或其中一类价值具有世界意义

历史和文化价值包含景观的类型、规模、年代、保存状况及其历史地位等。科学价值主要指景观的属性类型、特征和地位，以及景观在自然科学和社会科学方面的研究价值。

在细则二：景观质量评分细则中，国家 5A 级旅游景区历史文化科学价值应归于第一档（13～15 分）：资源同时具有极高历史价值、文化价值、科学价值或其中一类价值具有世界意义，即旅游资源在历史、文化和科学方面具有极强的影响力并发挥了极其重要的作用，或者在历史、文化和科学其中一个领域具有世界级的影响力。

③有大量珍贵物种，或景观异常奇特，或有世界级资源实体

珍稀程度是指被评价的旅游资源在一定地域空间内、一定的时间段内所具有的珍贵和稀有程度。奇特程度是衡量旅游资源、满足旅游者猎奇心理的一个重要指标。一般而言，旅游资源的奇特程度越高，其资源品质也越高，旅游价值也就越高。

在细则二：景观质量评分细则中，国家 5A 级旅游景区珍稀或奇特程度应归于第一档（8～10 分）：有大量珍稀物种或景观异常奇特或者有世界级旅游资源实体，即整个旅游景区在以下 3 个方面其中之一特别突出：第一，拥有大量珍稀、罕见的动物或植物；第二，旅游景区内的景观非常奇异特别，在其他地方很难见到，非常罕有；第三，旅游景区所拥有的旅游资源实体可谓是世界级的，在全世界都极为稀有。

④资源实体体量巨大，或资源类型众多，或资源实体疏密度极优

资源实体体量巨大，就可以形成具有震撼力的影响，资源类型丰富，就可以在此基础上开发出不同类型的旅游产品，因此资源实体疏密度的有效搭配可以提升旅游资源本身的价值。

在细则二：景观质量评分细则中，国家 5A 级旅游景区规模与丰度应归于第一档

（8～10 分）：资源实体体量巨大或基本类型数量超过 40 种或者旅游资源实体疏密度优良，即旅游景区内的景观应符合以下条件之一：第一，独立型单体规模、体量巨大；第二，单体景观的数量超过 40 种；第三，组合型资源单体结构完美、疏密度优良。

⑤资源实体完整无缺，保持原来的形态与结构

完整性是指旅游资源在结构和形态方面的完整程度，旅游资源在结构和形态上保持得越完整，则旅游资源的观赏价值、艺术价值、科学价值等也就越高，旅游资源的旅游功能也就越丰富。

在细则二：景观质量评分细则中，国家 5A 级旅游景区完整性应归于第一档（4～5 分）：旅游资源实体完整无缺并保持原来的形态与结构，即旅游景区内的所有景观完整无缺，在总体形态和内部结构上都保持完整。

（2）市场吸引力

①世界知名

知名度是指旅游景区在一定范围内构成的名气或者影响力，旅游景区的知名度一方面可以借助旅游景区内的旅游资源而获得，另一方面则需要旅游景区通过旅游服务和市场宣传来获得。旅游景区的知名度可以帮助旅游景区与其他旅游景区区别开来，从而确立自身在旅游市场上的竞争优势。

国家 5A 级旅游景区，作为我国最高级别的旅游景区，标准对其市场知名度的要求很高——世界知名，这不仅体现在获得的由各种国际性组织颁发的荣誉证书数量方面，还体现在入境旅游者接待规模和入境旅游者评价方面。

②美誉度极高

美誉度即对美好名誉认可的程度。旅游景区的美誉度是指消费者对某旅游景区的服务、设施、环境等方面的认知和喜好程度。认知是指消费者对旅游景区各方面的好坏、优劣印象；喜好程度则是在认知基础上形成的对旅游景区的总体印象，它是旅游者对旅游景区品质的评价。旅游者对旅游景区的评价通常通过市场调查来获得。

"游客满意度"评价中列出了旅游者对旅游景区进行评价的 17 个方面，包括：外部交通、内部游览线路、观景设施、路标指示、景物介绍牌、宣传资料、导游讲解、服务质量、安全保障、环境卫生、厕所、邮电服务、商品购物、餐饮或食品、旅游秩序、景物保护和总体印象。

《旅游景区质量等级的划分与评定》（GB/T 17775—2003）对国家 5A 级旅游景区的美誉度有极高的要求，美誉度要达到极高标准。

③市场辐射力很强

市场辐射力是指旅游景区本身所具有的特质对其所在地乃至其他地区旅游客源市场的影响力和吸引力。旅游景区具有的市场辐射力越强，它所具备的对旅游客源市场

的影响力和吸引力就越大。国家5A级旅游景区的市场辐射力还应考虑旅游景区在国际市场上所具有的知名度和影响力都应该达到很强。

④主题鲜明，特色突出，独创性强

旅游景区的主题就是旅游景区所要表达的思想或意境的核心。主题强化度则是旅游景区对其核心思想和内容在整个旅游景区的规划、设计和建设过程中渲染和表现的程度。主题强化度越高，旅游景区的主题越鲜明独特，其内涵和内容也越丰富深刻。

国家5A级旅游景区，具有极高的主题强化度，要求主题鲜明，特色突出，独创性强。

11.2　认识旅游景区景观质量评定标准应用与实践

11.2.1　景观质量评估报告的概念

根据《旅游资源分类、调查与评价》（GB/T 18972—2003）、《旅游景区质量等级的划分与评定》（GB/T 17775—2003），结合本书编者社会服务项目经验的积累，本书将旅游景区景观质量评估报告界定为：根据《旅游景区质量等级的划分与评定》（GB/T 17775—2003）细则二：景观质量评分细则撰写的包含旅游资源吸引力和市场影响力两个评价项目，包括观赏游憩价值、历史文化科学价值、珍稀或奇特程度、规模与丰度、完整性、知名度、美誉度、市场辐射力、主题强化度9个评价因子，图文并茂，真实、客观反映旅游景区旅游资源数量、质量，以及旅游资源开发利用后凸显旅游景区品牌效应的文本、视频等相关材料。一般来说，旅游景区景观质量评估报告的内容与目录建议参考如下。

1.前言

1.1 基本情况与红线范围

1.2 景观质量核心优势与特征

2.资源吸引力

2.1 观赏游憩价值

地文景观、水域景观、生物景观、天象与气候景观、历史遗迹、建筑与设施、旅游购品、人文活动八大类旅游资源的观赏游憩价值。

2.2 历史文化科学价值

2.2.1 历史文化价值

2.2.2 科学价值

2.3 珍稀或奇特程度

地文景观、水域景观、生物景观、天象与气候景观、历史遗迹、建筑与设施、旅游购品、人文活动八大类旅游资源的珍稀或奇特程度。

2.4 规模与丰度

地文景观、水域景观、生物景观、天象与气候景观、历史遗迹、建筑与设施、旅游购品、人文活动八大类旅游资源的规模与丰度。

2.5 完整性

地文景观、水域景观、生物景观、天象与气候景观、历史遗迹、建筑与设施、旅游购品、人文活动八大类旅游资源的完整性。

3. 市场影响力

3.1 知名度

3.1.1 品牌知名度

3.1.2 媒体知名度

3.1.3 网络知名度

3.1.4 各级领导人与名人到访

3.2 美誉度

3.2.1 旅游大咖评价

3.2.2 游客满意度

3.2.3 网络游客评价

3.2.4 获奖与荣誉

3.3 市场辐射力

3.3.1 海内外旅游者

3.3.2 游客群体特征

3.3.3 旅游者接待量

3.4 主题强化度

为更好地进行旅游景区景观质量评价,一般来说,旅游景区景观质量评估报告由旅游景区景观质量宣传片、景观质量评估报告、景观质量评估PPT等组成。

11.2.2 景观质量评估报告的编制要点

根据《旅游景区质量等级的划分与评定》(GB/T 17775—2003)细则二:景观质量评分细则,以丽水市古堰画乡旅游景区为例,详细阐述旅游景区景观质量评估报告的编制要点。

（1）前言

前言从整体上对旅游景区的景观质量进行阐述，一般采用列表的形式直观展示旅游景区 2 个评价项目、9 个评价因子的自检得分情况和景观评价总分情况、基本情况与红线范围、景观质量核心优势与特征（见图 11-1）。

图 11-1　丽水市古堰画乡旅游景区景观质量报告自检得分情况和景观评价总分情况

①基本情况与红线范围

丽水市古堰画乡景区的基本情况与红线范围，详见图 11-2。

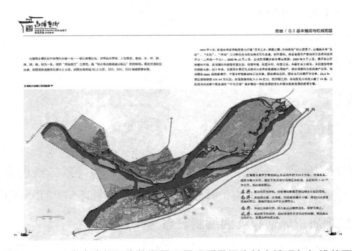

图 11-2　丽水市古堰画乡旅游景区景观质量报告基本情况与红线范围

②景观质量核心优势与特征

以丽水市古堰画乡景区为例，景观质量的核心优势与特征被概括为：第一，奇绝醉美的江南山水；第二，世界级完整的人文遗存；第三，绵延千年的瓯地乡愁；第四，跃动鲜活的文化气息。

（2）资源吸引力

①观赏游憩价值

以古堰画乡景区为例，景区以世界灌溉遗产通济堰为核心载体的古堰、古树、古渠、古樟，以画乡小镇为核心载体的物景、人景、艺景、微景，以瓯江为核心载体的山水景观、花鸟植物、田园湿地、八面灵山，以大港头古街为核心载体的民俗节庆、休闲娱乐、农耕文化、瓯江美食、画乡活动，共同成就了古堰画乡极高的观赏游憩价值。

同时，古堰画乡景区从"通济古堰：世界灌溉工程遗产""画乡小镇：艺术创作和艺术体验胜地""百里瓯江：'诗画浙江'典范""乡愁画卷：慢享空间"4 个方面详细、具体地阐述了古堰画乡景区的观赏游憩价值。

②历史文化价值和科学价值

以古堰画乡景区为例，古堰画乡具有极高的历史文化价值和科学价值。它是世界农业灌溉水利文化发展的活化石，通济堰水利工程距今 1500 多年，其选址、坝体形态、修筑技术、管理制度对后世的影响很大，现今仍使 6 万亩（1 亩约等于 666.67 平方米）碧湖平原的农田受益；它是中国乡土油画发展的创始地，自古人才辈出，艺术文化源远流长，擅长田园风光创作的丽水巴比松画派和摄影作品应运而生；它是世界青瓷文化发展的起源地，地处瓯江之畔的大港头渡和保定渡是古代海上陶瓷之路的水运集散地，龙泉青瓷通过通济古道、瓯江水道直达东海，直通世界；这里是浙西南国共合作抗日的历史见证地，浙江铁工厂承载了国共合作抗日的历史、抗日西迁的历史，以及浙西南革命根据地的发展历史；这里承载了碧湖平原的发展历史，孕育着淳朴勤勉的农耕文明和自然造化的文化积淀，形成了独特的民俗传统文化。

从历史文化价值和科学价值两个方面对古堰画乡景区历史文化科学价值进行详细、深入的分析和阐述。其中，历史文化价值包括：水利灌溉发展历史与文化、绘画发展历史与艺术文化、浙西南国共合作抗日历史红色文化、青瓷发展历史与丝路文化、碧湖平原发展历史与农耕文化等 5 个方面；科学价值包括：世界水利工程建设的引领价值、绿色生态发展理念的创新价值、中亚热带生物群落的科考价值、中国江河湿地的保护开发价值等 4 个方面。

③珍稀或奇特程度

以古堰画乡景区为例，景区旅游资源丰富，珍稀奇特程度高，具有较多的排他性或唯一性的旅游资源。景区同时拥有三项世界之最，分别为世界最早的拱形大坝、最早的水上立交和最早的农田水利法规，其中通济堰被列为首批世界灌溉工程遗产目录；千年古埠大港头镇依托瓯江秀美的山水景观，孕育了独具中国乡土气息的画派——丽水巴比松画派，并成功建设了全省乃至全国唯一以绘画产业为依托的省级特色小镇——画乡小镇；景区生态环境良好，拥有大量珍稀动物和植物种类。瓯江帆影与古堰、古埠、古桥、古村、古樟等有机相融，共同构成奇特的景观和美丽的自然画卷。

同时，景区从农田水利史的瑰宝、绘画史的一个重音、罕见的城市湿地、珍稀动植物的天堂等4个方面分别阐述古堰画乡景区旅游资源的珍稀或奇特程度。

④规模与丰度

以古堰画乡景区为例，景区内旅游资源丰富，资源实体疏密度优良。其中通济堰水利工程、大港头古埠——画乡小镇、瓯江等核心主干资源规模巨大，具有较高的开发价值（见表11-3）。景区内资源数量众多，共有旅游资源单体172个；类型齐，分属8个主类、27个亚类和71个基本类型；品质优，共有优良级旅游资源单体70个，占资源单体总数的40.70%，其中五级旅游资源单体达10个。旅游资源在空间分布上呈现"大分散、小集中"的特点，竞争优势突出。

表11-3 景区三级至五级旅游资源集聚情况一览

集聚区名称	旅游资源单体构成	单体数量
通济古堰——堰头村集聚区	堰头村滩地、堰山、古堰林地、堰头古樟群、何澹庙遗址、堰头农场、堰头农家乐、乡村休闲业态集群、通济堰展示馆、通济堰博物馆、文昌阁、通济堰碑刻群、双荫亭、官堰亭、通济堰文化长廊、古堰茶亭、名人雕像群、堰头村古建筑群、堰头村、"倪老腌"特色店铺、通济古道、堰头村古井、通济堰、通济拱坝、通济堰堰闸、辣椒酱"倪老腌"	26
大港头——画乡小镇集聚区	海上丝绸之路起点、大港头橘园、大港头古樟群、大港头镇政府朴树、大港头镇政府古樟、大港头铁工厂厂址、大港头古埠、巴比松学校、在水一方写生创作中心、大港头农家乐、大港头文化礼堂、保定窑、古堰画乡酒厂、巴比松油画馆、古堰画乡摄影馆、渡南路、丽云路、江滨古街、画乡艺术小镇、大港头镇、中国摄影之乡、浙江铁工厂厂部和车间、画乡商业街特色店铺集群、爱情邮局、奇石馆、大港头传统集市、油画行画、樟木油画、石头画、手绘鞋、保定窑青瓷、瓯江奇石、青瓷油画盘、传统手工艺集群、书法绘画艺术作品集群、邮政创意旅游商品系列、丽水巴比松画派、古堰画乡油画协会、巴比松油画作品集、摄影精品作品集群、国际摄影文化节、全国知名画家油画创作节、"最美古堰画乡"摄影大赛、古堰画乡当代书法名家作品邀请展、"莲之韵·梦之都"丽水巴比松油画展、古堰画乡小镇艺术节、古堰画乡油画协会作品展	47
瓯江流域集聚区	松阴溪砂石滩、玉溪滩、保定圩、江心屿、对门圩、瓯江、松阴溪、龙泉溪、九龙国家湿地公园、瓯江滩林、湿地花卉观赏、瓯江大鼋栖息地、瓯江溪鱼栖息地、瓯江毛蟹栖息地、大鲵栖息地、湿地陆地动物栖息地、瓯江湿地候鸟栖息地、瓯江落日晚霞与星空、瓯江水雾、瓯江画舫、松阴溪竹排漂流、瓯江帆影、瓯江白鹭观赏点、13处最佳景观摄影点、保定码头、坪地码头、瓯江生态防洪堤、保定航道、瓯江溪鱼干、瓯江捕捞	30

同时，从空间分布有序、便于集聚开发，资源类型多样、组合优势明显，资源品质优良、核心优势突出等方面和角度深入分析了古堰画乡景区旅游资源的规模与丰度特征。

根据《旅游资源分类、调查与评价》（GB/T 18972—2003）[①]，对景区内旅游资源进行实地调查和资料统计，发现景区内有旅游资源单体总数 172 个，分属 8 个主类、27 个亚类和 71 个基本类型，主类、亚类、基本类型的覆盖率分别达到 100%、87.10% 和 45.81%（见表 11-4）。

表11-4　古堰画乡景区旅游资源单体类型覆盖率情况一览

分类层级	国家标准	景区情况	覆盖率 / %
主类	8	8	100.00
亚类	31	27	87.10
基本情况	155	71	45.81

⑤完整性

以古堰画乡景区为例，古堰画乡景区的完整性主要体现在旅游资源、生态环境和保护体系 3 个方面。第一，古堰画乡旅游资源类型完整，资源培育与组合效果良好，自然生态与人文艺术交相辉映；第二，古堰画乡自然生态环境良好，森林覆盖率高、水质很好、空气清新，为旅游资源开发提供了充分的条件；第三，资源保护体系完整，拥有完善的规划保护体系、资源环境保护管理体系和明确的保护与开发责任主体，坚持"保持为主、开发为辅"的科学发展观，完整保存了原有的自然生态环境和资源特色。

（3）市场影响力

①知名度

以古堰画乡景区为例，景区拥有国际知名的世界级旅游景观资源，国内外媒体争相报道古堰画乡及其旅游产品，在国内外具有极高的知名度。

同时，从品牌知名度、媒体知名度、网络知名度、各级领导人和名人到访等 4 个方面详细阐述了古堰画乡景区旅游资源的知名度（见图 11-3）。

---

① GB/T 18972—2003 已被 GB/T 18792—2017 取代。此处古堰画乡景区于 2016 年开始创建 5A 级景区，故用了 2003 年的标准。教材中使用该例子演示景观质量评估的常用方法与步骤，不影响教学。

图 11-3 欧洲时报宣传报道古堰画乡景区

②美誉度

以古堰画乡景区为例，景区旅游资源拥有极高的美誉度，不仅业界知名专家、旅游电子商务平台等给予了极高评价，而且通过对到访游客的抽样调查发现游客同样给予了古堰画乡景区充分的肯定（见图 11-4）。

同时，从业内知名专家评价、游客满意度、游客网络好评率高、历代文学作品中的画乡和获奖与荣誉等 5 个方面深入阐述了古堰画乡景区旅游资源的美誉度。

图 11-4 同程网古堰画乡景区满意度评价

③市场辐射力

以古堰画乡景区为例，景区拥有极高的市场辐射力，吸引国内外游客纷至沓来（见表 11-5）。2014 年，古堰画乡接待国内外游客共 91.3 万人次，其中国外游客达 7.6

万人次；2015 年景区接待国内外游客 121.1 万人次，国外游客达 6.94 万人次；2016 年游客接待量为 159.7 万人次，国外游客达 9.78 万人次；2017 年，景区上半年共接待国内外游客 77.6 万人次，其中国外游客已达 9.92 万人次；2019 年景区旅客量达 194 万人次，古堰画乡的游客接待量呈逐年稳步上升态势。在国内游客接待量中，浙江省外游客比例已达 69.02%，洲际远程游客量快速增长，市场空间结构持续扩大。这个曾经隐于山水间的低调小镇如今已成为社会各界人士心目中的世外桃源。国内外领导、书画名家、演艺明星、文学作家、体坛名将、摄影大咖等各界名人相继来访，电影剧组、油画学校、摄影协会在此取景、采风、写生，景区的客源市场人群结构、行业构成趋向多元，市场辐射力日益增强。

同时，从市场辐射洲内外、游客群体类型多样和旅游人次逐年递增 3 个方面详细阐述古堰画乡景区旅游资源的市场辐射力。

表11-5　2015—2017年古堰画乡景区接待部分洲际远程游客一览

年份	客源地	接待人次 / 万人次	占比 /%	同比增长 /%
2017 年 （截至 6 月份）	美国	0.12	0.08	0.03
	意大利	0.21	0.14	0.11
	德国	0.23	0.15	0.14
	法国	0.40	0.26	0.22
	英国	0.32	0.21	0.19
	西班牙	0.29	0.19	0.16
	澳大利亚	0.9	0.11	0.12
	加拿大	0.09	0.06	0.06
	俄罗斯	0.05	0.03	0.04
合计		1.88	1.23	1.07
2016 年	美国	0.14	0.09	0.11
	意大利	0.22	0.14	0.43
	德国	0.27	0.17	0.46
	法国	0.36	0.23	0.76
	英国	0.35	0.22	0.61
	西班牙	0.27	0.17	0.49
	澳大利亚	0.22	0.14	0.35
	加拿大	0.17	0.11	0.29
	俄罗斯	0.11	0.07	0.10
合计		2.11	1.34	3.60

续表

年份	客源地	接待人次 / 万人次	占比 /%	同比增长 /%
2015 年	美国	0.10	0.12	0.18
	意大利	0.18	0.20	0.67
	德国	0.16	0.14	0.54
	法国	0.23	0.19	0.86
	英国	0.18	0.15	0.65
	西班牙	0.17	0.14	0.53
	澳大利亚	0.13	0.11	0.49
	加拿大	0.16	0.13	0.31
	俄罗斯	0.07	0.06	0.14
合计		1.48	1.24	4.37

④主题强化度

以古堰画乡景区为例，该景区既是国家 4A 级旅游景区，也是浙江省委、省政府重点打造的旅游类省级特色小镇，拥有文化艺术和旅游休闲两大产业，生产、旅游、文化、社区等四大功能，具有非常鲜明的主题特征。

同时，从"古堰"与"画乡"两大主题辨识度高，"古堰"与"画乡"两大主题融合度高两个方面深入分析了古堰画乡景区旅游资源主题强化度（见图 11-5）。

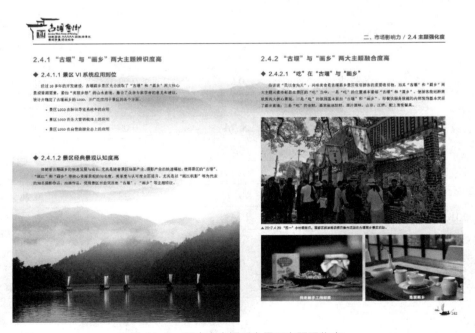

图 11-5 丽水市古堰画乡景区主题强化度

11.2.3 浙江省绍兴市黄酒小镇景观质量评估报告目录

绍兴黄酒小镇位于浙江省绍兴市越城区东浦街道核心区——东浦古镇。就宏观区位而言，景区位于长三角南翼、宁绍平原西部，地处越城、柯桥、袍江三大片区交界地，是杭州东南部的经济腹地，是柯桥—越城、柯桥—袍江的必经节点；就微观区位而言，景区东北接镜湖湿地、西临瓜渚湖，南连浙东运河绍兴段、青甸湖，西南望柯岩旅游度假区，在整个绍兴旅游发展格局中保持自己独特的文化特色；就交通区位而言，景区距离杭州萧山国际机场约 35km，距离 G92 环杭州湾高速柯桥互通枢纽与绍兴互通枢纽均在 20 分钟车程以内，紧邻高铁绍兴北站与 G104 国道，绍兴地铁 1 号线贯穿景区东北角。

自绍兴黄酒小镇景区被列为省级特色小镇创建单位以来，得到了越城区及绍兴市委、市政府乃至各级政府、部门的关心与支持。黄酒相关产业链不断延拓、古镇文化旅游发展水平不断提升。2018 年，小镇景区共接待国内外游客 31 万人次，旅游总收入 1250 万元，其中接待入境游客 1.2 万人次，实现景区总投资约 1.5 亿元。

2018 年，绍兴黄酒小镇正式启动创建国家 4A 级旅游景区的相关工作，委托浙江旅游职业学院、浙江思博旅游发展有限公司编制创建国家 4A 级旅游景区的景观质量评估报告，主要目录如下：

1. 绍兴黄酒小镇景区基本情况
　1.1 区位条件
　1.2 重要历史
　1.3 红线范围
　1.4 经济指标
　1.5 自评得分
2. 资源吸引力评价
　2.1 观赏游憩价值
　　2.1.1 水域景观观赏游憩价值
　　2.1.2 生物景观观赏游憩价值
　　2.1.3 建筑景观观赏游憩价值
　　2.1.4 民俗风情观赏游憩价值
　　2.1.5 天象物候观赏游憩价值
　2.2 历史文化科学价值
　　2.2.1 历史价值

　　3.4 主题强化度

　　　　3.4.1 黄酒文化主题

　　　　3.4.2 红色革命文化主题

　　　　3.4.3 非遗体验文化主题

　　　　3.4.4 江南水乡主题

　　附录　黄酒小镇景区旅游资源单体一览表

任务小结

　　《旅游景区质量等级的划分与评定》（GB/T 17775—2003）细则二：景观质量评分细则在资源吸引力、市场影响力两个评价项目，观赏游憩价值、历史文化科学价值、珍稀或奇特程度、规模与丰度、完整性、知名度、美誉度、市场辐射力、主题强化度9个评价因子进行旅游景区景观质量评价，总分为100分，其中，资源吸引力65分，市场影响力35分。

任务测验

参考文献

[1] 陈才，黄丽 . 旅游景区管理 [M].2 版 . 北京：中国旅游出版社，2016.

[2] 陈晓磬 . 旅游景区的概念及相关学术语境构建 [J]. 地理与地理信息科学，2012，28（1）：100-105.

[3] 程金燕 . 国家 A 级旅游景区的发展形势及建议探讨 [J]. 现代商业 ,2022, 657(32):38-41.

[4] 大地风景国际咨询集团，中国旅游报社 .A 级旅游景区提升规划与管理指南 [M]. 北京：中国建筑工业出版社，2015.

[5] 邓若楠 . 遗址文化背景下的游客服务中心及环境设计研究 [D]. 石家庄：河北科技大学 ,2020.

[6] 葛全胜，宁志中，刘浩龙 . 旅游景区设施设计与管理 [M]. 北京：中国旅游出版社，2009.

[7] 国家环境保护局 . 污水综合排放标准（GB 8978—1996）[S/OL].（1996-10-04）[2023-09-15]. https://www.mee.gov.cn/ywgz/fgbz/bz/bzwb/shjbh/swrwpfbz/199801/t19980101_66568.shtml?eqid=d77a00f9000724ce00000002646493f1.

[8] 国家环境保护总局，国家质量监督检验检疫总局 . 地表水环境质量标准 (GB3038—2002) [S/OL].（2002-04-28）[2023-09-15]. https://www.mee.gov.cn/ywgz/fgbz/bz/bzwb/shjbh/shjzlbz/200206/t20020601_66497.shtml.

[9] 河北省市场监督管理局 .DB13/T 5036-2019 智慧景区建设规范 [S/OL].（2019-07-04）[2023-09-15]. https://std.samr.gov.cn/db/search/stdDBDetailed?id=998CD9170D7C7BDCE05397BE0A0A3A74.

[10] 胡雨霞，周莉 . 楚文化旅游产品设计探析：景区门票设计 [J]. 艺术与设计 (理论),2008(10):69-71.

[11] 环境保护部，国家质量监督检验检疫总局 . 环境空气质量标准 (GB3095—2012) [S/OL].（2012-02-29）[2023-09-15]. https://www.mee.gov.cn/ywgz/fgbz/bz/bzwb/dqhjbh/dqhjzlbz/201203/t20120302_224165.shtml.

[12] 环境保护部, 国家质量监督检验检疫总局. 声环境质量标准 (GB3096—2008) [S/OL]. （2008–08–19）[2023–09–15]. https://www.mee.gov.cn/ywgz/fgbz/bz/bzwb/wlhj/shjzlbz/200809/t20080917_128815.shtml.

[13] 交通运输部公路局, 中交第一公路勘察设计研究院有限公司. 公路工程技术标准：JTG B01–2014 [M]. 北京：人民交通出版社股份有限公司, 2015.

[14] 郎富平, 陈蔚. 景区服务与管理 [M]. 北京：旅游教育出版社, 2021.

[15] 李兆汐. 承德避暑山庄门票设计的研究 [D]. 北京：北京印刷学院, 2016.

[16] 潘肖澎, 肖智磊.《旅游景区质量等级划分与评定》标准解读 [M]. 北京：中国旅游出版社, 2011.

[17] 彭德成. 国家标准《旅游区（点）质量等级的划分与评定》批准发布 [J]. 中国标准导报, 1999(5):34–42.

[18] 温燕. 景区服务与管理 [M]. 武汉：华中科技大学出版社, 2017.

[19] 徐挺, 朱虹. 旅游景区游客中心规划与管理 [M]. 北京：中国旅游出版社, 2017.

[20] 余子萍. 现代景区职业经理人 [M]. 北京：化学工业出版社, 2010.

[21] 中华人民共和国国家质量监督检验检疫总局, 中国国家标准化管理委员会. 公共信息导向系统 设置原则与要求 第9部分：旅游景区（GB/T 15566.9—2012）[S/OL]. （2012–11–05）[2023–06–10].http://c.gb688.cn/bzgk/gb/showGb?type=online&hcno=64A99CB6D49319C9DEB1216F1EA7025A.

[22] 中华人民共和国国家质量监督检验检疫总局, 中国国家标准化管理委员会. 旅游景区公共信息导向系统设置规范（GB/T 31384—2015）[S/OL]. （2015–02–04）[2023–09–15]. http://c.gb688.cn/bzgk/gb/showGb?type=online&hcno=FA5720F5B9478A1ACF768BF857EE30D1.

[23] 中华人民共和国国家质量监督检验检疫总局, 中国国家标准化管理委员会. 旅游景区公共信息导向系统设置规范：GB/T 31384–2015 [S/OL]. （2015–02–04）[2023–09–15]. http://c.gb688.cn/bzgk/gb/showGb?type=online&hcno=FA5720F5B9478A1ACF768BF857EE30D1.

[24] 中华人民共和国国家质量监督检验检疫总局, 中国国家标准化管理委员会. 旅游景区游客中心设置与服务规范：GB/T 31383—2015[S/OL]. （2015–02–04）[2023–09–15]. http://c.gb688.cn/bzgk/gb/showGb?type=online&hcno=D4AEB0A3378AEDA56483DBB3918B89DC.

[25] 中华人民共和国国家质量监督检验检疫总局. 旅游区（点）质量等级的划分与评定（GB/T 17775—2003）[S/OL]. （2003–05–01）[2023–09–15]. http://c.gb688.cn/bzgk/gb/showGb?type=online&hcno=511242B712ED75EAFB5FFD34C8154E1B.

[26] 中华人民共和国住房和城乡建设部.住房城乡建设部关于发布国家标准《风景名胜区总体规划标准》的公告 [S/OL].（2019-03-20）[2023-09-15]. https://www.mohurd.gov.cn/gongkai/zhengce/zhengcefilelib/201903/20190320_239842.html.

[27] 周鲁耀.杭州市旅游安全保障与监管责任体系研究 [J].杭州研究，2015(3)：142-152.

[28] 周永振，王羽，战冬梅.A 级旅游景区标准化建设 [M].北京：中国旅游出版社，2020.

[29] 邹永广.目的地旅游安全评价与预警 [M].北京：社会科学文献出版社，2018.